«CAR C'EST L'AMOUR QUI ME PLAIT, NON LE SACRIFICE …»

Recherches sur Osée 6:6 et son interprétation juive et chrétienne

VOLUME ÉDITÉ PAR

EBERHARD BONS

BRILL

LEIDEN · BOSTON

2004

This book is printed on acid-free paper.

Library of Congress Cataloging-in Publication data

Car c'est l'amour qui me plaît, non le sacrifice— ; recherches sur Osée 6:6 et son interprétation juive et chrétienne / édité par Eberhard Bons.
    p. cm. — (Supplements to the Journal for the study of Judaism, ISSN 1384-2161 ; v. 88)
  Includes bibliographical references and index.
  ISBN 90-04-13677-0 (alk. paper)
    1. Bible. O.T. Hosea VI, 6—Criticism, interpretation, etc.—History—Congresses. 2.
  Bible. O.T. Hosea VI. 6—Criticism, interpretation, etc., Jewish—History—Congresses. I.
  Bons, Eberhard. II. Series.

BS1565.52.C37 2004
224'.606—dc22   2003065509

ISSN   1384-2161
ISBN   90 04 13677 0

© *Copyright 2004 by Koninklijke Brill NV, Leiden, The Netherlands*

PRINTED IN THE NETHERLANDS

«CAR C'EST L'AMOUR QUI ME PLAIT, NON LE SACRIFICE …»

SUPPLEMENTS

TO THE

JOURNAL FOR THE STUDY
OF JUDAISM

Editor

JOHN J. COLLINS

The Divinity School, Yale University

Associate Editor

FLORENTINO GARCÍA MARTÍNEZ

Qumran Institute, University of Groningen

Advisory Board

J. DUHAIME — A. HILHORST— P.W. VAN DER HORST
A. KLOSTERGAARD PETERSEN — M.A. KNIBB — J.T.A.G.M. VAN RUITEN
J. SIEVERS — G. STEMBERGER — E.J.C. TIGCHELAAR — J. TROMP

VOLUME 88

TUTA SUB AEGIDE PALLAS · 1683 ·

TABLE DES MATIÈRES

PRÉFACE

Le présent volume est issu d'un séminaire de recherche conduit en 2002–2003 dans le cadre du Groupe de Recherches sur la Septante de la Faculté de Théologie Protestante de l'Université Marc Bloch, Strasbourg. Le sujet de ce livre s'inscrit dans le prolongement d'une recherche qui a mené, en 2002, à la publication du volume *Osée* dans la série *La Bible d'Alexandrie*.

Qu'il nous soit permis d'exprimer notre gratitude
- aux collègues qui ont bien voulu accepter de contribuer à ce projet interdisciplinaire,
- à mon collègue Jan Joosten, directeur du Groupe de Recherches sur la Septante, qui m'a confié la direction du séminaire durant son année sabbatique,
- à la Faculté de Théologie Protestante qui a soutenu ce travail,
- à Monsieur Florentino García Martínez, co-directeur de la série *Journal for the Study of Judaism, Supplements*, qui a accepté de faire publier le volume dans cette série,
- à toutes les autres personnes qui ont porté leur intérêt à cette publication, avant tout à Madame Marie Maussion pour son aide précieuse.

Eberhard BONS

INTRODUCTION

Eberhard Bons
Université Marc Bloch, Strasbourg

"Car c'est l'amour qui me plaît, non le sacrifice, et la connaissance de Dieu, je la préfère aux holocaustes" (Osée 6:6). C'est sur ce verset biblique et son interprétation juive et chrétienne qu'est centré le présent volume, résultat d'un travail interdisciplinaire. Celui-ci a réuni des exégètes de l'Ancien et du Nouveau Testament, ainsi que des spécialistes de plusieurs domaines de la littérature ancienne : la littérature intertestamentaire et l'œuvre de Philon, la littérature rabbinique, les Pères des l'Église, enfin la littérature grecque dite profane. Si dans ce volume le verset Osée 6:6 et sa *Wirkungsgeschichte* font l'objet d'une approche interdisciplinaire, c'est qu'une telle recherche présente un intérêt à plusieurs égards.

1. Le livre contribue à combler une lacune dans les études relatives à la *Wirkungsgeschichte* du livre d'Osée, notamment la réception de ce texte prophétique dans les littératures anciennes juive et chrétienne. En effet, à regarder de plus près la bibliographie—qui reste succincte[1]—on constate que les auteurs ont tendance à aborder le problème de deux manières différentes : les uns s'intéressent à la façon dont est interprété au fil des siècles un sujet particulier du livre d'Osée, p. ex. le "mariage" du prophète,[2] les autres concentrent leur attention sur les relectures que subit le livre d'Osée dans un corpus de texte précis—p. ex. les manuscrits de Qumran, le Nouveau Testament—,[3] dans l'œuvre d'un auteur particulier[4] ou dans plusieurs commentaires

---

[1] Pour la bibliographie, cf. E. Bons, J. Joosten, St. Kessler, *La Bible d'Alexandrie : Les Douze Prophètes, Osée. Traduction du texte grec de la Septante, introduction et notes* (Paris : Cerf, 2002), 11–12.

[2] Cf. p. ex. St. Bitter, *Die Ehe des Propheten Hosea. Eine auslegungsgeschichtliche Untersuchung* (Göttingen : Vandenhoeck & Ruprecht, 1975).

[3] La monographie la plus récente est celle de B. Fuss, *"Dies ist die Zeit, von der geschrieben ist . . ." Die expliziten Zitate aus dem Buch Hosea in den Handschriften von Qumran und im Neuen Testament* (Neutestamentliche Abhandlungen, Neue Folge 37 ; Münster : Aschendorff, 2000).

[4] Cf. p. ex. G. Bouwman, *Des Julian von Aeclanum Kommentar zu den Propheten Osee, Joel und Amos. Ein Beitrag zur Geschichte der Exegese* (Analecta Biblica 9 ; Rome : Institut Biblique Pontifical, 1958).

choisis d'une époque précise.[5] Quelle que soit la façon dont les auteurs abordent la *Wirkungsgeschichte* du livre d'Osée, il demeure que les études systématiques portant sur Osée 6:6 font défaut. Certes, on dispose d'une série de travaux sur les citations du verset dans l'Évangile de Matthieu, qui à deux reprises place la première moitié du verset sur les lèvres de Jésus (Mt 9:13 ; 12:7). Mais en ce qui concerne les recherches relatives aux autres citations du verset, notamment dans les Oracles Sibyllins (II:82) et dans la littérature rabbinique et patristique des premiers siècles après J.-C., le résultat est *grosso modo* négatif : à quelques notes près, dispersées dans le nombre restreint d'ouvrages consacrés à ce genre de questions, nous manquons d'un traitement plus systématique du problème. D'où le besoin d'une recherche plus détaillée consistant à étudier non seulement le verset en question et ses citations néotestamentaires mais aussi son usage dans le judaïsme et dans le christianisme primitif. Il s'entend qu'une telle recherche est susceptible de faire apparaître les différents fils conducteurs de la *Wirkungsgeschichte* juive et chrétienne du verset, y compris les traits qu'ils ont en commun et ceux qui les séparent.

2. Il est évident qu'une telle recherche ne porte pas sur un verset biblique quelconque. Sans nous appesantir ici sur le sens que peut prendre Osée 6:6 à la lumière de son contexte, nous pouvons constater qu'il se démarque du contexte immédiat : Plutôt que d'accuser explicitement les Israélites d'un comportement méprisable, Dieu, en tant que locuteur du verset, précise clairement qu'il préfère à deux espèces de sacrifices, זבח "sacrifice" et עלות "holocaustes", deux attitudes : חסד "amour", "bienveillance", "fidélité", et דעת אלהים "connaissance de Dieu". Il semble que le contexte immédiat ne fournisse pas de renseignements ultérieurs sur le sens exact d'une telle déclaration divine : Dieu n'agrée-t-il plus les sacrifices ? Dans l'affirmative, les deux attitudes חסד et דעת אלהים peuvent-elles se substituer aux sacrifices ? Ces derniers sont-ils voués à disparaître ? Ou passent-ils au deuxième rang ? En quoi consistent concrètement חסד et דעת אלהים ? Autant de questions auxquelles le passage dans lequel s'inscrit Os 6:6 semble ne pas donner de réponses claires et nettes. En ce qui concerne les premières générations de lecteurs du livre d'Osée, nous ne savons pas si elles se sont posées ce genre de questions. Quoi

---

[5] Cf. la thèse récente de M. Cr. Pennacchio, *Propheta insaniens. L'esegesi patristica di Osea tra profezia e storia* (Studia Ephemeridis Augustinianum 81 ; Rome : Institutum Patristicum Augustinianum, 2002).

qu'il en soit, une observation est possible : Si Os 3:1–4 débouche sur l'annonce d'une perte multiple, dont le sacrifice (זבח, cf. Os 3:4), cela veut dire que les Israélites ne seront plus capables d'offrir des sacrifices au Seigneur, et ce pendant une période de longueur indéterminée ("pendant de longs jours"). Or rien ne permet de conclure que la fin du culte entraîne la fin définitive de la relation entre Israël et son Dieu.[6] En effet, une lecture en filigrane du livre d'Osée n'autorise pas une telle affirmation. Même si les Israélites sont incapables d'offrir des sacrifices, notamment à l'étranger, en exil (cf. Os 9:4–5), cela n'empêche pas un rapprochement entre Dieu et Israël, ne serait-ce que dans un avenir lointain, quand Dieu rappellera son peuple de l'Égypte et du pays d'Assur pour le ramener dans son pays (Os 11:11). Compte tenu de cet arrière-fond d'Os 6:6, est-il téméraire de penser que ce livre prophétique ne considère plus le sacrifice comme une institution religieuse indispensable ? Soulignons en faveur d'une telle conclusion que les passages évoquant le retour des Israélites (Os 2:1–3 ; 3:5 ; 11:10–11 ; 14:2–9) ne font aucune mention d'un éventuel rétablissement du sacrifice. Est-ce à dire que les Israélites, une fois de retour de l'exil, n'offriront plus de sacrifice à leur Dieu ? Il est difficile de tirer des conclusions des mutismes de ce texte. Cela n'empêche pas de constater que le livre d'Osée laisse son lecteur dans l'incertitude en ce qui concerne l'importance du sacrifice : Sans le condamner ouvertement, il en annonce la fin—la fin définitive ?— et met en relief que Dieu préfère deux attitudes : חסד et דעת אלהים.

3. Comment les lecteurs du livre d'Osée se sont-ils situés par rapport à ces questions ? En ce qui concerne les époques préexilique et exilique, les sources textuelles ne donnent aucun renseignement à ce propos. Il en va de même pour les documents postérieurs, p. ex. les manuscrits de Qumrân déchiffrés et publiés jusqu'à aujourd'hui, et les textes intertestamentaires qui, à l'exception des Oracles Sibyllins, ne gardent aucune trace de l'interprétation d'Os 6:6. Le résultat est plus positif s'agissant d'une époque plus récente, *grosso modo* le début de notre ère, auquel remontent les documents littéraires les plus anciens qui citent le verset. En examinant ces textes, on observe une série de phénomènes associés aux procédés de relecture : on comble les lacunes que présente le texte biblique, on place l'accent sur un élément du texte source en faisant abstraction des autres, etc. En

---

[6] Pour davantage de détails, cf. aussi E. Bons, *Das Buch Hosea* (Stuttgart : Katholisches Bibelwerk, 1996, pp. 61–66).

fonction des choix faits par chacun des auteurs, il est possible de distinguer, ne serait-ce que de manière opératoire, entre plusieurs types des relecture. Pour toute information ultérieure, nous renvoyons aux articles que comporte le présent volume (cf. *infra*).

a) En laissant de côté les sujets du sacrifice et de la connaissance de Dieu, certains auteurs insistent sur le premier substantif du verset auquel ils prêtent le sens de "miséricorde". Une telle vertu peut revêtir des formes très concrètes et se manifester en particulier dans les actes de charité (donner à manger à l'affamé, donner à boire à l'assoiffé, vêtir celui qui est nu, etc. ; cf. Es 58:6s). Une telle interprétation d'Osée 6:6 est déjà visible dans les Oracles Sibyllins II:82, texte sans doute d'origine judéo-hellénistique. Plus tard, dans la littérature rabbinique, elle fait l'objet d'un approfondissement (p. ex. bSuk 49b). L'Evangile de Matthieu a au moins un élément en commun avec cette interprétation implicite d'Osée 6:6 : l'attention qu'il dirige sur la miséricorde. En ne refusant pas aux pécheurs de manger en sa compagnie, Jésus cherche à apprendre à ses interlocuteurs ce que signifie la citation d'Osée (Mt 9:13). Celle-ci sert donc à légitimer l'agir de Jésus consistant à mettre en pratique la miséricorde, en particulier envers les pauvres et les exclus. La citation d'Osée 6:6 en Mt 12,7 s'inscrit dans un tel enseignement.

b) En renouant avec la conception de la miséricorde déjà mentionnée, une série de textes rabbiniques met en relief l'importance expiatoire de la חסד. On a recours à cet argument dans une situation historique précise : Dès la destruction du Temple de Jérusalem, il devient impossible d'expier les fautes au moyen du sacrifice. Afin de remédier à ce manque, les rabbins adoptent une double stratégie : Sans pour autant contester la fonction expiatoire des sacrifices, ils la relativisent en attribuant la même fonction aux actes de charité. Dans ce contexte, Osée 6:6 sert de preuve scripturaire (cf. p. ex. ARNA 4, p. 11a). Mais il y a plus. Pour argumenter leur théorie, les savants juifs cherchent à démontrer que la חסד est plus ancienne que les sacrifices israélites. Ils vont même jusqu'à affirmer—en s'appuyant, entre autres, sur Os 6:6—que la חסד est le principe sur lequel est fondée, dès la création, toute communauté humaine, voire qu'elle y est présente depuis le début du monde.

c) Le verset Os 6:6 fait aussi l'objet d'une réception dans la littérature chrétienne postérieure au Nouveau Testament. Sans nous engager dans la recherche d'un dénominateur commun caractérisant toutes les interprétations explicites et implicites du verset, citons quelques motifs qui à notre avis sont bel et bien observables chez les auteurs chrétiens. S'ils citent notre verset, c'est pour mettre en relief, à l'instar de leurs contemporains juifs, que la valeur du sacrifice n'est que relative, Dieu préférant certaines attitudes, p. ex. l'obéissance et l'accomplissement de sa volonté. Une telle option, qui peut déjà ressortir des textes tels Ps 51:19, se trouve renforcée par l'insistance de Jésus sur la miséricorde. C'est donc la miséricorde qui prend la place des sacrifices, plus précisément une conversion profonde et sincère qui se manifeste aussi dans les actes de charité. À ce propos-là, les interprétations chrétiennes du verset rejoignent l'interprétation rabbinique, en dépit des différences incontestables qui séparent les deux courants. En ce qui concerne les sacrifices, les auteurs soulignent que Dieu ne veut pas de sacrifices sanglants, qu'il n'en a même pas besoin. Enfin, les motifs typiquement chrétiens consistent à reprendre, de façon implicite ou explicite, la théologie du sacrifice élaborée par l'Épître aux Hébreux : le sacrifice du Christ est le seul qui soit efficace et il ne peut être dépassé ou complété par aucun autre. Aussi le sacrifice vétérotestamentaire est-il dépassé par celui du Christ qui se réactualise dans l'eucharistie (cf. Origène).

4. Les relectures anciennes d'Osée 6:6 esquissées auparavant se situent dans un contexte littéraire, culturel et religieux dont on ne saurait faire abstraction. Afin de mettre en évidence les rapports avec le milieu environnant, il convient d'approfondir une série de questions susceptibles d'enrichir nos informations relatives aux textes à analyser. Le présent volume comporte donc, d'une part, des articles portant sur les différentes relectures d'Osée 6:6, d'autre part, des recherches étroitement liées aux questions que soulève ce texte dont

– le rapport entre le texte hébreu et le texte grec du verset,
– l'usage et le sens du substantif ἔλεος dans les milieux juif, chrétien et païen,
– le sacrifice et son dépassement dans la littérature juive et chrétienne.

Plus particulièrement, nous avons choisi d'agencer comme suit les neuf contributions réunies dans ce livre :

a) Le premier article représente une introduction aux problèmes exégétiques que pose Os 6:6. Dans ce contexte, *Eberhard Bons* soulève trois questions qui font l'objet d'un approfondissement : Comment le verset a-t-il été traduit dans les deux siècles derniers ? Quelles conceptions du sacrifice israélite influencent les différentes exégèses du verset ? Comment comprendre Os 6:6 à l'arrière-plan du livre d'Osée ?

b) Les auteurs juifs et chrétiens sont unanimes pour dire que le premier substantif d'Os 6:6 désigne la miséricorde, alors que le substantif hébreu חסד se traduit par "amour", "bienveillance", etc. Comme l'explique *Jan Joosten*, une telle interprétation du substantif tient à un glissement de sens : dans l'hébreu post-biblique le mot חסד peut prendre le sens de "acte de charité". On ne s'étonnera donc pas des correspondances entre les interprétations grecques et hébraïques du verset, toutes deux mettant le doigt sur les actes de charité.

c) Le rapprochement implicite du substantif ἔλεος avec les actes de charité se fait dans un texte grec d'origine judéo-hellénistique : les Oracles Sibyllins (II:82), texte interprété par *Gianfrancesco Lusini*. Il est intéressant de constater que le texte comporte la remarque suivante : "La miséricorde sauve de la mort, quand le jugement arrive", c'est-à-dire que la miséricorde recouvre une importance primordiale dans le jugement dernier (cf. à ce propos aussi Mt 25:31ss).

d) En ce qui concerne les relectures néotestamentaires d'Os 6:6, *Pierre Keith* présente les deux citations dans l'Évangile de Matthieu. En insistant sur le motif de la miséricorde, et non pas sur celui du sacrifice, Jésus cherche à montrer, dans des situations quotidiennes, comment il faut mettre en pratique la volonté de Dieu telle qu'elle s'exprime dans le verset prophétique : dans l'exercice de la miséricorde.

e) L'Évangile de Luc ne cite pas Os 6:6. Néanmoins, la thématique de la miséricorde ne lui est pas étranger. Comme le montre *Daniel Gerber*, une telle conception de ἔλεος ressort de l'usage qu'en fait Luc dans la péricope Lc 10:25–37 : Afin d'hériter la vie éternelle, il faut aimer Dieu et agir envers le prochain de la même façon que le bon Samaritain qui prend soin de l'homme mis à mal par les bandits.

f) Sans citer Os 6:6, Philon soumet l'institution religieuse qu'est le sacrifice à une analyse soigneuse. Celle-ci est résumée par *Francesca Calabi*. Ainsi que l'auteur le démontre, Philon ne cesse de souligner que le sacrifice est bien davantage qu'un abattage d'animaux : Il possède en effet une fonction "pédagogique" qui invite l'offrant à accorder davantage d'importance à sa disposition qu'à la valeur des victimes. En dernière analyse, Dieu n'a pas besoin de sacrifices.

g) Tandis que les traités de Philon supposent encore l'existence du temple et du sacrifice qui y est offert, la situation change radicalement après la destruction de Jérusalem. Comment alors obtenir l'expiation des péchés ? Afin de répondre à cette question, les rabbins rappellent à leurs contemporains la valeur expiatoire de la miséricorde. C'est à l'origine et à l'évolution de cette idée dans la théologie juive qu'est consacré l'article de *Matthias Millard*.

i) En ce qui concerne la *Wirkungsgeschichte* patristique d'Os 6:6, *Maria Cristina Pennacchio* présente trois auteurs: Irénée de Lyon, Origène et Cyrille d'Alexandrie. Dans leur interprétation du verset, on peut observer, d'une part, des éléments empruntés aux traditions théologiques et philosophiques (p. ex. l'idée que Dieu n'a pas besoin de sacrifices), d'autre part l'approfondissement des idées empruntées au Nouveau Testament (p. ex. la valeur religieuse et anthropologique attribuée à la miséricorde).

j) En dépit des différences incontestables qui séparent les interprétations juives et chrétiennes d'Osée 6:6, elles ont en commun une grande estime pour la miséricorde. Qu'en est-il de l'environnement hellénistique au milieu duquel les auteurs élaborent leurs théologies ? Est-ce que ἔλεος passe pour une vertu ou plutôt pour une faiblesse ou un vice ? À en juger par les sources grecques étudiées par *Laurent Pernot*, deux attitudes opposées à l'égard de la pitié sont attestées : la méfiance mais aussi la valorisation. Ainsi Démosthène rappelle-t-il à ses interlocuteurs que la pitié à l'égard des faibles est une qualité des Athéniens.

En conclusion, on peut noter que les interprétations juives et chrétiennes du verset Osée 6:6 présentent une série de points de contact, malgré leurs différences évidentes. Si elles soulignent toutes deux la valeur *religieuse* de la miséricorde, c'est sans doute grâce à une tradition de lecture des Écritures qui les unit.

OSÉE 6:6 DANS LE TEXTE MASSORÉTIQUE

Eberhard Bons
Université Marc Bloch, Strasbourg

Résumé

Le but de cet article est de retracer les grandes lignes d'exégèse d'Os 6:6 à partir de la deuxième moitié du XIXᵉ siècle. D'une façon générale, on peut distinguer entre deux modèles d'interprétation. D'après le premier, le verset serait à traduire comme suit : "Car c'est la fidélité qui me plaît, non le sacrifice, et la connaissance de Dieu, non les holocaustes." Cette interprétation est influencée par une vision du sacrifice selon laquelle celui-ci serait une forme inférieure de la religion. Le prophète Osée serait alors le protagoniste d'une religion non-cultuelle. D'après le second modèle, défendu par une minorité de chercheurs, il faudrait proposer la traduction suivante : "Car c'est la fidélité qui me plaît, plutôt que le sacrifice, et la connaissance de Dieu, plutôt que les holocaustes." Une telle interprétation, qui semble plus convaincante, suppose que le prophète relativise la valeur du sacrifice, et ne le condamne pas. Comment alors interpréter les autres passages du livre d'Osée qui évoquent le sacrifice (Os 3:4 ; 9:4–5 ; 10:1–8) ? Quelle fonction le prophète lui accorderait-il ? Ces questions, qui sont très peu étudiées dans l'exégèse actuelle, sont traitées dans la dernière partie de l'article.

Abstract

The aim of this article is to trace the major lines of exegesis of Hos 6:6 from the second half of the 19th century. In general, there are two types of interpretation. According to the first, the verse should be translated as follows : "For, it is faithfulness, not sacrifice, that pleases me, knowledge, not burnt offerings." This interpretation presupposes that sacrifice is an inferior form of religion and makes the prophet Hosea the protagonist of a non-cultic religion. According to the second model, defended by a minority of researchers, the verse should be translated as follows : "For it is faithfulness rather than sacrifice that pleases me, and knowledge rather than burnt offerings." This interpretation, which seems more convincing, supposes that the prophet relativises the value of sacrifice, but does not condemn it. How then should one interpret the other passages in Hosea where sacrifice is mentioned ? What function did the prophet accord it ? These questions, little studied in current exegesis, are considered in the last part of the article.

I. *Introduction*

À en juger par la bibliographie critique du livre d'Osée, l'interprétation du verset Os 6:6 כי חסד חפצתי ולא־זבח ודעת אלהים מעלות ne semble pas faire l'objet de controverses. Cela n'est guère étonnant.

Alors que la plus grande partie des publications est consacrée aux trois premiers chapitres du livre, les autres parties, d'un accès parfois très difficile, ont donné lieu à un nombre d'investigations relativement limité. En ce qui concerne Os 6:6, la majorité des ouvrages relatifs à ce verset ont pour objet l'emploi qu'en fait l'Évangile de Matthieu.[1] Faudrait-il alors conclure de ce constat que le verset ne présente aucune difficulté tant son interprétation fait l'unanimité ? Peut-on se contenter d'une explication qui veut que Dieu, en parlant par la bouche du prophète, souligne ici que le culte sacrificiel lui déplaît et qu'il préfère חסד et דעת אלהים ?

À regarder de plus près les commentaires du livre d'Osée ainsi que les analyses du verset disséminées dans la vaste bibliographie du prophétisme, on serait amené à penser le contraire. En effet, on peut observer que les interprétations divergent considérablement si l'on prend en compte les détails du verset. Certes, on peut noter, à la première lecture, que le verset est construit de façon parallèle. Toutefois, il présente deux différences importantes qui sautent aux yeux : Le premier substantif, זבח "sacrifice" est au singulier alors que le second, עלות "holocaustes" est au pluriel. En plus, le premier stique emploie la négation לא, le second la préposition -מן. Comment alors, en interprétant le verset, expliquer ce phénomène ? À moins de supposer que Dieu, tout en autorisant les holocaustes, n'interdise que les sacrifices,[2] on peut distinguer entre deux modèles d'interprétation du verset :

1. Le second stique est à comprendre à la lumière du premier, c'est-à-dire que la préposition -מן a valeur de négation. Cela aboutirait à la traduction suivante : "Car c'est la fidélité qui me plaît, non le sacrifice, et la connaissance de Dieu, non les holocaustes."

2. Le premier stique est à comprendre à la lumière du second, c'est-à-dire que la négation du premier est relativisée[3] et traduite au sens de "plutôt que". Le verset serait alors à traduire comme suit : "Car c'est la fidélité qui me plaît, plutôt que le sacrifice, et la connaissance de Dieu, plutôt que les holocaustes."

---

[1] Cf. à ce propos l'article de P. Keith dans la présente publication. Pour la bibliographie du livre d'Osée, cf. J.-G. Heintz et L. Millot, *Le livre prophétique d'Osée* (Wiesbaden : Harrassowitz, 1999), spéc. 118s pour les publications relatives à Os 6:6.

[2] Cf. à ce propos E. Jacob, *Osée*, in : E. Jacob, C.-A. Keller, S. Amsler, *Osée, Joël, Amos, Abdias, Jonas* (Genève : Labor et Fides, 3ème édit., 1982), 9–98, 52s, qui rejette cette interprétation.

[3] Cf. H. Kruse, "Die 'dialektische Negation' als semitisches Idiom," *Vetus Testamentum* 4 (1954) : 385–400, 391.

Pour ce qui concerne l'exégèse du verset aux XIXe et XXe siècles, on peut d'emblée souligner que les deux modèles ont trouvé leurs partisans, la plupart d'entre eux plaidant pour le premier. Cependant, que l'on ait plaidé pour l'une ou pour l'autre traduction, il paraît que les arguments avancés dépassent le domaine de la grammaire et de la syntaxe de la langue hébraïque. D'où la question de savoir si d'autres considérations ont influencé, d'une façon plus ou moins explicite, l'interprétation du verset.

Étant donné qu'un état de la recherche d'Os 6:6 n'existe pas à notre connaissance, et que ce verset est d'une importance capitale pour l'interprétation de l'ensemble du livre d'Osée, notre but est de retracer dans le présent article les grandes lignes de la recherche— c'est-à-dire sans prétendre à exhaustivité[4]—à partir de la deuxième moitié du XIXe siècle. Ce faisant, nous accordons une attention particulière aux questions suivantes :

1. Quelle place est accordée, d'une part aux sacrifices, et d'autre part à la fidélité ainsi qu'à la connaissance de Dieu ?
2. Quels présupposés ont influencé ces interprétations au fil de la période mentionnée ?
3. Comment comprendre l'option d'Os 6:6 à l'arrière-plan de l'ensemble du livre d'Osée ?

L'itinéraire que nous allons suivre comprend deux parties dans lesquelles il nous appartient d'exposer chacun des deux modèles de l'interprétation d'Os 6:6. À chaque fois nous résumons les arguments relatifs à la traduction. Par la suite, nous nous demandons comment s'inscrit la traduction et, par conséquent, l'interprétation du verset, d'une part, dans une conception plus globale du sacrifice israélite et, d'autre part, dans la vision du sacrifice qui ressort, ne serait-ce que de façon implicite, du livre d'Osée. Quelques remarques concernant la valeur "programmatique" du verset servent à conclure notre recherche.

---

[4] En insistant sur les questions évoquées par la suite, nous n'approfondissons pas une série de problèmes exégétiques relatifs aux rapport d'Os 6:6 avec le contexte immédiat, en particulier Os 6:1–5. Qu'il suffise de renvoyer, outre aux commentaires, à une des études les plus récentes qui sont consacrées à l'ensemble d'Os 6:1–6 : A. Bravo, *Y Dios perdió la paciencia. Estudios sobre crítica profética al culto* (Aix-la-Chapelle : Shaker, 1997), 91ss.

II. *Le premier modèle de l'interprétation d'Os 6:6 : Le refus inconditionnel du sacrifice*

A. *La traduction "Car c'est la fidélité qui me plaît, non le sacrifice, et la connaissance de Dieu, non les holocaustes"*

En ce qui concerne cette traduction, l'interprétation adéquate de la préposition -מִן en constitue le point saillant. Comment les auteurs argumentent-ils ce choix ? Ils sont d'accord pour affirmer qu'on a affaire, au second stique, non pas à une comparaison proprement dite, mais à un "comparatif d'exclusion", la préposition -מִן ayant caractère exclusif ou privatif. Celle-ci serait alors à traduire par "au lieu de" ou tout simplement par "sans". Depuis longtemps, cette exégèse a ses défenseurs. En ce qui concerne les renseignements donnés par les grammaires, celle de Gesenius et Kautzsch,[5] § 119w, fait remarquer que le premier stique comporte une négation dont la valeur influence aussi le second. Parmi les grammaires plus récentes, B. Waltke et M. O'Connor,[6] § 14.4e, ne se prononcent pas aussi clairement pour une traduction particulière. En effet, en lisant la liste des exemples que fournissent les deux auteurs, on s'étonne de constater qu'ils proposent de traduire -מִן tantôt par "rather than", tantôt par "not". Pour ce qui est d'Os 6:6, ils plaident pour la traduction "not" ("For . . . I desire . . . acknoledgement of God, *not ʿōlôt*"), traduction s'appuyant, d'après eux, sur une "broad basis of support in tradition".[7] Les deux auteurs ne cachent pourtant pas que les commentateurs Andersen et Freedman (cf. *infra*) contestent cette interprétation. Avant d'analyser leurs arguments relatifs à Os 6:6, il convient de regarder de plus près la "broad basis of support in tradition".

On peut constater, sans exagérer, que la plupart des commentateurs du XXe siècle défendent ce premier modèle de l'interprétation. "Jahwe will keine Opfer" : voilà le commentaire laconique de Rudolph,[8] qui attribue à לֹא une valeur de négation dont la force n'est pas limitée par la préposition parallèle -מִן.[9] D'autres auteurs abondent dans

---

[5] W. Gesenius, *Hebräische Grammatik. Völlig umgearbeitet durch E. Kautzsch* (Hildesheim : Olms, 28ème édit., 1985).

[6] B. Waltke, M. O'Connor, *Biblical Hebrew Syntax* (Winona Lake, Indiana : Eisenbrauns, 1990).

[7] *Ibid.*, note 23.

[8] W. Rudolph, *Hosea* (Gütersloh : Mohn, 1966), 140.

[9] *Ibid.* Pour une interprétation analogue, cf. parmi les auteurs les plus récents G.I. Davies, *Hosea* (London/Grand Rapids : Marshall Pickering/Eerdmans, 1992),

le sens de Rudolph, tout en traduisant de façon adéquate לֹא par une négation et מִן- au sens de "plutôt que".[10] À l'appui de cette interprétation, ces auteurs citent le contexte du livre d'Osée, en particulier les passages où le prophète semble se prononcer contre les pratiques sacrificielles, p. ex. Os 5:6 ("Avec leur petit et leur gros bétail, ils viennent pour rechercher le Seigneur et ne le trouveront pas ; il s'est débarrassé d'eux").[11]

B. *Les prophètes luttent-il contre le culte ? Les présupposés et les limites du premier modèle de l'interprétation d'Os 6:6*

Les rapprochements cités amènent à faire un constat important : Quoique l'interprétation d'Os 6:6 représente, semble-t-il, un problème de grammaire et de syntaxe, le problème ne s'y réduit pas. En effet, une lecture attentive de la bibliographie révèle que les acquis dans ces deux domaines n'ont pas de fonction décisive pour notre question. Au contraire, on ne peut sous-estimer l'influence qu'y exerce une vision du culte qui, tout en ayant ses origines dans des courants théologiques plus anciens, trouve à nouveau ses partisans parmi les biblistes des XIXe et XXe siècles :[12] une attitude défavorable par rapport au sacrifice en général qui devient le dénominateur commun

---

170s ; A.B. Ernst, *Weisheitliche Kultkritik. Zu Theologie und Ethik des Sprüchebuchs und der Prophetie des 8. Jahrhunderts* (Biblisch-Theologische Studien 23 ; Neukirchen-Vluyn : Neukirchener Verlag, 1994), 184 ; A.A. Macintosh, *Hosea* (Edinburgh : Clark, 1997), 234. D'après ces auteurs, il est indubitable que toute idée d'appréciation du sacrifice—ne serait-ce que de façon conditionnelle—est étrangère au texte.

[10] Cf. p. ex. J.L. Mays, *Hosea* (Philadelphie : Westminster, 1969), 86.98 ; D. Stuart, *Hosea—Jonah* (Waco, Texas : Word, 1987), 98.110.

[11] Par rapport à ces auteurs, l'avis de R. Hentschke, *Die Stellung der vorexilischen Schriftpropheten zum Kultus* (Berlin : Töpelmann, 1957), 53–55.90–93, est plus nuancé. Pour lui, Osée ne se prononce pas pour une religion "intérieure" qui renonce à toutes les formes du culte. Le prophète combat plutôt une religion "baalisée" et "cananéisée" qui consiste à prendre YHWH pour un dieu se manifestant dans la vitalité de la nature. Si une certaine confusion de YHWH et de Baal ressort de plusieurs textes oséens, p. ex. Os 2:10.18–19, on peut se demander si cette erreur se reproduit en Os 6:1–6. Quoi qu'il en soit, il est sûr que la réponse de YHWH aux versets 4–6 ne porte pas sur l'influence du baalisme. Pour cette raison il serait préférable de ne pas partir d'une hypothèse trop générale servant de dénominateur commun de toutes les erreurs d'Israël dans le domaine religieux, mais de tenir compte de la terminologie de chaque passage et de différencier davantage entre les différents reproches faites aux Israélites.

[12] Comme le montre A. Marx, ce n'est pas à Wellhausen que remonte cette vision du culte mais à un temps plus reculé, en particulier au début du XIXe siècle, cf. A. Marx, "Opferlogik im alten Israel," in *Opfer. Theologische und kulturelle Kontexte* (ed. B. Janowski, M. Welker ; Francfort : Suhrkamp, 2000), 129–149, spéc. 129s.

du premier modèle de l'interprétation du verset. Quelles que soient les
conceptions ou catégories dont se servent les différents auteurs, elles
ont en commun l'idée suivante : Qualifié de "culte", le sacrifice semble
s'opposer à la réalisation d'un rapport sincère avec Dieu. En dernière
analyse, cet avis s'appuie sur une distinction fondamentale entre, d'une
part, un rite accompli de façon "mécanique" et indifférente et, d'autre
part, une relation sincère et intime avec Dieu, relation qui n'a pas
besoin du sacrifice.[13]

On se sert de différents binômes catégoriels pour mettre en exergue
l'opposition qui existe entre les deux façons d'établir un rapport avec
Dieu :

– entre le don de soi-même et celui d'un objet différent de l'offrant, en
  l'occurrence de la victime,[14]
– entre une attitude "intérieure" et "extérieure", le culte sacrificiel
  s'appliquant à une pratique religieuse extérieure qui se situe à côté
  de la moralité et de la véritable religion intérieure du cœur,[15]
– entre l'attachement authentique à Dieu et l'accomplissement des
  œuvres,[16]
– entre une relation vivante avec Dieu et une pensée supposant un
  lien "mécanique" entre le sacrifice et la faveur divine.[17]

---

[13] Nous ne citons pas ici une série d'arguments qui sont avancés à propos d'autres
textes prophétiques jugés peu favorables au culte israélite. Cf. à ce propos la
classification proposée par A. Bravo, *Y Dios perdió la paciencia* (cf. note 4), 11–21.

[14] Cf. à ce propos W. Nowack, *Die kleinen Propheten übersetzt und erklärt* (Göttingen :
Vandenhoeck & Ruprecht, 1897), 43 : "Wird das Verhältnis zu Jahve auf den Cultus
[. . .] gegründet, so ist er werthlos und nichtig, weil Jahve den Menschen selbst und
ganz haben will, aber nicht sein Vieh."

[15] Pour une telle distinction, cf. p. ex. E. Sellin, *Das Zwölfprophetenbuch übersetzt und
erklärt* (Berlin : Deichert, 1922), 53 : "An dem Worte ist nichts zu drehen und zu
deuteln: Jahwe will überhaupt keine tierischen Opfer, er will nur Liebe und Gottes-
erkenntnis, d. i. allerdings nicht nur Sittlichkeit, sondern Sittlichkeit und Herzenshin-
gabe, sittliche Religion als untrennbare Einheit."

[16] Cf. H.W. Wolff, *Hosea* (Neukirchen-Vluyn : Neukirchener Verlag, 3ème édit.,
1976), 154 : "Der Gottesdienst, den Jahwe will, kann Gott nicht mit frommem Werk
befriedigen, sondern erfährt die Verbundenheit mit Gott, indem seine Geschichtstaten
und Lebensweisungen vergegenwärtigt werden."

[17] Cf. J. Jeremias, *Der Prophet Hosea* (Göttingen : Vandenhoeck & Ruprecht, 1983),
88 : "Die Opfer [. . .] stehen für ein mechanisches Gottesverhältnis, in dem der
Kult [. . .] nicht mehr Ausfluß einer gelebten Gottesbeziehung ist, sondern, von ihr
gelöst, an deren Stelle getreten ist [. . .] Gottes rettendes Eingreifen (wird) mit einem
Automatismus erwartet, wie er der Naturerfahrung entnommen ist [. . .]" De la
même façon, D. Stuart, *Hosea—Jonah* (cf. note 10), 110, qualifie de "mechanistic,
ritual-dependent religion of 'motions'" la religion à laquelle s'en prend Os 6:6.

Voilà quelques exemples du premier modèle de l'interprétation d'Os 6:6, modèle dont les différentes nuances dominent l'exégèse du verset depuis le XIXe siècle. On pourrait cependant se demander si le texte autorise une telle interprétation. Car il est évident que celle-ci s'appuie sur des présupposés dans lesquels se mêlent plusieurs ingrédients :

– une conception évolutionniste de l'histoire de la religion israélite voulant que le culte jugé forme inférieure de la religion cède la place à un degré supérieur : la religion non-cultuelle et spirituelle dont les prophètes seraient les protagonistes et pour laquelle ils auraient lutté,[18]

– une répugnance pour le rituel qui est d'emblée considéré comme un agir extérieur, coutumier, superficiel et banal, bref : un agir qui ne touche pas les sentiments, la raison et la volonté de l'offrant,

– une vision du sacrifice qui l'identifie à un procédé mécanique se produisant selon le principe *do ut des*,[19] à un moyen dont l'homme se sert pour exercer une influence, voire une pression sur la divinité de laquelle il attend une faveur,

– une théorie du sacrifice qui fait des emprunts à la théologie de la Réforme : les sacrifices sont des *opera operata* par lesquels l'homme croit obtenir la justification.[20]

D'une façon générale, on peut douter que les conceptions citées du sacrifice soient susceptibles d'expliquer le texte en question. Ne sont-elles pas influencées par un important manque de compréhension à l'égard de la piété cultuelle de l'époque ? En plus, la réalité désignée par notre terme "sacrifice" n'est-elle pas trop complexe pour qu'il soit possible d'en saisir les différentes dimensions par une théorie aussi globale ?[21] D'autres objections concernent plutôt les détails des interprétations citées. On pourrait par exemple se demander si leurs partisans ne risquent pas de transposer dans le texte des catégories qui sont étrangères et à son époque et à son environnement. Est-il,

---

[18] Pour les partisans de cette conception, cf. H.-J. Hermisson, *Sprache und Ritus im altisraelitischen Kult. Zur "Spiritualisierung" der Kultbegriffe im Alten Testament* (WMANT 19 ; Neukirchen-Vluyn : Neukirchener Verlag, 1965), 25–28.132s.

[19] Cf. I. Willi-Plein, *Opfer und Kult im alttestamentlichen Israel. Textbefragungen und Zwischenergebnisse* (SBS 153 ; Stuttgart : Katholisches Bibelwerk, 1993), 28.

[20] Dans son exégèse d'Os 6:6 (cf. WA 13,28), Martin Luther renvoie à Es 1:11, passage que le réformateur commente comme suit : *Non quod per se mala sint sacrificia, erant enim divinitus instituta, sed quod opinio, qua illi sacrificabant, esset impia : abiecta enim fiducia in misericordiam Dei iustificari se tanquam ex opere operato sacrificiis credebant . . .* (WA 25, 93)

[21] Cf. I. Willi-Plein, *Opfer und Kult* (cf. note 19), 27s.

en effet, légitime de projeter au VIIIᵉ siècle avant notre ère la distinction entre "extérieur" et "intérieur" tout comme l'option pour la
dernière ?[22] Est-il correct d'interpréter le texte à partir de ses interprétations postérieures et d'y reconnaître déjà un plaidoyer en faveur
de l'idée d'une spiritualisation du sacrifice ?

Enfin, on ne peut prendre pour assuré qu'Os 6:6 vise à un rejet
global du culte. C'est en ce sens que se prononcent plusieurs auteurs
qui affirment—et en cela ils suivent les travaux de Würthwein[23] ou
de Hermisson[24]—que le verset en question s'inscrit dans une *situation précise* dans laquelle le prophète se serait dirigé contre des *pratiques concrètes*, p. ex. celles qui sont mentionnées en Os 5:6.[25] Bref :
S'il est erroné de prêter au prophète deux propos—la condamnation du culte en général et la plaidoirie pour une religion "spirituelle"—alors sa prédication reviendrait à relativiser le sacrifice. Cela
nous amène au second modèle d'interprétation d'Os 6:6.

III. *Le second modèle de l'interprétation d'Os 6:6 :*
 La relativisation du sacrifice

A. *La traduction "Car c'est la fidélité qui me plaît, plutôt que le sacrifice, et
la connaissance de Dieu, plutôt que les holocaustes"*

Comme nous l'avons déjà mentionné plus haut, le deuxième modèle d'interprétation d'Os 6:6 consiste à interpréter la négation לֹא
du premier stique en fonction de la préposition du second. Dans la
recherche de la deuxième moitié du XXᵉ siècle, c'est à Kruse que
revient le mérite d'avoir avancé, à l'appui de cette traduction, des
arguments qui pendant longtemps furent absents du débat exégé-

---

[22] Pour cette objection, cf. F.I. Andersen, D.N. Freedman, *Hosea* (New York : Doubleday, 1980), 430.

[23] Tout en analysant beaucoup d'autres textes en dehors d'Os 6:6, E. Würthwein émet l'hypothèse qui veut que ces passages représentent des oracles ponctuels : Plutôt que de condamner catégoriquement le culte dans son ensemble les prophètes mettent en relief le fait que YHWH n'agrée pas un sacrifice particulier, cf. E. Würthwein, "Kult-polemik oder Kultbescheid ? Beobachtungen zu dem Thema 'Prophetie und Kult'", in *Tradition und Situation. Studien zur alttestamentlichen Prophetie. FS für A. Weiser* (ed. O. Kaiser et E. Würthwein ; Göttingen : Vandenhoeck & Ruprecht, 1963), 115–131.

[24] Cf. H.-J. Hermisson, *Sprache und Ritus* (cf. note 18), 138–145, qui affirme "daß Kult und Ethos faktisch auseinandergefallen waren" (140).

[25] Pour une telle hypothèse, cf. F.I. Andersen, D.N. Freedman, *Hosea* (cf. note 22), 430s.

tique relatif à ce verset.[26] S'inspirant de recherches grammaticales plus anciennes mais non plus élaborées dans les manuels de grammaire et de style hébraïques du XXᵉ siècle, cet auteur émet l'hypothèse suivante : En ce qui concerne la négation, la langue hébraïque dispose indubitablement de moyens pour exprimer la négation absolue, p. ex. la particule לֹא. Cela n'empêche pas que la même particule peut exprimer, en fonction du contexte, une idée que l'auteur qualifie de "négation dialectique". Que signifie cela ? Quand une proposition au sens négatif est suivie d'une affirmation opposée au sens positif, la première proposition n'exprime pas *a priori* une négation absolue mais plutôt une négation relative. Tout en comportant, dans la première partie, une négation comme לֹא, l'ensemble des deux propositions n'exprime pas l'idée d'une opposition radicale entre deux affirmations, mais une opposition plus nuancée—"dialectique" d'après Kruse— que l'on peut traduire par les adverbes "moins . . . que". Afin d'illustrer cela, Kruse avance une série d'exemples[27] dont nous ne citons que deux : En Ps 44:4, les Israélites se rappellent la façon dont leur pères ont pris possession du pays : "Ce n'est pas par leur épée qu'ils ont conquis le pays, et leur bras ne les a pas sauvés, mais [ce fut] ta droite et ton bras [. . .]". Quoique cette traduction rende les deux négations לֹא à la lettre, ce serait commettre une erreur de penser qu'elles aient valeur absolue. Il est légitime au contraire de paraphraser le verset comme suit : "Ce n'est pas en premier lieu leur épée qui leur a permis de conquérir le pays ni leur bras qui les a sauvés, mais plutôt ta droite et ton bras." Autant dire qu'en dernière analyse les Israélites doivent leur installation dans le pays à l'intervention divine, et non pas principalement à leurs propres efforts.[28] En ce qui concerne la valeur relative de la négation, il en va de même pour Ex 16:8 : "Ce n'est pas contre nous que vous murmurez mais bien contre le Seigneur" signifie "Ce n'est pas en premier lieu contre nous que vous murmurez mais contre le Seigneur".

---

[26] Pour les arguments résumés dans ce paragraphe, cf. H. Kruse, "'Dialektische Negation'" (cf. note 3), spéc. 385–394. Kruse semble ne pas connaître un article abondant dans son sens, y compris dans l'interprétation d'Osée 6:6 : C. Lattey, "The Prophets and Sacrifice : A Study in Biblical Relativity," *Journal of Theological Studies* 42 (1941) : 155–165, spéc. 159s.

[27] Cf. H. Kruse, "'Dialektische Negation'" (cf. note 3), 389ss.

[28] Dans ce sens, L. Alonso Schökel, C. Carniti, *Salmos. Vol. I* (Estella : Verbo Divino, 2ᵉᵐᵉ édit., 1994), 632, affirment également : "La negación es paradójica o dialéctica : se subordina enfáticamente a la afirmativa que sigue."

Pour en revenir à Os 6:6, notamment à sa première moitié (כי
חסד הפצתי ולא־זבח), Kruse croit reconnaître ici aussi un exemple de
la négation dialectique, la formulation "comparative" de la seconde
moitié (ודעת אלהים מעלות) rendant nécessaire une telle conclusion. Un
cas analogue se présente, d'après cet auteur, en Pr 8:10, verset qui
comporte une négation ainsi que la préposition מן־ : קחו־מוסרי אל־כסף
ודעת מחרוץ נבחר. Bien que la première moitié du verset soit à rendre littéralement par "acceptez ma discipline et non l'argent", cette
traduction ne s'impose pas, la seconde moitié introduisant une certaine
relativisation : "la connaissance plutôt que l'or de choix". D'où la
conclusion que la première moitié doit également être comprise dans
ce sens ("acceptez plutôt ma discipline que l'argent"). Ainsi, d'après
cette interprétation des deux versets, la préposition מן־ est-elle employée
dans le but de relativiser la valeur de négation propre à לא.

En ce qui concerne le raisonnement de Kruse, il convient de faire
une observation importante : tant dans le cas de Pr 8:10 que dans
celui d'Os 6:6, un argument fort, sinon décisif porte non sur les données morphologiques et grammaticales mais sur l'arrière-fond culturel
et social des deux citations : De même que les Israélites sont loin de
mépriser, voire de dédaigner l'argent, de même ils considèrent le
sacrifice comme un élément inéluctable de leur religion. C'est pour
cette raison qu'ils auraient compris de façon adéquate les deux propositions, c'est-à-dire sans leur prêter respectivement le refus de l'argent
ou celui du culte.

Comme nous l'avons déjà remarqué, le second modèle d'interprétation d'Os 6:6 est défendu par la minorité des biblistes. Au cours
des cinq dernières décennies, il a trouvé plusieurs partisans dont
quelques-uns ont recours aux arguments déjà avancés par Kruse sans
pour autant faire valoir d'autres observations pertinentes.[29]

B. *Que signifie "relativisation du sacrifice"? Les implications du second
modèle de l'interprétation d'Os 6:6*

Si insoutenable que soit le premier modèle d'interprétation d'Os 6:6,
notre recherche ne serait pas complète si nous nous contentions de
l'écarter en faveur du second sans nous interroger sur une question
ultérieure. En fait, autant le premier est sans aucun doute inadéquat

---

[29] Cf. p. ex. E. Jacob, *Osée* (cf. note 2), p. 52s ; Ch. Hauret, *Amos et Osée* (Paris :
Beauchesne, 1970), 193 ; F.I. Andersen/D.N. Freedman, *Hosea* (cf. note 22), 430.

pour expliquer les sacrifices israélites, autant le second n'est pas sans poser problème, une série de questions capitales demeurant ouvertes : S'il est vrai que le prophète relativise la valeur des sacrifices, quelle place leur accorderait-il alors ? Et comment concevoir le rapport entre, d'une part, חסד et דעת אלהים et, d'autre part, le sacrifice et les holocaustes ? Enfin, comment s'inscrit Os 6:6 dans le contexte du livre, et comment ce verset se situe-t-il par rapport à d'autres citations évoquant le sacrifice ? Autrement dit : D'après le premier modèle d'interprétation l'enracinement d'Os 6:6 dans le contexte du livre réside en ce que le prophète rejette radicalement le culte israélite, tant ici qu'à de nombreux autres endroits. Si une telle hypothèse ne nous paraît pas convaincante à plus d'un égard, cela ne nous autorise pas à éclipser la question de savoir comment la seconde interprétation du verset s'inscrit dans le contexte du livre. À regarder la bibliographie de plus près, on constate que ces questions ne sont guère étudiées.[30] Quoiqu'elles méritent un traitement qui dépasse le cadre d'un article, essayons d'élaborer, ne serait-ce que de façon synthétique, quelques réflexions à ce propos. Dans ce but, nous procédons en cinq étapes.

1. En ce qui concerne les termes חסד et דעת אלהים, tous les deux apparaissent dans l'introduction à la deuxième partie du livre d'Osée (Os 4:1–3) : Si YHWH intente un procès contre les habitants du pays, c'est que ceux-ci ne connaissent plus ces deux vertus ainsi que אמת mais se livrent, en revanche, aux crimes les plus variés. Voilà un des fils conducteurs des chapitres 4–10, passages qui ne cessent de corroborer les reproches proférés en Os 4:1–3, ainsi dans le paragraphe qui suit immédiatement Os 6:6. À la lumière de ces rapprochements, il ne serait pas trop téméraire de supposer qu'Os 6:6 dénonce une attitude consistant à offrir à YHWH des sacrifices sans se soucier de ses attentes, c'est-à-dire qu'Israël accomplisse les commandements divins auxquels fait allusion Os 4:1–3, et qu'il n'oublie pas la protection et le bien-être qu'il doit à son Dieu depuis l'Exode. En d'autres termes : Os 6:6 ne condamnerait pas les sacrifices en soi, mais il insisterait sur la nécessité d'enraciner ceux-ci dans une véritable דעת אלהים qui, pour sa part, est jumelée avec une véritable חסד, c'est-à-dire dépassant de loin celle qui est "comme une nuée

---

[30] Parmi les quelques ouvrages qui ne négligent pas ce problème, citons I. Willi-Plein, *Opfer und Kult* (cf. note 19), 33–38 ; cf. aussi récemment Chr. Eberhart, *Studien zur Bedeutung der Opfer im Alten Testament. Die Signifikanz von Blut- und Verbrennungsriten im kultischen Rahmen* (WMANT 94 ; Neukirchen-Vluyn: Neukirchener Verlag, 2002), 357s.

de matin et comme la rosée matinale qui passe" (Os 6:4). Aussi la "connaissance de Dieu" ne représente-t-elle point un savoir "théorique", mais s'exprime avant tout dans la gratitude à l'égard de Dieu et dans l'observance de la loi. De plus, une telle "connaissance" rejoint le sens du substantif parallèle חסד. Il importe de souligner ici que חסד ne se réduit guère à la pitié et à la miséricorde envers les hommes—contrairement aux traductions grecques (ἔλεος dans la Septante)[31] et latine (*misericordia* dans la Vulgate) ainsi qu'aux traditions de lecture qui en découlent. Comme le contexte le suggère (cf. v. 4), חסד se réfère bel et bien à la fidélité à l'égard de Dieu, bien que la connotation de l'amour réciproque et de la solidarité au niveau humain ne soit pas exclue.[32] Quoi qu'il en soit, en ce qui concerne la relation entre, d'une part, un Dieu qui manifeste à Israël son amour et, d'autre part, le peuple invité à répondre favorablement à cette initiative, certains auteurs vont jusqu'à affirmer que ces obligations s'inscrivent dans l'idée de l'alliance.[33] Certes, une telle exégèse semble supposer que le concept d'alliance entre Israël et son Dieu ait été connu déjà à l'époque d'Osée, question qui est sujette à controverses.[34] Rien n'empêche cependant d'en garder les points essentiels, sauf l'idée de l'alliance, et de conclure qu'Os 6:6 attribue aux sacrifices un rang inférieur par rapport à celui de la "connaissance de Dieu". En conclusion : Plutôt que de préconiser la religion non-cultuelle tout court, Os 6:6 aurait dénoncé l'habitude de privilégier le sacrifice au détriment

---

[31] Cf. les articles de J. Joosten et de G. Lusini dans le présent volume.

[32] Ainsi W. Rudolph, *Hosea* (cf. note 8), 140 : "חסד bedeutet hier sicher zunächst wie in V. 4 die Hingabe und Treue zu Jahwe [. . .], aber in diesem Satz, der eine allgemeingültige Wahrheit aussprechen will, ist gewiß an die Folge und Wirkung dieser Hingabe, die Zuwendung zum Mitmenschen, mitgedacht." En raison de l'emploi de חסד au v. 4, il ne nous paraît pas légitime de qualifier חסד de "moral behaviour" comme le fait A.A. Macintosh, *Hosea* (cf. note 9), 234.

[33] Cf. à titre d'exemple J.L. McKenzie, "Knowledge of God in Hosea," *Journal of Biblical Literature* 74 (1955) : 22–27, spéc. 26s ; R.E. Clements, *Prophecy and Covenant* (Londres : SCM, 1965), 96 : "The 'knowledge of God' [. . .] signified a knowledge of the covenant tradition, with its declaration of the origin of Yahweh's acts of grace and the law which presented his demands upon his people. The practice of true loyalty and righteousness should have been the fruits of Israel's knowledge of God."

[34] Sans approfondir ici cette question, renvoyons à plusieurs auteurs qui défendent cette hypothèse : E.W. Nicholson, *God and His People. Covenant and Theology in the Old Testament* (Oxford : Clarendon, 1986), 179–188 ; J. Day, "Pre-Deuteronomistic Allusions to the Covenant in Hosea and Psalm LXXVIII," *Vetus Testamentum* 36 (1986) : 1–12 ; J.G. Heintz, "Osée XII 2ᴮ à la lumière d'un vase d'albâtre de l'époque de Salmanassar III (Djézirêh) et le rituel d'alliance assyrien. Une hypothèse de lecture," *Vetus Testamentum* 51 (2001) : 466–480.

de plusieurs attitudes éthiques et religieuses qui se recoupent partiellement : l'obéissance à la volonté de Dieu ainsi qu'à ses commandements[35] et la reconnaissance pour la sollicitude divine.[36]

2. À supposer que cette interprétation soit légitime, une autre question surgit : Le livre d'Osée recèle-t-il ailleurs un jugement favorable
des sacrifices offerts à YHWH ? Formule-t-il l'idée que YHWH agrée
des sacrifices, du moins dans certaines conditions ? À première vue,
on ne saurait que répondre par la négative à cette question, car une
appréciation claire et nette du sacrifice semble absente du livre. Il est
probable que ce silence tient à l'optique du livre : En dépit de son
caractère hétérogène, sa plus grande partie est marquée par l'attente
d'une perte plus ou moins imminente des institutions politiques et
religieuses. En plus, comme le montre Os 3:4 à l'évidence, les Israélites
sont appelés à s'attendre à une très longue période pendant laquelle ils sont privés des institutions mentionnées : "Car pendant
de longs jours les fils d'Israël resteront sans roi, sans chef, sans sacrifice
[זבח], sans stèle, sans éphod et sans téraphim."

3. Bien que le verset cité ne fasse aucune allusion à la déporta-
tion à l'exil, il annonce l'impossibilité dans laquelle les Israélites se
trouveront pendant longtemps d'offrir des sacrifices à YHWH, que
ce soit dans le pays d'Israël ou à l'étranger. Ainsi ce verset esquisse-
t-il le plus brièvement et clairement possible une perspective qui sera
déployée au fil des chapitres qui suivent. Ne citons que deux exemples : La péricope Os 10:1–8 comporte plusieurs menaces, dont la

---

[35] Cf. p. ex. F.I. Andersen/D.N. Freedman, *Hosea* (cf. note 22), 430 : "While it
is true that Yahwe is always pleased when his people have these qualities [i.e. חסד
und דעת אלהים], the reproach in v 6 is directed against their distorted values,
esteeming sacrifices and offerings as more important. In the past, Yahweh has made
his wishes known, so that the people have no excuse for doing the less important
thing, to the neglect of the more important." Tout en employant des termes différents,
d'autres auteurs partagent cette opinion, cf. p. ex. O. Kaiser, "Kult und Kultkritik
im Alten Testament", in *"Und Mose schrieb dieses Lied auf". Studien zum Alten Testament
und zum Alten Orient. Festschrift für O. Loretz* (ed. M. Dietrich et al. ; Münster : Ugarit-
Verlag, 1998), 401–426, spéc. 416.420 ; M. Limbeck, *Das Gesetz im Alten und Neuen
Testament* (Darmstadt : Wissenschaftliche Buchgesellschaft, 1997), 40s.

[36] Ainsi A. Bravo, *Y Dios perdió la paciencia* (cf. note 4), 113s.134, qui paraphrase
Os 6:6 comme suit : "'Yo quería חסד . . . y me trajeron sacrificios, quería דעת
אלהים . . . y me trajeron holocaustos.' Situación que se está repitiendo en el presente."
Sans pour autant en conclure qu'Osée plaide pour une religion non-cultuelle, Bravo
considère que la préposition מן- a une valeur privative (ibid., 135) : "Oseas está re-
chazando absolutamente el culto sacrificial de su tiempo como un medio que per-
mita la manifestación de YHWH. En realidad, más bien lo condena como un
impedimento a tal manifestación."

destruction des autels construits avec beaucoup de soin (vv. 2.8). Rien
n'autorise d'y voir uniquement des autels utilisés pour les cultes
explicitement non-yahvistes parce que ceux-ci sont mentionnés ailleurs
(vv. 5–6). Quoi qu'il en soit, le texte n'envisage pas la reconstruction
des sanctuaires mais en annonce la dégradation (v. 8). Si ce texte évoque
la fin du culte en Samarie, Os 9:4–5 rappelle aux Israélites l'impossibilité de rendre à l'étranger un culte à YHWH. Le texte finit
par poser la question : "Que ferez-vous au jour de la solennité, au
jour de fête de YHWH ?" Ces deux textes laissent entrevoir combien la fin du culte a pu être ressentie comme un châtiment sévère,
voire même déroutant. À moins de considérer le culte israélite comme
radicalement perverti (cf. les arguments cités ci-dessus), on peut même
être amené à y voir une institution dont la raison d'être et la légiti-
mité sont difficiles à contester d'emblée.[37]

4. D'un point de vue postérieure, certains auteurs considèrent
comme salutaire le châtiment que représente la perte du culte[38]
puisque celle-ci prépare les Israélites à développer une religion non-
cultuelle. Pourtant, on peut objecter à cette vision des faits qu'elle
risque de cacher que la perte des sacrifices constitue avant tout un
châtiment qui n'est atténué par aucune attente positive. En fait, il
est frappant de constater que même les quelques textes évoquant un
avenir au-delà du malheur (Os 2:1–3 ; 3:5 ; 11:10–11 ; 14:2–9), n'en-
visagent nulle part le rétablissement des sacrifices. Ce résultat serait
à plus forte raison étonnant si ces textes faisaient parties de couches
textuelles postérieures.[39] Quelle que soit la façon dont on se situe
par rapport à cette question toujours débattue dans l'exégèse contemporaine, il est hors de doute que le livre d'Osée—qu'il soit plutôt
hétérogène ou plutôt homogène dans son ensemble—ne laisse pas

---

[37] Cf. à ce propos I. Willi-Plein, *Opfer und Kult* (cf. note 19), 36 : "Aus diesem
Drohwort des Hosea [sc. Os 9:3–5] ist also die Existenz von JHWH gewidmeten
Schlachtstellen, die als solche vom Propheten anerkannt werden, zu erschließen, eine
Darbringung von Broten (Schaubroten?) oder allgemein Speise 'im Hause JHWHs',
die Durchführung von Gußopfern im JHWH-Kult und v.a. der als essentiell emp-
fundene Unterschied von 'rein' und 'unrein'." Cf. par ailleurs M. Limbeck, *Das Gesetz*
(cf. note 35), p. 39.

[38] Dans ce sens, A. Deissler, *Zwölf Propheten. Hosea, Joël, Amos* (Würzburg : Echter,
1981), 22, parle d'une "Entziehungskur" (= cure de désintoxication) à laquelle sont
soumis le prophète et son épouse d'après Osée 3:3 et, de façon analogue, Israël
d'après Os 3:4.

[39] Pour cet avis, cf. à titre d'exemple J. Jeremias, *Der Prophet Hosea* (cf. note 17),
passim, qui émet l'hypothèse que tous les textes cités, excepté Os 11:11, sont secondaires.

entrevoir l'idée que la perte des sacrifices ne soit que passagère. Cela amène à un double constat en ce qui concerne l'importance accordée aux sacrifices :

a) Tant que les Israélites sont dans le pays, les sacrifices ne sont approuvés que s'ils s'inscrivent dans une mentalité marquée par חסד et דעת אלהים (cf. ci-dessus n° 1).

b) Dès que les Israélites sont incapables d'offrir des sacrifices à YHWH il est possible de rappeler avec regret cette institution, mais son renouvellement n'est plus envisagé.

5. On peut se demander si les Israélites, une fois privés des sacrifices, manquent de tout moyen susceptible d'établir un rapport avec YHWH. Rappelons à ce propos que les espèces variées des sacrifices vétérotes-tamentaires sont jugées revêtir différentes fonctions : la communion avec la divinité, son hommage, son apaisement, le pardon des péchés, etc.[40] Inutile de dire que l'absence des sacrifices a dû créer un vide énorme dans la vie religieuse du peuple israélite, vide qui n'est guère à combler. Faut-il alors en conclure qu'au dire du livre d'Osée Israël est privé de la bienveillance de YHWH puisqu'il ne peut plus lui offrir de sacrifices ? Le livre se garde de faire un tel constat. Pourtant, le bref chapitre 3 que nous avons déjà mentionné renferme une clé de lecture de l'ensemble des annonces qui s'ensuivent. N'insistons que sur deux points :[41]

a) Os 3:1–3 traite d'un acte symbolique au cours duquel le prophète acquiert une femme. Au v. 3 nous pouvons lire que le mari promet à sa femme de l' "attendre". Dans l'explication de l'acte symbolique, cet élément n'a pas d'équivalent : Aucun élément du v. 4 ne nous permet de conclure que YHWH attend les "fils d'Israël". Aussi la question surgit-elle : l'attente des Israélites est-elle inutile parce que YHWH s'est retiré d'eux et ne les attend plus ?

b) Toujours est-il que le texte ne confirme pas explicitement ce résultat négatif. En fait, au début du chapitre 3, on trouve un élément qui nous permet de comprendre le texte un peu autrement :

---

[40] Dans l'exégèse contemporaine, les recherches relatives aux différentes sortes de sacrifice israélites connaissent un regain remarquable : Quant à la bibliographie francophone, cf. les différentes études d'Alfred Marx et d'Adrian Schenker.

[41] Pour une présentation plus détaillée de cette exégèse, nous renvoyons à notre commentaire du livre d'Osée : E. Bons, *Das Buch Hosea* (Stuttgart : Katholisches Bibelwerk, 1996), 64–66.

"comme l'amour de YHWH à l'égard des fils d'Israël, [alors qu']eux se tournent vers d'autres dieux." Il convient de souligner que le TM emploie ici le substantif ou l'infinitif construit אהבה et non pas une forme conjuguée du verbe אהֵב "aimer". Ce faisant, le prophète sem-ble laisser une porte ouverte, ne serait-ce que pour un instant:[42] comme la formulation choisie n'implique pas que l'amour soit li-mité, le lecteur peut se demander si l'amour de YHWH est à ce point inconditionnel qu'il ne le révoque pas, même si Israël est infidèle à son égard. Comme le texte ne fournit pas d'autres préci-sions concernant le rapport entre YHWH et Israël, il convient de garder à l'esprit cette information implicite du v. 2.

Or il est possible de faire le rapprochement entre Os 3:1 et Os 6:6 : Plutôt que de répondre à l'amour divin par l'oubli (Os 2:16) ou par la trahison (Os 5:6 ; 6:7), Israël est invité à pratiquer חסד et דעת אלהים envers YHWH, les sacrifices pouvant passer au deuxième rang. Si ceux-ci sont voués à la disparition, il est évident qu'Israël sera placé devant un défi plus grand.

IV. *Conclusion*

Historiquement parlant, nous ne savons pas si le verset Os 6:6 a été connu des exilés ou des déportés israélites au cours des époques préexilique et exilique et, dans l'affirmative, de quelle manière ils l'auraient compris. Placé dans le contexte du livre d'Osée, le verset invite sans doute à attribuer aux sacrifices, mais aussi à חסד et à דעת אלהים leur véritable valeur. Cela n'empêche pas qu'au moment où les Israélites sont dans l'incapacité d'offrir des sacrifices, le ver-set se prête à une relecture. Celle-ci peut s'avérer programmatique[43] dans la mesure où elle permettra d'assimiler la perte des sacrifices, et cela d'autant plus à partir du moment où חסד—et par conséquent l'ensemble du verset—sera investi d'un autre sens : S'il n'est plus possible d'offrir des sacrifices, les autels ayant disparu, on se sou-viendra que mieux vaut la mise en pratique des actes de charité.[44]

---

[42] Cf. J. Jeremias, *Der Prophet Hosea* (cf. note 17): "[...] es bleibt ein Überschuß vom Stichwort 'Liebe' aus V. 1 her, das in der reinen Gerichtsdeutung nicht aufgeht."
[43] I. Willi-Plein, *Opfer und Kult* (cf. note 19), 33, parle du "Verheißungscharakter" du verset.
[44] Cf. les articles de Jan Joosten et de Matthias Millard dans le présent ouvrage.

חסד "BIENVEILLANCE" ET ΕΛΕΟΣ "PITIÉ". RÉFLEXIONS SUR UNE ÉQUIVALENCE LEXICALE DANS LA SEPTANTE

Jan Joosten
Université Marc Bloch, Strasbourg

Résumé

La tendance à traduire le nom hébreu חסד *par le nom grec* ἔλεος *apparaît très nettement déjà dans le Pentateuque grec et devient systématique dans certains livres traduits ultérieurement, comme les Douze petits prophètes et les Psaumes. Cette équivalence lexicale implique presque toujours un infléchissement sémantique plus ou moins important. Les faits n'indiquent pas, comme certains ont pu le penser, que le sens de* ἔλεος *a changé en grec biblique. Plusieurs détails montrent, au contraire, que les traducteurs lui donnent le sens classique de "pitié". Il paraît plutôt que ce soit le mot hébreu dont le sens a évolué : si dans la Bible ce mot signifie "bienveillance", les traducteurs se fondent sur l'usage post-biblique où* חסד *désigne le plus souvent la grâce divine ou les actes de charité.*

Abstract

The tendency to translate the Hebrew word חסד *with the Greek word* ἔλεος *is clearly present in the Pentateuch and becomes quite systematic in some books translated later, such as the Minor Prophets and the Psalms. This lexical equivalence leads almost everywhere to a more or less important semantic divergence. The facts do not bear out the hypothesis that the meaning of* ἔλεος *is transformed in Biblical Greek. On the contrary, several details show that the translators attribute to it the classical meaning of "mercy". It appears rather that it is the Hebrew word* חסד *that has changed its meaning: while in the Bible the word means "kindness", the translators were more familiar with post-biblical usage where* חסד *refers most often to divine grace or to acts of charity.*

I. *Introduction*

Dans la Septante, le nom hébreu חסד est traduit majoritairement par le nom grec ἔλεος.[1] Cette équivalence interroge le chercheur, car les deux termes ne signifient pas, *a priori*, la même chose. Même en tenant compte du fait que le sens des mots ne se recouvre jamais

---

[1] Sur 245 occurrences du mot חסד dans l'Ancien Testament, 213 sont rendues par ἔλεος (statistiques d'après H.-J. Zobel, חסד, in *Theologisches Wörterbuch zum Alten Testament. Vol.* III, col. 48–71, en particulier col. 49).

exactement d'une langue à une autre, la distance sémantique entre le
terme grec et son équivalent hébreu semble plus grande que nécessaire.

Le sens du nom hébreu a été beaucoup discuté.[2] En effet, il n'est
pas facile de ramener tous ses emplois à un dénominateur commun.
Cependant, une majorité de spécialistes se mettent d'accord sur son
sens fondamental : le nom désigne une attitude relationnelle qui
cherche le bien-être d'autrui. Dans la plupart des cas, on pourrait
traduire חסד en français par "bonté" ou, mieux encore, par "bienveillance". Par une métonymie tout à fait naturelle le nom prend
aussi le sens d' "acte de bienveillance" se combinant alors fréquemment avec le verbe עשה "faire" ; dans ce même sens, il se met au
pluriel. Le terme se rencontre fréquemment dans les contextes qui
parlent d'alliance, où חסד exprime la disposition favorable des partenaires l'un envers l'autre. Sa signification se rapproche alors de celle
de אהבה, "amour", et de אמת, "fidélité".[3] Certains en ont déduit que
le sens premier du mot serait celui de "constance, loyauté".[4] Mais le
terme s'emploie également quand aucun engagement préalable ne con-
traint la personne qui agit selon le חסד. Il est donc préférable de
dire que le sens lexical du mot n'implique pas le cadre de l'alliance et
que les notions de "constance" et de "loyauté" sont secondaires. Autre
précision de ce genre : dans la majorité des cas, la bienveillance dont
il est question est exercée par un fort en faveur d'un plus faible ;
d'ailleurs, une très grande partie des passages parle du חסד de Dieu
envers les hommes.[5] Mais une fois de plus, l'élément de condescendance
ne fait pas partie du sens lexical. En effet, d'autres passages évoquent
les actes de חסד entre égaux, voire des actes exercés par un faible
envers un plus fort ; d'ailleurs, à plusieurs reprises, חסד est qualifié
explicitement comme une attitude réciproque (Gn 21:23 ; Jos 2:12).

---

[2] La littérature sur ce mot hébreu est considérable, voir la bibliographie dans Zobel,
art. cit., col. 49 (jusque 1977) ; plus récemment : G.R. Clark, *The Word* Hesed *in the
Hebrew Bible* (Sheffield : Sheffield Academic Press, 1993) ; W. Börschlein, *Häsäd—der
Erweis von Solidarität—als eine ethische Grundhaltung im Alten Testament* (Francfort : P. Lang,
2000).

[3] Dans l'Ancien Orient, toute alliance devait comporter, d'une part, des obligations
soumises à un serment et, d'autre part, une attitude d'entente et de bienveillance
mutuelle, voir M. Weinfeld, ברית, *ThWAT* I, col. 781–808, en particulier col. 785.

[4] Voir notamment la monographie de N. Glueck, *Das Wort* hesed *im alttesta-
mentlichen Sprachgebrauch als menschliche und göttliche gemeinschaftsgemässe Verhaltungsweise*
(Berlin : Töpelmann, 1927). Cette opinion est retenue dans KBL[3] : *Gemeinschaftspflicht,
Loyalität, Treue*. Pour la critique, voir l'article de Zobel dans ThWAT.

[5] En quelques passages, חסד est mis en parallèle avec la racine רחם, "avoir compassion" : Es 54:8.10 ; Jr 16:5 ; Os 2:21 ; Za 7:9 ; Ps 25:6 ; 40:12 ; 51:3 ; 63:7 ;
69:17 ; 103:4 ; Lm 3 22.32 ; Dn 1:9.

NB : En plus du sens fondamental de "bienveillance" il semble qu'il faille attribuer au mot le sens de "grâce, charme, attrait". Le cas le plus clair se trouve dans le livre d'Esther :

Est 2:9 "La jeune fille lui plut et trouva *grâce* à ses yeux".

Est 2:17 "Et le roi aima Esther plus que toutes les femmes et elle trouva faveur et *grâce* à ses yeux".

Beaucoup de traductions et de commentaires attribuent au mot חֶסֶד dans ces passages le sens habituel de "bienveillance". L'expression signifierait alors qu'Esther s'attire la bienveillance du préposé au harem et du roi Xerxès. Pourtant, le contexte indique plutôt que חֶסֶד désigne ici une qualité d'Esther. Le sens du mot חֶסֶד s'apparente dans ces versets à celui de l'adjectif הַסוּדָה, "charmante, gracieuse", en hébreu michnique. Autres exemples possibles : Es 40:6 "Toute chair est de l'herbe, et tout son *éclat* (חֶסֶד) comme la fleur des champs" ; Pr 19:22 "Ce qui fait le charme d'un homme c'est sa *bienveillance* (חֶסֶד)" ; cf. Os 6:4, et, peut-être, Gn 39:21 ; Jon 2:9 ; Ps 144:2.

Les deux sens sont liés, même si le rapport entre eux n'est pas facile à définir. D'autres langues attestent des termes avec la même ambiguïté : cf. en grec χάρις "gentillesse, bienveillance" et "charme, beauté" ; en latin *gratia* ; en allemand *Huld*.

Pour sa part, le nom grec désigne le sentiment éprouvé par celui qui voit la misère d'un autre.[6] On peut généralement traduire ἔλεος par "pitié" ou par "compassion". Or, la "pitié", tout comme la bienveillance, peut induire des actes en faveur d'autrui. Les champs sémantiques du terme hébreu et du terme grec se chevauchent donc en partie. Mais ils ne se recouvrent pas entièrement. Les différences s'observent surtout dans deux domaines : tandis que la "bienveillance" caractérise une attitude préalable, la "pitié" désigne un sentiment provoqué par un stimulus. Il s'ensuit que ἔλεος s'insère difficilement dans un contexte d'alliance—on ne doit la pitié à personne—tandis que, comme cela a été dit, חֶסֶד y trouve sa place naturelle. Deuxièmement, si la "bienveillance" s'exerce sans acception des personnes et peut être réciproque, la "pitié" comporte forcément une nuance de condescendance et d'unilatéralité.

La différence se laisse illustrer par un exemple. Dans une inscription rapportant les paroles de l'empereur Néron adressées aux Grecs à qui il vient d'accorder la liberté, se lisent les mots suivants : καὶ νῦν δὲ οὐ δι᾽ ἔλεον ὑμᾶς ἀλλὰ δι᾽ εὔνοιαν εὐεργετῶ "en ce jour, ce n'est pas la pitié, c'est la bienveillance seule qui me fait généreux envers vous". Cette phrase reflète, bien sûr, la rhétorique grecque

---

[6] Voir C. Spicq, ἐλεέω, ἔλεος, *Lexique théologique du Nouveau Testament* (Fribourg/Paris : Editions Universitaires/Le Cerf, 1991), 488–496.

et non la mentalité Israélite. Il paraît cependant juste de dire que le sens de חסד situerait le terme du côté de la εὔνοια plutôt que du côté du ἔλεος dont il est question ici. C'est dire qu'il existe des contextes où חסד, "bienveillance", n'est *justement pas* ἔλεος, "pitié". Ainsi, il se laisse prévoir que la traduction du terme hébreu par le terme grec entraînera des écarts sémantiques parfois considérables.

À la lumière de ces faits, deux questions surgissent. Premièrement, il convient de se demander si le mot ἔλεος n'aurait pas changé de sens dans le langage de la Septante. Il est bien des cas où un mot grec emprunte un sens nouveau à travers l'usage qu'en font les traducteurs grecs de la Bible ; il suffit de penser à des mots comme νόμος, διαθήκη ou χριστός.[7] Si ἔλεος avait pris un sens "hébraïque", plus proche du sens de חסד, dans le langage de la Bible grecque, cela résoudrait le problème de l'équivalence entre les deux mots. Deuxièmement, et quelque soit le sens du mot grec dans la Septante, on se demande quel facteur serait à l'origine de l'équivalence חסד—ἔλεος. Pourquoi les premiers traducteurs de la Bible ont-ils opté pour cette traduction, à première vue critiquable, dans la majorité des cas ? Pour répondre à ces questions, nous inspecterons d'abord la partie la plus ancienne de la Bible grecque, à savoir le Pentateuque. Ensuite nous poserons les mêmes questions par rapport à quelques autres corpus, notamment les Psaumes et les Douze Prophètes, où l'équivalence qui nous occupe est particulièrement fréquente. L'attention se dirigera vers le mot ἔλεος sans toutefois oublier que celui-ci fait partie d'une famille de mots comprenant en outre le verbe ἐλεέω (ἐλεάω) le nom ἐλεημοσύνη et les adjectifs ἐλεεινός (ελεηνός), ἐλεήμων et πολυέλεος.

II. *Le Pentateuque*

Le mot grec ἔλεος se rencontre 15 fois dans le Pentateuque grec. Dix fois il rend le mot hébreu חסד, deux fois le mot חן, "grâce", une fois le mot רחמים, "miséricorde", et deux fois il n'a pas d'équivalent dans le TM.[8] Pour sa part, le terme hébreu חסד se trouve 20 fois dans le Pentateuque. Il est traduit par ἔλεος dix fois, ou plutôt douze, puisque l'expression רב חסד est rendue deux fois par le mot

---

[7] E. Tov, "Three Dimensions of Words in the Septuagint," in idem, *The Greek and Hebrew Bible. Collected Essays on the Septuagint* (SVT 72 ; Leiden : Brill, 1999) : 85–94.

[8] Gn 24:44 (cf. le v. 14) ; Ex 34:7 (cf. Ex 20:6 ; Dt 5:10) ; dans les deux cas, le texte grec semble refléter le mot חסד.

composé πολυέλεος. Une fois l'équivalent grec est ἐλεημοσύνη, et sept
fois on trouve δικαιοσύνη, "justice". Nous passerons en revue d'abord
les cas ou חֶסֶד est traduit par ἔλεος, en posant la question si l'équivalence respecte le sens du texte hébreu. Ensuite notre attention se
tournera successivement vers quelques passages où חֶסֶד n'est pas
traduit par ἔλεος et vers les occurrences de ἔλεος rendant d'autres
termes hébreux.

Quand ἔλεος rend le mot חֶסֶד dans le Pentateuque, la traduction
paraît souvent assez fidèle. Ainsi, Joseph en prison s'adresse-t-il à
l'échanson, qui va être libéré, en disant, selon le texte hébreu :
"Souviens-toi de moi, quand tu seras heureux, et agis, je te prie, avec
bienveillance envers moi" (Gn 40:14 ; traduction Colombe) ; le texte grec
implique à peine une nuance : "Souviens-toi de moi lorsque tu seras
heureux : tu useras avec moi de *miséricorde*" (traduction de la *Bible
d'Alexandrie*). La situation dans laquelle ces paroles sont prononcées
fait que la différence entre "bienveillance" et "pitié" reste minime.
Les traits sémantiques de misère humaine et de condescendance sont
exprimés lexicalement par le terme grec tandis qu'ils sont simplement implicites dans le récit hébreu. Dans les deux textes, le sens
contextuel global demeure essentiellement le même.[9] On portera le
même jugement sur la plupart des passages où il est question d'une
caractéristique divine. Le Dieu biblique est élevé loin au-dessus de
sa créature et il intervient le plus souvent pour venir en aide aux
êtres humains. Sous ces conditions, parler de "bienveillance" ou de
"miséricorde" revient pratiquement au même. Un bon exemple en
est donné dans la prière de Moïse en Nb 14:19. Le texte hébreu :
"Pardonne, je t'en prie, la faute de ce peuple selon la grandeur de ta
bonté" (traduction Colombe) équivaut au texte grec : "Remets à ce
peuple sa faute en vertu de ta grande *pitié*" (traduction de la *Bible
d'Alexandrie*). L'écart sémantique au niveau des mots est, une fois de
plus, résorbé au niveau contextuel. La traduction de חֶסֶד par ἔλεος
paraît donc adéquate. Il en est de même pour les passages qui
énumèrent les caractéristiques de Dieu à la façon de titres honorifiques :
la "bienveillance" y trouve sa place tout aussi bien que la "pitié" à
côté de la miséricorde, la patience, la vérité et la justice (Ex 34:6–7 ;
20:6 ; Dt 5:10).

---

[9] Voir aussi Gn 39:21, où il est cependant difficile dire de qui émane la bienveil-
lance/pitié : de Dieu (voir à ce propos la *Bible d'Alexandrie*, et cf. Si 18:11) ou des
Egyptiens.

Cependant, la traduction de חסד par ἔλεος n'est pas partout cautionnée par le contexte. Ainsi, il arrive que le texte grec ne dise pas la même chose que le modèle hébreu. Le terme de pitié semble alors mal choisi. Prenons un exemple. Le serviteur d'Abraham, voulant savoir si Rébecca va être accordée au fils de son maître, s'adresse à la famille de la jeune femme en ces termes : "Si vous voulez agir avec *bienveillance* et fidélité envers mon seigneur, déclarez-le moi ; sinon, déclarez-le moi, et je retournerai à droite ou à gauche" (Gn 24:49). Par l'emploi de la formule חסד ואמת, "bienveillance et fidélité", le texte hébreu évoque assez clairement la notion d'alliance. Ce que le serviteur propose à Bétouel et à Laban c'est un engagement mutuel entre leur famille et celle d'Abraham. À l'époque biblique, le mariage était en effet conçu comme une alliance. D'autres textes de l'Ancien Testament utiliseront le terme spécifique de *berit* pour parler de l'union matrimoniale.[10] Une telle relation devait naturellement être régie par חסד, la bienveillance réciproque. À la lumière de ces faits, le texte grec pose ici un accent bien distinct du modèle hébreu : "Si donc vous pratiquez la *pitié* et la justice envers mon seigneur, faites-le-moi savoir . . ." À moins d'attribuer au mot ἔλεος un autre sens, le discours du serviteur dans sa version grecque semble insinuer qu'Abraham se trouve en situation de détresse et qu'il serait juste pour la famille de Rébecca de s'en émouvoir. Ces implications sont complètement étrangères au texte hébreu.[11] Le même type d'écart s'observe dans certains contextes théologiques : le texte hébreu inclut la bienveillance de Dieu dans l'évocation de son alliance, tandis que le texte grec glisse dans ce même contexte la notion de pitié. Dt 7:12[TM] "Du moment que vous écouterez ses ordonnances, que vous les garderez et les mettrez en pratique, l'Éternel, ton Dieu, gardera envers toi l'alliance et la *bienveillance* qu'il a jurées à tes pères" ; LXX "Et il arrivera quand vous aurez écouté toutes ces règles du droit et que vous les aurez observées et mises en pratique, qu'alors le Seigneur ton Dieu observera soigneusement pour toi l'alliance et la *pitié*, comme il l'a juré à vos pères".[12] La traduction du terme חסד par ἔλεος n'est pas tout à fait adéquate dans ces passages.

---

[10] Voir Ml 2:14 ; Pr 2:17.
[11] Le même écart se retrouve en Gn 24:12.14 dans les prières adressées à Dieu (voir le contraste avec Gn 24:27 où חסד est traduit par δικαιοσύνη).
[12] Voir aussi Dt 7:9.

Les traducteurs du Pentateuque se gardent pourtant de créer de véritables contresens. Dans les passages où le sens contextuel de חסד serait vraiment incompatible avec la signification de ἔλεος, ils optent en général pour un autre équivalent. Ce principe montre qu'il ne s'agit pas d'une stéréotypie aveugle, et que les traducteurs restent sensibles au sens grec du vocable ἔλεος. Par exemple, là où Abraham dit à sa femme : "Fais-moi la *faveur*, dans tous les endroits où nous irons, de dire que je suis ton frère" (Gn 20:13), le terme חסד exprime bien l'attitude bienveillante de Sara à laquelle Abraham sait qu'il peut faire appel. Par contre, la notion de pitié détonnerait dans ce passage, car Abraham n'est pas, quand il prononce ces mots, dans une situation de détresse. De plus, l'élément de condescendance fait ici défaut : selon la mentalité biblique, la femme est plutôt le partenaire faible. La traduction grecque paraît tenir compte de ces éléments. Le mot hébreu חסד est traduit non par le mot ἔλεος mais par δικαιοσύνη, "justice", exprimant ainsi que la demande est conforme à ce qu'un mari peut attendre de sa femme : "Tu me feras cette *justice* ; en tout lieu où nous entrerons, dis de moi : il est mon frère". L'adéquation lexicale est loin d'être parfaite, mais dans le contexte l'hébreu et le grec donnent globalement le même sens.[13] L'équivalence חסד—δικαιοσύνη se retrouve dans quelques passages théologiques, Gn 24:27 ; 32:11 ; Ex 15:13.[14] Là aussi, les traducteurs semblent avoir eu le souci d'éliminer les notions de misère humaine et de condescendance divine, auxquelles le contexte n'était pas favorable.

À l'inverse, le mot ἔλεος est employé plusieurs fois pour un autre équivalent hébreu. Ainsi, en Dt 13:18, ἔλεος traduit le terme hébreu רחמים, "entrailles, compassion" : si une ville israélite devient apostate, elle doit être vouée à l'interdit avec tout ce qu'il y a en elle "... afin que le Seigneur renonce à l'emportement de sa colère ; et il te donnera sa *pitié*". Pour rare qu'elle soit, cette équivalence indique clairement que le terme a gardé pour les traducteurs du Pentateuque tout le sens qu'il a habituellement en grec.

Le mot ἔλεος est utilisé aussi pour rendre deux occurrences du mot hébreu חן, "grâce". Ce dernier mot est majoritairement, et de façon judicieuse, rendu par le terme grec χάρις, "grâce". Les passages où l'on trouve ἔλεος sont donc particulièrement dignes d'intérêt. En

---

[13] Cf. le cas analogue de Gn 21:23.
[14] En Gn 19:19 חסד a été traduit par δικαιοσύνη parce que ἔλεος avait déjà été employé dans ce verset pour rendre le mot hébreu חן. Voir ci-dessous.

effet, dans les deux cas, la traduction par ἔλεος s'oppose de façon significative à la traduction par χάρις. Ainsi, Noé est dit avoir trouvé *grâce* (hébreu חֵן, grec χάρις) aux yeux du Seigneur (Gn 6:8). De même, Abraham (à son insu) s'adresse à Dieu en disant: "si j'ai trouvé *grâce* (hébreu חֵן, grec χάρις) à tes yeux". Mais la même expression hébraïque est traduite différemment dans le troisième passage où elle se trouve: Gn 19:18–19^(TM) "Loth leur dit: Oh! non, je t'en prie Seigneur! Voici que ton serviteur a trouvé *grâce* (hébreu חֵן) à tes yeux . . ."; mais dans la LXX "Mais Loth leur dit: Je t'en prie, Seigneur, puisque ton serviteur a trouvé *pitié* (grec ἔλεος) devant toi . . ." Il semble bien que ce soit la situation désespérée de Loth, après la destruction de Sodome, qui a poussé le traducteur à varier ici l'équivalent habituel. Dans la compréhension du traducteur de la Genèse, Noé et Abraam avaient en effet trouvé *grâce* devant le Seigneur: ils avaient quelque mérite. Loth, par contre, n'a trouvé que la *pitié*: c'est son sort misérable qui a motivé l'intervention divine. Le même type d'explication s'applique au deuxième passage où l'on trouve ἔλεος pour חֵן. En Nombres 11:11–15, dans une longue tirade adressée au Seigneur, Moïse, selon le texte hébreu, emploie deux fois l'expression "trouver grâce dans les yeux de quelqu'un". Il commence par exprimer son découragement: "Pourquoi n'ai-je pas trouvé *grâce* à tes yeux, que tu aies mis sur moi la charge de tout ce peuple?" (Nb 11:11); et il termine par demander: "Tue-moi donc, si j'ai trouvé *grâce* à tes yeux" (Nb 11:15). La contradiction entre ces deux phrases se comprend parfaitement dans ce discours émotionnel d'un Moïse poussé à bout. Mais le traducteur grec a introduit une variation: au v. 11 "À cause de quoi n'ai-je pas trouvé *grâce* devant toi, au point de poser sur moi l'élan de ce peuple?"; mais au v. 15 "Tue-moi de male mort, s'il est vrai que j'ai trouvé *pitié* de ta part". Le phénomène n'est sans doute pas purement d'ordre stylistique. Tout se passe comme si Moïse, dans le texte grec, disait: "Si je n'ai pas obtenu ta *grâce*, comme en témoigne ma situation désespérante, laisse-moi au moins trouver ta *pitié*".

Que peut-on conclure de tout cela? Tout d'abord, par rapport à notre première question, les faits ne laissent guère de doute que le terme grec ἔλεος garde, dans le Pentateuque, le même sens qu'il a dans la littérature grecque. L'emploi de ce terme pour rendre les mots hébreux רַחֲמִי et חֵן indique clairement que les traducteurs lui attribuaient ce sens. De plus, le non-emploi de ἔλεος pour rendre חֶסֶד quand le contexte ne favorise pas la notion de pitié confirme

cette conclusion. Il en résulte, à la lumière de ce qui a été dit ci-
dessus, que le mot ἔλεος rend effectivement assez mal le sens lexical de חֶסֶד et que le manque d'adéquation sémantique induit parfois
des divergences sensibles dans la traduction grecque. Par rapport à
la deuxième question, notre enquête ne nous donne donc que très
peu d'indices. Au contraire, le problème est exacerbé : si ἔλεος traduit
si mal le sens de חֶסֶד, pourquoi l'a-t-on choisi comme équivalent
majoritaire ? On tentera une réponse ci-dessous. Mais d'abord nous
nous tournerons vers quelques livres où l'équivalence qui nous occupe
est beaucoup plus systématique.

III. *Les Douze petits prophètes et les Psaumes*

Dans plusieurs livres de la Septante, l'équivalence lexicale entre חֶסֶד
et ἔλεος passe de simplement majoritaire à pratiquement invariable.
Dans les Douze Prophètes, par exemple, sur 13 occurrences du mot
ἔλεος (dont deux fois dans le composé πολυέλεος), 12 rendent le nom
חֶסֶד, le cas restant rendant l'infinitif רחם, "avoir compassion". De
même, sur 13 occurrences de חֶסֶד, 12 sont rendues par ἔλεος tandis qu'un seul passage donne un autre équivalent, à savoir ζωή, "vie"
(mais ici on peut soupçonner que le traducteur connaissait un texte
hébreu divergent, cf. Os 12:10, et la note dans la *Bible d'Alexandrie*,
vol. XXIII,1). La même tendance se dessine dans les Psaumes, où
le terme hébreu est toutefois beaucoup plus fréquent. Il y a 128
occurrences de ἔλεος (y inclus quatre occurrences de πολυέλεος) dont
seulement quatre ne correspondent pas à חֶסֶד ;[15] inversément, sur
127 emplois de חֶסֶד, seuls trois ne sont pas rendus par ἔλεος.[16] Le
même taux de correspondance entre les deux termes s'observe également dans la plupart des livres historiques : Ruth, Règnes, Chroniques,
2 Esdras.

La constance avec laquelle le terme חֶסֶד est rendu par ἔλεος dans
ces livres s'explique par la conjonction de deux facteurs. Premièrement, on sait que les traducteurs des autres livres ont souvent suivi

---

[15] En Ps 84(83):11 une formule difficile a été remplacée par une formule passe-
partout ; en Ps 119(118):41b ἔλεος correspond à אמרה (sous l'influence du verset
41a) cf. Ps 77:9 ; en Ps 109:21 et 136:26 ἔλεος est un ajout par rapport au TM.

[16] En Ps 44(43):27 ὄνομα ne rend pas le mot חֶסֶד du TM mais semble refléter un
autre texte hébreu ; en Ps 52:3 ἀνομία pourrait refléter l'homonyme rare חֶסֶד, "honte"
(Lv 20:17) ; en Ps 109(108):12 le mot ἀντιλήμπτωρ rend l'expression מֹשֵׁךְ חֶסֶד.

les initiatives lexicales des traducteurs du Pentateuque.[17] Puisque ἔλεος est l'équivalent majoritaire de חסד dans le Pentateuque, le terme s'offrait comme un choix logique pour rendre חסד dans les livres postérieurs. Deuxièmement, les traducteurs des Douze et des Psaumes font preuve d'une tendance évidente à la stéréotypie. Le littéralisme qu'ils s'imposent demande qu'un terme hébreu soit toujours, dans la mesure du possible, rendu par le même mot grec.[18] Une fois l'équivalence entre חסד et ἔλεος arrêtée, elle s'appliquera pour ainsi dire automatiquement, partout où le terme hébreu se rencontre.

Comme le sens d'un mot grec ne correspond que rarement au sens d'un mot hébreu précis de façon exacte, la traduction stéréotypée conduit pratiquement toujours à des écarts dans certains passages donnés.[19] Dans le présent cas, l'inadéquation lexicale de départ crée cependant une situation assez unique. Dans beaucoup de passages des Douze et des Psaumes, le mot ἔλεος est utilisé dans des contextes ou la notion de "pitié" ne semble être induite ni par le modèle hébreu, ni par le contexte. Cet état des choses a poussé Albert Pietersma à postuler que le sens de ἔλεος, du moins dans les Psaumes, n'est autre que le sens de son équivalent hébreu.[20] Le terme grec ne signifierait pas "pitié" etc. mais *lovingkindness*—c'est-à-dire, "bienveillance", "gentillesse"—ou toute autre nuance exprimée par le terme hébreu. Le nom grec se serait vidé de son sens pour devenir un simple symbole évoquant le nom hébreu qu'il représente. Cette vision s'accorde bien avec les idées de Pietersma sur la Septante en général. D'après ce savant, la version grecque aurait trouvé son origine dans une sorte de décalque interlinéaire dont le but original était simplement d'aider les élèves juifs de langue grecque à déchiffrer le sens du texte hébreu de la Bible.[21] Peu importe le "potentiel séman-

---

[17] E. Tov, "The Impact of the Septuagint Translation of the Torah on the Translation of the Other Books," in idem, *The Greek and Hebrew Bible* (cf. note 7) : 183–194.

[18] E. Tov, *The Text-Critical Use of the Septuagint in Biblical Research* (Jérusalem : Simor, 1981), 54–57.

[19] Voir la discussion dans Tov, "Three Dimensions" (cf. note 7)

[20] Voir A. Pietersma, *The Psalms*, NETS, p. xxii ; cf. Tov, "Three Dimensions" (cf. note 7).

[21] A. Pietersma, "A New Paradigm for Addressing Old Questions : The Relevance of the Interlinear Model for the Study of the Septuagint," in *Bible and Computer. The Stellenbosch AIBI-6 Conference* (ed. J. Cook ; Leiden : Brill, 2002), 337–364. Une idée semblable a été exprimée par A. van der Kooij, "The Origin and purpose of Bible Translations in Ancient Judaism: Some Comments," *Archiv für Religionsgeschichte* 1 (1999) : 204–214, en particulier 214 : "As far as the function of the Bible translations is concerned there is some evidence that they were used as an interpretative

tique" des mots grecs de la Septante—il suffit de savoir quel mot hébreu ils recouvrent.[22]

Deux arguments, de valeur inégale, plaident contre l'hypothèse d'après laquelle le terme ἔλεος se charge simplement du sens de חֶסֶד dans les Douze et dans les Psaumes. D'abord, dans les Douze, le nom ἔλεος est employé une fois pour exprimer le sens de "pitié" sans que l'hébreu ne donne le nom חֶסֶד : Ha 3:2[TM] "Mais dans ta colère, souviens-toi de ta *compassion* [רחם תזכור littéralement 'souviens-toi du compatir']"—LXX "Au trouble de mon âme, en colère, tu te souviendras de la *miséricorde*". Le nom רחמים est généralement traduit par le nom grec οἰκτιρμός, "compassion", dans les Douze.[23] Le fait qu'ici, pour une forme hébraïque insolite, ce soit ἔλεος qui est employé, montre que le terme grec a gardé l'essentiel de son sens d'origine. L'indice peut paraître léger, mais il tend à montrer que, en dehors de la routine imposée par la technique de traduction, le mot grec garde son sens propre pour le traducteur des Douze.

Un argument beaucoup plus fort, et qui s'applique de la même manière aux deux corpus, est situé dans le fait que les autres membres de la "famille" du mot ἔλεος, notamment le verbe ἐλεέω et l'adjectif ἐλεήμων, gardent leur sens habituel.[24] Le verbe traduit régulièrement les verbes חנן, "faire grâce" (20 fois dans les Psaumes, deux fois dans les Douze) et רחם (pi'el), "compatir" (une fois dans les Psaumes, dix fois dans les Douze) ; l'adjectif traduit l'adjectif hébreu חנון, "gracieux, compatissant" (six fois dans les Psaumes,[25] deux fois dans les Douze). À la lumière de ces données il devient difficile d'attribuer au nom ἔλεος dans les Psaumes et les Douze un sens qui s'écarte beaucoup de son sens habituel. Il paraît plutôt que, pour

---

aid to the reading of the Hebrew text. This may have been the case not only for the Aramaic versions, but also, primarily at least, for the translations in Greek. It would mean that the idea that the LXX, in contrast to the Targum, was meant to replace the Hebrew text needs to be reconsidered."

[22] Il convient de distinguer cette approche de l'ancienne hypothèse du judéo-grec avancée par Gehman et autres (voir, p. ex., H.S. Gehman, "The Hebraic Character of Septuagint Greek," *Vetus Testamentum* 1 (1951) : 81–90. Pour Gehman, certains mots grec avaient réellement assimilé un sens hébraïque dans le parler des Juifs alexandrins. Pietersma se garde bien de tirer cette conclusion : les mots grecs n'expriment le sens hébreu que dans la traduction de la Bible.

[23] Voir Os 2:21 ; Za 1:16 ; 7:9.

[24] Le substantif ἐλεημοσύνη ne se rencontre pas dans les Douze, mais dans les Psaumes il rend trois ou quatre fois le mot hébreu צדקה (voir Ps 24[23]:5 ; 33[32]:5 ; 35[34]:24 dans le Sinaiticus ; 103[102]:6

[25] Dans le Ps 145[144]:8 il correspond formellement à רחום dans le TM.

les traducteurs de ces corpus, le sens lexical de toute la famille des mots en ἐλεε- reste proche du sens que ces mots revêtent dans le grec non biblique. Sous cet aspect, le terme ἔλεος se distingue d'autres "mots bibliques" (*voces biblicae*) comme διαθήκη ou χριστός qui prennent réellement un sens nouveau dans la Septante.

Pour les traducteurs des Psaumes et des Douze, ἔλεος signifie "pitié". Néanmoins, on ne peut donner tort à Pietersma sur toute la ligne. En effet, dans l'usage concret, le mot ἔλεος ne fonctionne pas dans ces corpus de la même manière que dans le grec non biblique. Au-delà de quelques écarts ponctuels, dont l'un sera exploré plus en détail ci-dessous, la différence dans l'usage est sensible surtout là où le terme חסד figure, comme c'est très souvent le cas dans les Psaumes, dans un contexte d'alliance. P. ex. Ps 89:29^TM "Je lui conserverai toujours ma *bienveillance*, et mon alliance avec lui sera ferme"— Ps 88:29^LXX "Je lui garderai pour toujours ma *miséricorde*, et mon alliance lui est assurée". Dans de tels contextes, l'écart entre le terme hébreu et le terme grec revêt un aspect plus systématique. En effet, les passages sont nombreux, dans les Psaumes grecs, où l' ἔλεος de Dieu est présenté comme une chose sûre, éternelle, fiable[26]—épithètes qui ne s'appliquent pas facilement à un sentiment, fût-il divin. De plus, l'ἔλεος divin est couplé assez souvent (25 fois dans les Psaumes) à la "vérité", ἀλήθεια, divine, dans une combinaison qui, une nouvelle fois, accommode assez mal le sens de "pitié".

Pour expliquer cet état des choses, il sera fructueux de convoquer un concept de la linguistique générale, celui des rapports syntagmatiques. Selon Ferdinand de Saussure, les mots ont, d'une part, un sens lexical qui leur est attribué par des rapports "paradigmatiques" avec d'autres mots appartenant au même champ sémantique. D'autre part, les mots ont un sens syntagmatique qui découle de leur combinaison avec d'autres mots dans une chaîne parlée. Les rapports syntagmatiques peuvent être créés *ad hoc* ; ils appartiennent alors à la Parole. Mais ce n'est pas toujours le cas : beaucoup de combinaisons existent en tant que telles dans la langue (p. ex., en français : "à quoi bon ?", "allons donc !", etc.). Or, les rapports syntagmatiques ont la capacité d'infléchir le sens lexical des mots. Suivant leur contexte, les mots n'expriment pas le même sens. C'est le cas de figure qui nous intéresse. Le sens lexical, "paradigmatique", de ἔλεος est

---

[26] Cf., p. ex., Ps 24:10 ; 32:5 ; 88:2 ; 99:5 ; 102:17 ; 143:2 dans la Septante.

conservé dans les Psaumes et les Douze. Mais son sens "syntagma-tique" va en s'étendant : par association avec les notions de fidélité, de vérité et de constance, le terme ἔλεος prendra, en combinaison avec ces notions, un sens qui leur est complémentaire—peut-être "sympathie", ou "disposition à aider". Dans un contexte ou domine le vocabulaire de l'alliance, ἔλεος assimile ainsi un sens assez proche, si on veut, de celui de חֶסֶד.[27] Toutefois, en dehors d'un tel contexte, le terme garde son sens premier.

IV. L'origine de l'équivalence חֶסֶד—ἔλεος dans la Septante

Tout cela nous ramène à la question formulée ci-dessus. Si le sens de ἔλεος correspond si peu à celui de חֶסֶד, pourquoi les traducteurs l'ont-ils choisi comme équivalent majoritaire pour rendre ce terme hébreu ? La solution ne peut être trouvée du côté grec, puisque le mot ἔλεος garde *grosso modo* son sens habituel. Il convient alors d'ex-plorer le côté hébreu. Le mot חֶסֶד, "bienveillance", aurait-il changé de sens à l'époque hellénistique ? Si tel était le cas, et si le sens post-biblique du mot se rapprochait de la notion de "pitié", cela pour-rait expliquer l'équivalence étonnante. En effet, bien des inadéquations apparentes entre un mot biblique et sa traduction grecque découlent de ce que le sens du mot hébreu n'était pas le même pour les tra-ducteurs que pour les auteurs bibliques (p. ex., מַס, "corvée", rendu en grec "impôts" d'après l'hébreu tardif).[28]

Le terme חֶסֶד semble effectivement avoir subi une évolution séman-tique durant l'époque biblique et post-biblique. En fait, deux développe-ments pertinents peuvent être décelés.[29] Premièrement, ont constate une certaine tendance dans les livres bibliques tardifs à présenter חֶסֶד comme un attribut divin plutôt qu'une qualité humaine. Ainsi,

---

[27] Les lecteurs assidus de la Bible grecque comprenaient sans doute dans le même sens les quelques occurrences du mot en contexte d'alliance dans le Pentateuque (voir Dt 7:9.12). Sous l'influence de la Septante, ce sens apparaît également, dans un contexte similaire, dans d'autres textes grecs (voir, p. ex., Lc 1:72 ; cf. la con-tribution de Daniel Gerber au présent volume).

[28] Cf. J. Joosten, "On the LXX Translators' Knowledge of Hebrew," in *X Congress of the International Organization for Septuagint and Cognate Studies* (ed. B.A. Taylor ; Atlanta, Georgia : Society of Biblical Literature, 2001) : 165–179 (où la littérature antérieure est citée).

[29] Un développement qui ne semble pas être pertinent est celui par lequel le mot hébreu prend le sens d' "actions mémorables", voir 2 Ch 6:42 ; 32:32 ; 35:26 ; Ne 13:14 ; 11Q5 (11QPsª) XXII 5 ; 4QMMT C 25 ; Si 46:7.

dans les livres pré-exiliques, les passages où חסד désigne des rapports humains sont relativement nombreux, alors qu'ils deviennent bien plus rares dans les livres post-exiliques, sans toutefois disparaître complètement. En revanche, la "bienveillance" divine est un thème important dans la littérature biblique tardive. Dans les rouleaux de Qumran aussi, le sens théologique prédomine très largement. L'emploi théologique a pu favoriser une connotation de condescendance qui, comme cela a été dit ci-dessus, ne faisait pas partie du sens lexical du mot depuis le début. Par ce trait sémantique, le sens de חסד pouvait se rapprocher de celui de ἔλεος.

Un deuxième développement sémantique est attesté surtout par la littérature rabbinique. Dans le Talmud et le Midrash, חסד prend très souvent le sens d' "œuvre charitable, acte de bienfaisance". P. ex., TB Sota 14a : "La Torah commence par un acte de *charité* [c'est-à-dire revêtir ceux qui sont nus, Gn 3:21] et se termine par un acte de *charité* [c'est-à-dire les morts, Dt 34:6]".[30] L'emploi du mot חסד pour parler d'œuvres de charité n'a pas laissé de traces claires dans la Bible.[31] Il semble pourtant qu'il s'agisse d'un emploi relativement ancien. En effet, on en trouve un exemple dans le livre de Ben Sira, Si 7,33 : "Donne (des aumônes) à tout être vivant, et même à un mort ne refuse pas ta *charité*". Si 7,32–36 recommande le soutien des pauvres, la consolation de ceux qui pleurent et la visite des malades. Dans un tel contexte, il convient de donner à חסד le sens spécifique d'acte de charité attesté par les écrits rabbiniques. Si cet emploi était déjà connu des traducteurs grecs, il a pu contribuer à l'interprétation du terme חסד dans un sens qui s'approchait de celui du terme grec ἔλεος.

L'étude de l'évolution du terme חסד dans les textes hébreux de l'époque hellénistique ne fournit pas une solution évidente au problème de l'équivalence lexicale qui nous occupe. Il livre cependant certains éléments qui expliquent comment cette équivalence, à nos yeux si étonnante, a pu s'imposer aux traducteurs grecs. Si חסד, dans la langue hébraïque du IIIe/IIe siècle av. J.-C., désignait surtout, d'une part, l'attitude favorable de Dieu envers son peuple et sa créature et, d'autre part, des actes de bienfaisance envers les démunis,

---

[30] L'exemple est cité par M. Jastrow dans son dictionnaire, p. 252, 486. Cf. aussi les passages de la littérature rabbinique interprétés par M. Millard dans le présent ouvrage.
[31] Voir cependant Ps 109:12.16 dans le TM.

on comprend comment les traducteurs, devant opter pour un seul équivalent grec, ont fini par choisir le terme ἔλεος. Ils ont rendu חסד par ἔλεος parce qu'ils ont estimé que ce mot grec correspondait au mieux au sens du mot hébreu.

V. *Une illustration : Osée 6:6*

En attribuant au mot hébreu חסד le sens de "pitié", et en s'en tenant à ce sens de façon systématique, les traducteurs des Psaumes et des Douze ont créé de nombreux écarts entre le texte source et la version grecque. Un exemple intéressant se trouve en Os 6:6.

Selon le texte hébreu, il est question dans ce verset de l'attitude à prendre envers Dieu : "Je veux *la loyauté* et non le sacrifice, et la connaissance de Dieu plus que les holocaustes" (traduction de la Colombe). Le sens concret de חסד est ici déterminé par l'expression parallèle, "la connaissance de Dieu". De plus, le passage dans Osée rappelle une parole du prophète Samuel rapportée en 1 S 15:22 : "L'obéissance vaut mieux que les sacrifices, et la soumission vaut mieux que la graisse des béliers". Là aussi, il est question de la bonne relation avec Dieu. Il est vrai que l'amour de Dieu n'exclut pas l'amour du prochain, et que la loyauté envers Dieu peut s'exprimer par des actes bienveillants envers les hommes.[32] Mais le sens premier de חסד dans Os 6:6 est bien celui de "piété" ou de "fidélité à l'alliance avec le Seigneur".[33]

Selon le texte grec, par contre, la première partie du verset ne parle pas d'une attitude envers Dieu—à moins d'imaginer ce dernier poussé à bout au point d'implorer la pitié de son peuple ! D'après le texte grec, ce que veut le Seigneur c'est qu'Israël agisse avec pitié envers les êtres humains.[34] Comme dit, ce sens n'est pas forcément absent du texte hébreu. Mais ce qui en hébreu est tout au plus un

---

[32] Voir E. Bons, *Das Buch Hosea* (Stuttgart : Katholisches Bibelwerk, 1996), 93.

[33] E. Bons, *ibidem*. Le sens de "piété" est confirmé par le parallélisme avec la "connaissance de Dieu" (Os 6:6b) et par le slogan similaire en 1 S 15:22. Certains exégètes optent cependant pour un sens inter-humain du mot חסד dans le présent verset ; voir, p. ex., H.-J. Zobel, *art. cit.* (cf. note 1), 55.

[34] Cf., p. ex., Théodoret de Cyr (PG 81, 1544) qui glose ἔλεος par "la gentillesse (φιλανθρωπία) envers le prochain". Dans les *Oracles Sibyllins* II:56–94, cette idée fait l'objet d'un approfondissement : Si l'auteur insiste sur la nécessité des œuvres de charité, c'est qu'il est convaincu que Dieu préfère ἔλεος à θυσία (II:82). Cf. à ce propos l'article de G. Lusini dans le présent ouvrage.

sens implicite et secondaire, passe en grec au premier plan. La "loyauté envers Dieu" est devenue la "miséricorde envers les hommes".

Il est tout à fait intéressant d'observer un glissement semblable à
l'arrière-plan de quelques citations d'Os 6:6 dans la littérature rabbinique.[35] Dans la Mishna, Avot 1:2, il est attribué à Siméon le Juste
(grand-prêtre à l'époque de Ben Sira, cf. Si 50:1–21) le dit : "Sur
trois choses, le monde est fondé, sur la Torah, sur le service (du
Temple) et sur les actes de charité (נמילות חסדים)". Dans le traité
Avot de Rabbi Nathan, cette parole est assorti d'un bref commentaire fournissant pour chacun des trois fondements une argumentation biblique. Et, pour en venir à notre sujet, dans le paragraphe
sur les actes de charité, Os 6:6a est cité deux fois. La deuxième de
ces citations est particulièrement intéressante (ARN, Version A, Chap.
4, Schechter, p. 21) : "Un jour où Rabbi Yohanan Ben Zakkai sor-
tait de Jérusalem, et que Rabbi Yehoshua marchait derrière lui, il
vit le Temple en ruines. Rabbi Yehoshua dit : 'Malheur à nous parce
qu'il est en ruines, l'endroit où l'on faisait expiation pour les péchés
d'Israel !'. Il lui répondit : 'Mon fils, ne t'attriste pas, nous avons
une expiation équivalente à celle-là, à savoir les actes de charité
(נמילות חסדים), comme il est dit : Je veux la pitié (חסד) et non le
sacrifice' (Os 6:6)." Cette anecdote appellerait plusieurs remarques.
Pour le moment, il suffit d'observer que la façon de citer Os 6:6 ne
laisse guère de doute sur l'interprétation rabbinique du mot חסד qui
en est à la base. Comme dans la Septante, le mot ne désigne plus
la loyauté envers Dieu, mais la pitié envers les hommes.

Il n'y a pas lieu, dans le cas présent, de soupçonner une influence
de la Septante sur l'exégèse rabbinique ni de postuler, à l'inverse,
un arrière-plan proto-rabbinique pour la traduction grecque d'Os
6:6. L'interprétation commune, contre le sens original du texte hébreu,
découle d'un changement culturel, et plus précisément linguistique,
au sein du peuple juif. C'est l'évolution sémantique du mot hébreu
חסד qui a conduit les traducteurs grecs et les commentateurs rabbiniques à lui attribuer le sens de "miséricorde, charité".

VI. *Conclusion*

Dans la Septante, ἔλεος garde son sens lexical de "pitié" ; le mot
désigne, comme en grec profane, le sentiment qu'on éprouve en voy-

---

[35] Pour davantage de détails, cf. l'article de M. Millard dans le présent ouvrage.

ant la souffrance d'autrui. L'unique changement sémantique se situe sur le plan syntagmatique : le terme est rendu apte à être combiné avec le vocabulaire de l'alliance et désigne alors une qualité plus constante que la "pitié".

L'équivalence fréquente, et dans certains livres quasi-systématique, entre le nom hébreu חסד et le nom grec ἔλεος s'explique non par une évolution sémantique du côté grec, mais par un changement dans l'usage du mot hébreu. Les traducteurs ont rendu חסד par ἔλεος parce qu'ils ont estimé que ce mot grec correspondait au mieux au sens du mot hébreu. Pour eux, חסד ne se présentait pas comme un mot inconnu, dont le sens devait être défini en fonction des contextes dans lequel il figurait. Le mot leur était, au contraire, familier, par l'hébreu vivant de leur propre époque. Seulement, le sens tardif du mot חסד, connu par les traducteurs, ne correspondait pas exactement au sens classique du mot attesté dans la plupart de ses occurrences bibliques.

Concluons notre étude en ouvrant brièvement une perspective plus globale. Et חסד, et ἔλεος apparaissent le plus souvent dans la Bible comme des qualités divines. Il se pose alors la question si l'écart sémantique entre les deux termes n'aurait pas une implication théologique. Cela semble en effet être le cas. Le Dieu "riche en bienveillance" (רב חסד) de la Bible hébraïque n'est pas tout à fait le même que le Dieu "de grande pitié" (πολυέλεος) de la Septante. Les termes impliquent deux images différentes de Dieu. Il est vrai que la Bible hébraïque aussi attribue les qualités de compassion et de miséricorde à Dieu, par l'emploi des racines רחם et חנן notamment. Inversement, la bienveillance divine est loin d'être absente de la Bible grecque. Et pourtant, à travers la traduction de חסד par ἔλεος, la notion de pitié prend indéniablement une place plus importante dans le discours sur Dieu de la Septante que dans celui de la Bible hébraïque. Le caractère condescendant de l'action divine s'en trouve accentué. De plus, en donnant une telle importance à un sentiment divin, la Septante paraît s'ouvrir plus que la Bible hébraïque à l'étude de l'intériorité, de la psychologie, de Dieu.

Si notre discussion vise juste, l'infléchissement théologique en faveur de la notion de "pitié" prend son origine dans un accident linguistique (à savoir l'évolution sémantique du terme חסד). Il semble pourtant qu'il soit pleinement assumé par les traducteurs grecs, qui n'hésitent jamais à attribuer la pitié à Dieu. À cet égard il paraît utile de jeter un rapide coup d'œil sur un dernier corpus, à savoir la Septante d'Esaïe. Dans ce livre, les mots de la famille de ἔλεος,

sont employés non seulement pour rendre le nom חסד et les racines
רחם, הנן, נחם et חמל, dont le sens est effectivement celui d'"avoir
pitié",[36] mais encore les noms צדקה, "justice" (1:27 ; 28:17 ; 56:1 ;
59:16), אמת, "vérité" (38:18), ישׁע, "salut" (45:8) et רצון, "bonne
volonté" (60:10) ; de plus, la notion de "pitié" est introduite librement dans le texte grec en 44:23 ; 52:8 ; 59:2 et 64:3. Dans tous les
cas où le traducteur accentue ou ajoute cette notion, il s'agit de la
pitié de Dieu. Ainsi, le traducteur d'Esaïe témoigne de ce que la
pitié de Dieu n'était pas, dans la communauté juive d'Alexandrie, une
idée étrange imposée bon gré mal gré par les écritures hébraïques—
selon l'exégèse contemporaine—mais au contraire une notion centrale, et chérie, de leur théologie.[37]

---

[36] Voir aussi Es 63:15.

[37] Cf. aussi l' expression "le Seigneur de la pitié" (κύριος τοῦ ἐλέους) en Sg 9:1.

LA CITATION D'OSÉE 6:6 DANS LES *ORACLES SIBYLLINS*

Gianfrancesco Lusini
Istituto Universitario Orientale, Napoli

Résumé

Une partie de la tradition manuscrite du livre II des Oracles Sibyllins (IIe–Ier siècle av. J.-C.) contient une longue section interpolée, à savoir les 92 versets (II:56–148) tirés du recueil de règles de vie attribué à Phocylide de Milet (Ier siècle av. J.-C.). A l'intérieur de cette partie du texte des Oracles, dont l'origine judéo-hellénistique est bien assurée, se trouve une citation d'Osée 6:6 (II:81–82), qui ne faisait pas partie du texte originaire du Pseudo-Phocylide. Le rédacteur des Oracles dans leur forme finale a voulu enrichir la liste des préceptes moraux relatifs aux œuvres de miséricorde par un élément de réflexion théologique, en ajoutant la référence au texte d'Osée 6:6. Son but était de donner aux simples préceptes du Pseudo-Phocylide un cadre doctrinaire plus solide : les œuvres de la miséricorde sont beaucoup plus qu'une forme élémentaire d'humanitarisme philanthropique, c'est-à-dire une attitude qui pourrait être pratiquée indifféremment par les païens et le juifs. Ainsi, l'auteur du texte a distingué nettement entre les raisons de la morale juive et la pratique de l'éthique païenne, et donc il a souligné que la miséricorde n'est pas seulement un devoir de tous les hommes envers leurs prochains, mais qu'elle représente aussi un moyen pour faire la volonté du Dieu unique.

Abstract

Part of the manuscript tradition of Book II of the Sibylline Oracles (IInd–Ist century BCE) contains a long interpolation, consisting of 92 verses (II:56–148) taken from the anthology of ethical maxims attributed to Phocylides of Miletus (1st century BCE), the so-called Sentences of Pseudo-Phocylides. Within this section of the text of the Oracles, the Hellenistic-Jewish origin of which is well-established, there occurs a quotation from Hosea 6:6 (II:81–82) which was not in the original text of Pseudo-Phocylides. By adding the reference to Hosea 6:6, the redactor of the final form of the Oracles decided to reinforce the list of moral precepts concerning the works of mercy with an element of theological reflection. His aim was to furnish the elementary precepts of Pseudo-Phocylides with a more substantial doctrinal frame: the works of mercy are much more than a simple form of philanthropic humanitarianism, that is, a disposition that could be adopted equally by pagans and Jews. Accordingly, the author of the text has made a clear distinction between the reasons for Jewish morality and pagan ethical practice and has therefore emphasised that mercy is not only something that everyone is obliged to show to others, but that it also represents a means of accomplishing the will of the one and only God.

I. *Introduction*[1]

A. *La place de la Sibylle entre les traditions prophétiques et l'environnement païen*

À partir de la première moitié du Ier millénaire av. J.-C. au moins, l'activité oraculaire a caractérisé la pratique religieuse de plusieurs sociétés de la Méditerranée ancienne.[2] Dès ses débuts, cette forme de divination, ayant pour but l'explication de choses futures cachées grâce à l'intervention d'interprètes spécialisés et sous inspiration divine, eut une manifestation typiquement orale. Son domaine d'application est l'histoire de l'humanité, en particulier les questions associées à la succession des cycles et des royaumes. En fait, la valeur d'un oracle ne se limite pas au moment où il est prononcé dans un lieu sacré. En tant que manifestation religieuse, sa dimension dépasse le déroulement des faits humains dans la mesure où l'oracle traite de la fin de l'histoire. Proche de la révélation eschatologique, l'oracle est simplement appliqué à l'histoire, à condition d'en savoir reconnaître la référence à tel ou tel autre moment, dont on cherche le sens réel et caché. Pour cette raison, plusieurs siècles avant l'avènement de Jésus-Christ, dans plus d'une culture méditerranéenne on avait commencé à écrire et à recueillir des prophéties, afin de constituer des dossiers susceptibles d'être interrogés lorsqu'une crise, un moment de difficulté le rendaient nécessaire. Pour comprendre la nature et la finalité de ces recueils d'oracles dans le monde ancien, il suffit de rappeler les cas des collections persanes, comme l'œuvre perdue d'*Hystaspes* ou l'*Hymne de Bahman* (*Bahman Yasht*)[3] et l'intérêt des égyptiens pour ce

[1] Ce travail fut réalisé pendant un séjour de six mois auprès de l'Université de Hambourg (octobre 2001–mars 2002), qui a été financé avec l'aide de la Fondation *Alexander von Humboldt*.
   [2] Dans le présent article, nous nous référons aux ouvrages suivants : J.J. Collins, *The Sibylline Oracles of the Egyptian Judaism* (Dissertation Series 13 ; Missoula, MO : Society of of Biblical Literature, 1972) ; J.J. Collins, "The Sibylline Oracles," in *Old Testament Pseudepigrapha*, I, *Apocalyptic Literature and Testaments* (ed. J.H. Charlesworth ; Garden City, NY : Doubleday, 1983), 317–472 ; H.W. Parke, *Sibille* (Gênes : ECIG, 1992), titre original : *Sibyls and Sibylline prophecy in Classical Antiquity* (ed. B.C. McGing ; London, New York : Routledge, 1988) ; cf. aussi le compte rendu de l'ouvrage par D.S. Potter, "Sibyls in the Greek and Roman world," *Journal of Religions in Antiquity* 3 (1990) : 471–483 ; J.-D. Gauger, *Sibyllinische Weissagungen, auf der Grundlage der Ausgabe von Alfons Kurfeß neu übersetzt und herausgegeben* (Sammlung Tusculum ; Düsseldorf, Zürich : Artemis & Winkler, 1998) ; A.-M. Denis et coll., avec le concours de Jean-Claude Haelewyck, *Introduction à la littérature religieuse judéo-hellénistique*, II, *Pseudépigraphes de l'Ancien Testament* (Turnhout : Brepols, 2000), 947–992 (32. Les Oracles Sibyllins).
   [3] Cf. J.J. Collins, *The Sibylline Oracles* (cf. note 2), 9–12 ("Persian political oracles").

genre de description des choses futures.[4] Quoi qu'il en soit, le but de ces textes est de dessiner une image encourageante de l'avenir, dans lequel un âge de paix et de justice se substituera au présent qui est dominé par l'impiété et la destruction.[5]

Dans le milieu palestinien ancien, il est certain que la religion des Cananéens a connu une activité oraculaire, prérogative de prêtres spécialisés, comme autorisent à le penser les textes de Kuntillet 'Agrud et l'inscription de Deir 'Alla.[6] De plus, parmi les manifestations du prophétisme cananéen il y avait bien sûr l'extase, comme le témoignent au moins les textes de Ugarit (Ras Shamra), remontants au XIVe–XIIIe siècle av. J.-C.[7] La religion israélite connut de pareilles formes d'accès au sacré, qui furent l'objet de débat et de critiques, comme on le déduit d'épisodes tels que 1 R 18:28 et Za 13:6. Ces influences cananéennes sont sans doute à l'origine de la diminution du rôle des prophètes dans la société israélite ancienne, par rapport à ses précédents palestiniens. Une telle situation sera renversée beaucoup plus tard, grâce à la réhabilitation des prophètes voulue et mise en pratique au IIe siècle av. J.-C. par les pharisiens.[8] Le texte biblique a gardé les traces de cette hérédité palestinienne, de sorte que dans certains livres de l'Ancien Testament, notamment dans les trois prophètes majeurs, les oracles sont encore bien présents. Si ces textes jouissent d'une grande reconnaissance, c'est que l'objet de leur révélations est toujours le présent et l'avenir d'Israël, qui dépendent de sa fidélité à l'égard de Dieu.[9] Après l'intégration politique d'Israël dans l'empire universel greco-romain et la disparition des prophètes, les oracles juifs deviennent une partie de ce phénomène religieux complexe

---

[4] Cf. *ibid.*, 12–15 ("Egyptian political oracles").

[5] Cf. J.-D. Gauger, *Sibyllinische Weissagungen* (cf. note 2), 333–344. 401–423 ; A.-M. Denis, *Introduction* (cf. note 2), 962–964.

[6] Cf. à ce propos A. Catastini, "Le iscrizioni di Kuntillet 'Ajrud e il profetismo cananaico," *Annali dell'Istituto Universitario Orientale di Napoli* 42 (1982) : 127–134 ; G. Garbini, "L'iscrizione di Balaam Bar-Beor," *Henoch* 1 (1979) : 166–188 ; H.W. Parke, *Sibille* (cf. note 2), 261–265 (= 216–220).

[7] R.S. 25.460, ligne 11 ; J. Nougayrol, *Ugaritica V. Mission de Ras Shamra XVI* (Paris : Imprimerie Nationale, 1968), 263–273; J.J.M. Roberts, "A New Parallel to I Kings 18:28–29," *Journal of Biblical Literature* 89 (1970) : 76–77.

[8] F. Parente, "Profetismo e profezia nella tradizione giudaica e cristiana e nella moderna critica storica," in Hermann Gunkel, *I profeti* (Florence : Sansoni, 1967), 15–110, titre original : *Die Propheten* (Göttingen : Vandenhoek & Ruprecht, 1917); G. Garbini, *Storia e ideologia nell'Israele antico* (Brescia : Paideia, 1986), 155–167 (9. Il sangue dell'innocente) ; A. Catastini, *Profeti e tradizione* (Seminari di Orientalistica 3, Pise : Giardini, 1990), 11–39 (1. Problemi sul tappeto).

[9] Cf. J.J. Collins, *The Sibylline Oracles* (cf. note 2), 15–17 ("Jewish oracles").

et littéraire qu'on désigne par le terme "apocalyptique", phénomène marqué par des influences hellénistiques et une attitude syncrétiste.[10] Cela signifie que l'attention originaire des prophètes anciens aux mœurs du peuple élu, à ses erreurs et à son rapport avec Dieu, cède la place à une réflexion plus générale sur le destin de l'humanité dans une perspective eschatologique. Dans ce contexte judéo-hellénistique, la figure de la Sibylle fait son apparition en tant qu'élément de connexion entre la tradition juive et le présent païen.[11]

B. *La reprise de la figure de la Sibylle dans les milieux juif et chrétien*

Le mythe religieux de la Sibylle semble être né au VIIIe siècle av. J.-C. en Asie mineure, en milieu préhellénique, peut-être à partir d'une figure historique de prêtresse en rapport avec une divinité chtonienne. Il s'agit d'une espèce de pratique oraculaire plutôt différente de ses précédents orientaux, une forme de religiosité pas strictement officielle. Non seulement sa manifestation était de type extatique, comme en général chaque performance oraculaire, mais elle se déroulait dans des lieux cachés, sous terre ou dans des cavernes, loin de la communauté organisée autour des lois. La prophétie ou l'explication des événements sont adressées directement à l'interrogeant, dans une forme quasi privée, destinée à ne pas laisser de traces.[12] Cette forme de divination est bien connue des Grecs : ils en apprécièrent à tel point la fonction religieuse que plusieurs Sibylles naquirent dans différents endroits de la Méditerranée de langue grecque.[13] À Rome, le rôle de la Sibylle fut défini et, dans une certaine mesure, institutionnalisé. Même si la forme des performances resta la même, elle devint une partie de la religion de l'état. Il suffit de rappeler la figure de la Sibylle de Cume, à laquelle on attribua un complexe de bâtiments monumentaux, et le rôle qu'elle joue chez Virgile, tant dans les *Eclogues* qui prophétise l'avènement d'une ère nouvelle—celle d'Octavien Auguste (*Buc.* IV:4–7)[14]—que dans l'épisode

---

[10] Cf. *ibid.*, 17–18 ("Jewish apocalyptic").

[11] Cf. A.-M. Denis, *Introduction* (cf. note 2), 964–965.

[12] Cf. H.W. Parke, *Sibille* (cf. note 2), 11–35 (= 1–22).

[13] Cf. pour une information générale : A. Rzach, "Sibyllen", in *Paulys Real-Encyclopädie*, II A 2 (Stuttgart : Metzler, 1923), coll. 2073–2103 ; H. Merkel, *Sibyllinen* (Gütersloh : Gütersloher Verlagshaus, 1998) ; H.W. Parke, *Sibille* (cf. note 2), 67–87 (= 51–70) ; J.-D. Gauger, *Sibyllinische Weissagungen* (cf. note 2), 345–379 ; A.-M. Denis, *Introduction* (cf. note 2), 966–969.

[14] Cf. pour davantage de détails F. Pfister, "Die antike Apokalyptik und Vergils

de l'*Enéide* où le héros demande de descendre dans l' Hadès pour y rencontrer son père (*En.* VI:9–155). Selon les sources anciennes, dès l'époque des rois l'usage de livres contenant les oracles de la Sibylle fut introduit à Rome grâce à la médiation des souverains d'origine étrusque. Ces livres étaient conservés dans des lieux officiels, les temples de Jupiter Capitolin ou celui d'Apollon, au Palatin, et ils étaient consultés à l'occasion par délibération du Sénat.[15] Octavien Auguste et Tibère promurent des vérifications sur le grand nombre d'oracles en circulation qui étaient attribués à la Sibylle. En conséquence, des milliers furent jugés apocryphes et détruits. Le destin final des oracles païens fut décidé au début du VIe siècle par Stylicon, qui ordonna de les brûler systématiquement.

Comme nous l'avons dit, dans le syncrétisme religieux judéo-hellénistique la Sibylle trouva son propre rôle dans le cadre de l'apocalyptique. Au succès de cette figure d'origine païenne contribua l'exigence de présenter l'eschatologie juive dans une forme familière à la plupart du public contemporain. Ainsi, tous les éléments qui dérivent de l'ancien prophétisme biblique sont présentés dans un personnage et dans une langue qui relèvent de la tradition païenne. Entre le IIe et le Ier siècle av. J.-C. apparaissent des livres contenants les révélations d'une Sibylle judéo-hellénistique qui prêche la morale mosaïque et le monothéisme juif, en se référant aux récits bibliques.[16] À partir du IIe siècle des sources païennes et chrétiennes mentionnent une Sibylle juive et lui attribuent le nom de Sabbé ou Sambéthé, dont l'étymologie demeure obscure et pourrait être liée, soit à la dénomination de la Sibylle babylonienne, soit au nom du sabbat juif.[17] Au VIe siècle, le prologue en prose des *Oracles Sibyllins*,

---

vierte Ekloge," *Bursians Jahresberichte* 229 (1930) : 287–292 ; L. Nicastri, "La quarta ecloga di Virgilio e la profezia dell'Emmanuele," *Vichiana* 18 (1989) : 221–271 ; J.-D. Gauger, *Sibyllinische Weissagungen* (cf. note 2), 461–464.

[15] Cf. J.-D. Gauger, *Sibyllinische Weissagungen* (cf. note 2), 380–401 ; A.-M. Denis, *Introduction* (cf. note 2), 969–970.

[16] V. Nikiprowetzky, "La Sibylle juive et le *Troisième Livre* des *Pseudo-Oracles Sibyllins* depuis Charles Alexandre," in *Aufstieg und Niedergang der Römischen Welt*, II. 20.1, (ed. H. Temporini, W. Haase (Berlin, New York : De Gruyter, 1987), 460–542 ; J.J. Collins, "The Jewish adaptation of Sibylline Oracles", in *Seers, Sibyls and sages in Hellenistic-Roman Judaism* (Journal for the Study of Judaism, Supplement 54 ; Leiden : Brill, 1997), 181–197 ; A.-M. Denis, *Introduction* (cf. note 2), 970–977.

[17] Cf. V. Nikiprowetzky, *La Troisième Sibylle* (Etudes Juives 9 ; Paris, La Haye : Mouton, 1970), 11–16 ("La Sybille bérosienne et ses problèmes") ; E. Schürer, *Storia del popolo giudaico al tempo di Gesù Cristo (175 a.C.–135 d.C.)*, edition italienne par C. Gianotto, vol. III.1 (Brescia : Paideia, 1997), 793–837 ("Gli Oracoli Sibillini"),

qui dépend d'un texte du siècle précédent appelé *Théosophie de Tubingue*
(*Theos. Tub.* 75),[18] attribue le nom Sambéthé à une Sibylle chaldéenne.
Voilà le point de départ de la tradition du Moyen Age, qui a donné
vie a des manifestations différentes, telle qu'une oeuvre énigmatique
de Hans Memling, le célèbre portrait d'une femme datant de 1480
et conservé dans le Memlingmuseum (Sint Janshospitaal) de Bruges,
portrait sur lequel une main postérieure a ajouté *Sibylla Sambetha quae
et Persica*. Trente ans plus tard, entre 1508 et 1512, Michel-Ange
donna une version définitive du mythe, et sur la voûte de la Chapelle
Sixtine, parmi les cinq Sibylles qu'il connaissait, il représenta aussi
la Sibylle Persane. En ce qui concerne la culture païenne, il importe
de rappeler que de l'empereur Julien jusqu'à George Gémiste Pléthon,
la littérature prophétique alimentera une tradition ésotérique qui
verra dans les oracles, les sibyllins comme les chaldéens, la manifestation d'une sagesse plus ancienne que celle des chrétiens.

En milieu judéo-héllénistique, les chrétiens empruntèrent à leur
environnement religieux et culturel le rôle de la Sibylle comme
prophétesse païenne qui avait confirmé les vérités de la foi biblique.[19]
La fonction attribuée à ce personnage était à-peu-près la même, à
savoir celle de faciliter la diffusion du message religieux à l'intérieur
d'un public païen, en mettant en relief que les vérités éternelles de
la foi avaient été annoncées par une figure pré-chrétienne. La Sibylle
devint le pendant païen des prophètes bibliques : De même que ceux-
ci avaient parlé aux juifs, de même celle-là a parlé aux païens. À
la moitié du IIe siècle un chrétien tel que l'auteur du *Pasteur d'Hermas*
considère encore la Sibylle comme une figure familière : en 8,1 (*Vis.* II
4:1), en dialoguant avec un jeune garçon, Hermas confond la vieille
femme, qui est l'Eglise, avec la Sibylle. Ensuite, grâce à des auteurs
tels que Théophile d'Antioche (*Autol.* II,9) et Lactance,[20] l'autorité de

797–802, titre original : *The history of the Jewish people in the age of Jesus Christ (175
B.C.–A.D. 135)*. A new english version rev. and ed. by G. Vermes, F. Millar,
M. Goodman, vol. III.1 (Edinburgh : Clark, 1986), 618–654 ("The Sibylline Oracles"),
622–626, édition originale : *Geschichte des Jüdischen Volkes im Zeitalter Jesu Christi* (Leipzig :
Hinrichs, 1909⁴), 555–592 ("Die Sibyllinen"), 559–565 ; L. Rosso Ubigli, "Oracoli
Sibillini. Libro III", in *Apocrifi dell'Antico Testamento* (ed. P. Sacchi, vol. III ; Brescia :
Paideia, 1999), 385–458, spéc. 388–389.
[18] Le texte est édité par H. Erbse, *Theosophorum Graecorum Fragmenta* (Bibliotheca
Teubneriana 1854 ; Stuttgart, Leipzig : Teubner, 1995), 50–51.
[19] Cf. à ce propos A. Momigliano, "Dalla Sibilla pagana alla Sibilla cristiana :
profezia come storia della religione", *Annali della Scuola Normale Superiore di Pisa* 17
(1987) : 407–428; H.W. Parke, *Sibille* (cf. note 2), 181–205 (= 152–173).
[20] Cf. pour des information plus détaillées M.-L. Guillaumin, "L'exploitation des

la Sibylle parmi les chrétiens s'accrût : au Moyen Age, l'image de
la sage prêtresse païenne qui annonça les vérités de l'Evangile est
acceptée universellement,[21] et dans quelques cas cela donne naissance à des œuvres apocryphes comme la *Sagesse de la Sybille* en arabe
et en éthiopien.[22]

II. *Les* Oracles Sibyllins

A. *Un texte hétérogène et inorganique*

Le résultat de ce long et complexe parcours historique, religieux et
littéraire est une œuvre en grec qu'on appelle *Oracles Sibyllins*, un
recueil de 4230 hexamètres organisés dans 12 livres, parfois 14 en
raison de la distribution différente des versets dans une partie des
manuscrits.[23] Comme cela s'est passé normalement dans les nombreux écrits de la littérature apocryphe juive et chrétienne, on peut
aussi distinguer dans ce texte entre, d'une part, un noyau judéo-hellénistique et, d'autre part, des remaniements ou élargissements successifs de provenance chrétienne. Il est par ailleurs possible que des
éléments d'origine païenne aient été utilisés à des niveaux différents
de l'évolution du texte, que ce soit par les rédacteurs juifs ou par
les chrétiens. Cela est confirmé par le philosophe Celsus qui dans

---

Oracles Sibyllins par Lactance et par le *Discours à l'assemblée des saints,"* in *Lactance et
son temps. Recherches actuelles*, Actes du IVe Colloque d'études historiques et patristiques, Chantilly 21–23 sept. 1976 (Théologie historique 48 ; ed. J. Fontaine, M. Perrin ;
Paris : Beauchesne, 1978), 185–200 ; P. Monat, *Lactance et la Bible. Une propédeutique
latine à la lecture de la Bible dans l'Occident constantinien* (Paris : Etudes Augustiniennes,
1982), 52–54.

[21] Cf. B. McGinn, *"Teste David cum Sibylla*. The significance of the Sibylline tra-
dition in the Middle Ages," in *Women in the Medieval World. Essays in honour of John
H. Mundy* (ed. J. Kirschner, S.F. Wemple ; Oxford : Blackwell, 1985), 7–35 ; J.-D.
Gauger, *Sibyllinische Weissagungen* (cf. note 2), 465–474.

[22] Cf. à ce propos J. Schleifer, *Die Erzählung der Sybille. Ein Apokryph* (Denkschriften
der Kaiserlichen Akademie der Wissenschaften, Philolologische-historische Klasse, 53 ;
Vienne : Akademie der Wissenschaften, 1907).

[23] Cf. pour toutes informations relatives au texte A. Rzach, "Sibyllinische Orakel",
in *Paulys Real-Encyclopädie*, II A 2 (Stuttgart : Metzler, 1923), coll. 2103–2183 ; D.S.
Potter, *Prophecy and history in the crisis of the Roman Empire. A historical commentary on the
Thirteenth Sibylline Oracle* (Oxford : Clarendon, 1990), 95–140 ; H.W. Parke, *Sibille*
(cf. note 2), pp. 229–259 (= pp. 190–215). Pour les éditions du texte, cf. A. Rzach,
Oracula Sibyllina (Vienne : Tempsky, 1891) ; J. Geffcken, *Die Oracula Sibyllina* (Griechische
Christliche Schriftsteller 8 ; Leipzig : Hinrichs, 1902, réimpr. 1967 et 1979) ; A. Kurfeß,
Sibyllinische Weissagungen (Berlin : Tusculum, 1951).

son apologie du paganisme accusa les chrétiens d'avoir interpolé des oracles (Origène, *C.Cels.* VII,53). Quoi qu'il en soit, étant donné que le texte est constitué par des discours prophétiques qui, grâce à leurs contours très clairs, se prêtent à des déplacements ou à des insertions dans d'autres textes, il est sûr que le travail de formation du texte a été long, et que dans certains moments des ajouts ont été apportés. En fait, le recueil donne l'impression d'un texte hétérogène et inorganique. S'il y avait eu une tentative chrétienne pour en faire un ensemble cohérent, celle-ci n'aurait pas été trop efficace. Néanmoins, le développement de la tradition sibylline tel qu'il se reflète dans les *Oracles* peut être reconstitué en partie par une analyse du contenu et des thèmes récurrents.[24] Si le travail de rédaction du texte dans sa forme actuelle fut achevé au VIᵉ siècle avec l'écriture d'un prologue en prose, on admet que le noyau judéo-hellénistique remonte aux IIᵉ et Iᵉʳ siècles av. J.-C. : ce *Ur-Text* serait constitué par les livres 3, 4 et 5 (1552 hexamètres en tout),[25] et par des parties limitées d'autres livres,[26] comme 1:1–323 et 2:1–44.154–176, et surtout 2:56–148, texte qui nous intéresse particulièrement en raison de sa citation d'Osée 6:6. Le contenu des *Oracles* judéo-hellénistiques est varié, mais toujours construit autour d'une réflexion centrale qui débute par la proclamation du Dieu unique et du rôle prophétique de la Sibylle. La description de l'histoire du monde, de laquelle font partie aussi bien les grands royaumes païens que les vicissitudes du peuple élu, précède les oracles proprement dits : ceux-ci annoncent une destruction ou une bataille finale ainsi que la vie nouvelle qui suivra, accompagnée de la félicité universelle. Ces thèmes, et leurs présentation sous la forme d'oracles attribués à la Sibylle, furent jugés admissibles par les lecteurs chrétiens, qui enrichirent le texte par les nécessaires parties christologiques.

Le succès du texte parmi les chrétiens, confirmé aussi par la tradition indirecte,[27] fut le pendant de sa rapide disparition dans la littérature juive de la diaspora. Même si le judaïsme rabbinique a

---

[24] Cf. J.J. Collins, "The Development of the Sibylline Tradition", in *Aufstieg und Niedergang der Römischen Welt*, II. 20.1 (ed. H. Temporini, W. Haase ; Berlin, New York : De Gruyter, 1987), 421–459 ; J.-D. Gauger, *Sibyllinische Weissagungen* (cf. note 2), 423–436.

[25] Ainsi A.-M. Denis, *Introduction* (cf. note 2), 948–952.977–983.

[26] Cf. *ibid.*, 983–985.

[27] Cf. à ce propos *ibid.*, 958–962.

conservé des éléments oraculaires d'origine sibylline, une mention de Flavius Josèphe (*Ant. Jud.* I:118) est tout ce que la tradition juive a gardé de la Sibylle. Par conséquent, le seul texte des *Oracles Sibyllins* qu'on connaît aujourd'hui est celui qui est christianisé.[28] Bien que les écarts entre les différents manuscrits soient remarquables, il a été possible de classer les codex, une quinzaine à-peu-près, en trois familles, Ω, Φ et Ψ,[29] dont la dernière présente une caractéristique particulière, constituée par l'interpolation d'une centaine de versets à l'intérieure du livre II. Cette partie (II:56–148) est en effet un extrait tiré d'un autre texte judéo-hellénistique très proche des *Oracles Sibyllins*, appelé *Pseudo-Phocylide*.[30] Il s'agit d'un recueil de 230 hexamètres composés entre le Ier siècle av. J.-C. et le Ier ap. J.-C. en Égypte, peut-être à Alexandrie. L'attribution au poète grec Phocylide de Milet, vivant au VIe siècle av. J.-C., reproduit le même mécanisme pseudépigraphique qu'adopte l'auteur des *Oracles*. Tous les deux visent à mettre en exergue la valeur des préceptes de la *Torah*, en démontrant que ceux-ci étaient acceptés aussi par des auteurs païens. Cette intérpolation (*Ps.-Phoc.* 5–79) nous concerne, parce qu'une citation d'Osée 6:6 se trouve à l'intérieur de cette partie des *Oracles* (II:81–82), même si elle ne faisait pas partie du texte original du *Pseudo-Phocylide*.

B. *La citation d'Osée 6:6 en* Or. Sib. *II:81–82*

Le livre II des *Oracles Sibyllins* commence par une déclaration de la Sibylle portant sur l'inspiration divine de son discours (*Or. Sib.* II:1–5) : "À peine Dieu arrêta mon chant tout à fait sage, et après que j'aie beaucoup prié, de nouveau il plaça dans ma poitrine la voix des

---

[28] Pour cet avis, cf. A. Kurfeß, "Christian Sibyllines," in E. Hennecke, *New Testament Apocrypha* (ed. W. Schneemelcher, traduction anglaise par R. McL. Wilson ; Londres : SCM, 1974²), 703–709, texte original : "Christliche Sibyllen", in E. Hennecke, *Neutestamentliche Apokryphen* (ed. W. Schneemelcher ; Tübingen : Mohr, 1964³), 498–501 ; U. Treu, "Christliche Sibyllen," in E. Hennecke, *Neutestamentliche Apokryphen* (ed. W. Schneemelcher, vol. II ; Tübingen : Mohr, 1989⁵), 591–593.
[29] Ainsi J.J. Collins, "The Sibylline Oracles" (cf. note 2), 320–321 ; J.-D. Gauger, *Sibyllinische Weissagungen* (cf. note 2), 539–541 ; A.-M. Denis, *Introduction* (cf. note 2), 952–958.
[30] Cf. les éditions suivantes : A.-M. Denis, *Fragmenta Pseudepigraphorum quae supersunt Greca* (Leiden : Brill, 1970), 149–156 (14. Sententiae Phocylidis) ; P.W. van der Horst, *The sentences of Pseudo-Phocylides, with introduction and commentary* (Studia in Veteris Testamenti Pseudepepigrapha 4 ; Leiden : Brill, 1978).

paroles divines qui fait réjouir le cœur. J'annoncerai des choses en secouant tout mon corps, parce que je ne sais pas ce que je dis, mais Dieu est celui qui m'ordonne tout ce que j'annonce."

Ce qui suit concerne la prophétie des destructions qui se dérouleront au temps de la dixième génération, quand l'impiété des hommes sera punie (6–26). Seule l'intervention de Dieu enfin, apportera un âge de paix et de prospérité (27–38). À ce moment-là il y aura une grande compétition parmi tous les hommes justes qui chercheront à entrer dans la ville céleste. Les hommes concourront afin d'obtenir des prix immatériels, consistant dans les vertus morales et religieuses, selon le bien connu motif d'origine stoïque qui eut beaucoup de succès parmi les premiers chrétiens aussi[31] (*Or. Sib.* II:39–44) : "Donc, il y aura une grande compétition pour l'entrée dans la ville céleste, et elle sera universelle pour tous les hommes qui veulent la gloire de l'immortalité. Alors, chaque peuple concourra pour les prix immortels de la plus noble victoire, parce que là personne ne peut acquérir sans honte une couronne d'argent."

Toute cette première partie du texte (*Or. Sib.* II:1–44) s'inscrit bel et bien dans un milieu judéo-hellénistique. L'auteur est sans doute un personnage familier du système des valeurs partagées par ses contemporains, comme le montre à l'évidence l'allégorie de la compétition sportive. En même temps, il est conscient de se distinguer des païens pour son monothéisme radical et pour sa conviction que Dieu interviendra à la fin dans l'histoire humaine.

À la différence de la partie précédente, les versets suivants (*Or. Sib.* II:45–55) révèlent un remaniement chrétien consistant à identifier les prix mentionnés auparavant avec le martyre, la virginité, le mariage et le refus de l'adultère. De plus, l'auteur est soucieux de présenter les préceptes comme des dons divins plutôt que comme le résultat de l'effort humain, selon l'allégorie des prix de la compétition parmi les hommes justes (*Or. Sib.* II:53–55) : "Il donnera des dons précieux et un espoir éternel même à ceux-ci, parce que l'âme des êtres vivants est un don de la grâce divine, et il n'est pas permis aux hommes de la souiller avec n'importe quelle chose indécente."

Cette intervention chrétienne, avec sa référence à la grâce divine et à la morale sexuelle, a altéré le sens du passage entier au point d'en endommager la cohérence. À cet endroit, dans les manuscrits de la famille Ψ la description de la compétition est interrompue. Elle

---

[31] Cf. à ce propos J.J. Collins, "The Sibylline Oracles" (cf. note 2), 346.

sera reprise plus loin (149–153), après une section de caractère tout à fait différent, à savoir les 92 versets tirés du recueil attribué à Phocylide de Milet (56–148). Cette partie contient une liste de préceptes morales, selon le style du *Pseudo-Phocylide*, une table de règles de vie qui constituent les prix de la compétition permettant aux hommes justes d'entrer dans la ville céleste. Il est hors de doute que ce complexe d'idées est d'origine judéo-hellénistique, et donc que le niveau rédactionnel visible dans l'intérpolation du *Pseudo-Phocylide* appartient à la phase la plus ancienne de l'histoire du texte. C'est-à-dire que ni le texte inséré ni la personne qui en est responsable ne sont influencés par des idées chrétiennes.

Comme nous l'avons dit, la citation d'Osée 6:6 se trouve à l'intérieur de cette partie du texte des *Oracles* (II:81–82). Elle pose donc un problème philologique et exégétique : Comment définir l'identité religieuse de l'auteur qui l'a ajoutée ? Quel but poursuit-il avec cette intervention ? À en juger par sa forme actuelle, le texte du *Pseudo-Phocylide* cité dans les *Oracles* n'est pas très fidèle à l'original grec de cette œuvre littéraire judéo-hellénistique. On peut en conclure que les divergences doivent être mises en rapport avec l'intérêt d'un auteur à enrichir la liste des préceptes par des éléments de réflexion théologique. Pour cela il aurait ajouté, au cours de son opération, de nouvelles références bibliques au texte du *Pseudo-Phocylide*. Du point de vue du contenu, le texte interpolé peut être divisé en cinq parties qui traitent de la justice (56–77), de la miséricorde (78–94), de la modération (95–108), de l'argent (109–118) et de la vie honnête (119–125). Les 22 versets consacrés à la justice contiennent une liste très schématique de simples règles de morale quotidienne, empruntée à la doctrine païenne de la mesure. Elles concernent, dans l'ordre de leur présentation, le respect de la propriété et de la vérité, le refus du mensonge et des idoles, l'honneur dû aux parents, l'équilibre dans le jugement, le faux témoignage, le respect de soi-même, l'impartialité des actions, le parjure, le vol, l'homosexualité, le respect de la parole donnée et des secrets reçus, le refus de l'homicide ainsi que la fréquentation de ceux qui se comportent sans ou contre la justice. Cette partie du *Pseudo-Phocylide* paraît libre d'interventions secondaires et plutôt fidèle à l'original judéo-hellénistique. Par contre, les 17 versets consacrés aux œuvres de la miséricorde, qui nous intéressent en particulier, révèlent des écarts par rapport au *Pseudo-Phocylide*. D'où le besoin d'analyser plus soigneusement l'adaptation de ce texte dans les *Oracles*.

Le *Pseudo-Phocylide* comporte, aux versets 22–27, le texte suivant : "Donne tout de suite au pauvre, ne lui dis pas de revenir le lendemain. Que ta main soit pleine. Donne l'aumône à qui en a besoin. Accepte dans ta maison celui qui n'a pas de toit, et guide l'aveugle. Aie pitié du naufragé, parce que la navigation n'est pas sûre. Donne la main à qui tombe, sauve l'homme sans espoir. Les souffrances sont les mêmes pour tous. La vie est une roue. La prospérité est instable".[32]

Voici le textes des *Oracles* (*Or. Sib.* II:78–87) : "Donne tout de suite aux pauvres, ne leur dis pas de revenir le lendemain. Avec une main généreuse donne du grain à qui en a besoin. Qui donne l'aumône sait qu'il donne à Dieu. *La miséricorde sauve de la mort, quand le jugement arrive. Dieu ne veut pas de sacrifice, il veut la miséricorde au lieu du sacrifice.* Revêt l'homme nu. Donne une partie de ton pain à celui qui n'en a pas. Accepte dans ta maison celui qui n'a pas de toit et guide l'aveugle. Aie pitié du naufragé : la navigation n'est pas sûre. Donne la main à qui tombe, sauve l'homme sans espoir. Les souffrances sont les mêmes pour tous. L'existence est une roue. La prospérité est instable".[33]

Il ressort de cette comparaison que les conseils moraux du *Pseudo-Phocylide* font l'objet, dans les *Oracles*, d'un traitement plus élaboré, et la réflexion de l'auteur atteint un degré supérieur de profondeur. Le but du rédacteur des *Oracles* dans leur forme finale est de donner aux simples préceptes un cadre doctrinaire plus solide. En effet, on pourrait dégager du texte du *Pseudo-Phocylide* l'impression que les œuvres de miséricorde sont une forme élémentaire d'humanisme philanthropique, c'est-à-dire une attitude qui peut être pratiquée indifféremment par les païens et le juifs. C'est précisément à ce point de son argument que, pour ne pas favoriser une telle conclusion, l'auteur du texte éprouve le besoin de distinguer nettement entre les raisons de la morale juive et la pratique de l'éthique païenne. Dans ce but, il souligne que la miséricorde n'est pas seulement un devoir de tous les hommes envers leurs prochains, mais qu'elle représente aussi un moyen pour faire la volonté du Dieu unique.

Au terme de cet article, il nous convient de tenir compte d'une étape de l'histoire du texte du livre d'Osée, qui est en rapport avec notre thème. En fait, le passage d'Osée 6:5–6 a gardé les traces

---

[32] Traduction d'après les éditions citées dans la note 30 : A.-M. Denis, *Fragmenta Pseudepigraphorum*, 149, = P.W. van der Horst, *The sentences of Pseudo-Phocylides*.
[33] Traduction d'après A. Rzach, *Oracula Sibyllina* (cf. note 23), 33.10–34.6 = J. Geffcken, *Die Oracula Sibyllina* (cf. note 23), 30.15–31.6.

d'une ancienne attitude plutôt hostile aux prophètes qui se traduit encore dans la version grecque de la *Septante* : "Pour cela j'ai fauché *vos prophètes*, je les ai tués des paroles de ma bouche, et mon jugement surgira comme [la] lumière : puisque je veux la miséricorde et non le sacrifice, la connaissance de Dieu plus que les holocaustes". À la différence de la version grecque, le Texte Massorétique, en exprimant une volonté nouvelle de réévaluer la position des prophètes, selon le programme politico-religieux des pharisiens, a intentionnellement apporté au texte une correction : "Pour cela j'ai coupé *à travers les prophètes*, je les ai tués des paroles de ma bouche".[34] Grâce à une forte intervention en leur faveur, les prophètes étaient devenus, à Jérusalem, les protagonistes de la tradition mosaïque la plus pure, dont les pharisiens mêmes se présentaient comme les héritiers authentiques. Le Temple, siège des sacrifices, était le cœur du programme politico-religieux qui avait pour but la construction d'un état juif.

La citation d'Osée 6:6 dans les *Oracles Sibyllins* est conduite sur la version grecque de la *Septante*, qui garde encore le texte et le sens originaux. Aux yeux d'un lecteur juif égyptien du IIe siècle av. J.-C., ces deux versets devaient contenir une connotation plutôt hostile aux institutions du judaïsme officiel palestinien. Pour un croyant de la diaspora, le but du texte d'Osée—et la citation d'Os 6:6 par les *Oracles Sibyllins* va aussi dans ce sens—consiste plutôt à donner une règle de conduite individuelle : Plutôt que de tenir compte des institutions de Jérusalem—éloignées dans l'espace et dans l'esprit— ou des règles de l'éthique païenne—dépourvue de piété envers Dieu— le bon juif devra suivre le sentiment le plus profond de la religiosité juive, c'est-à-dire de pratiquer la miséricorde envers les hommes, ce qui plaît à Dieu plus que toute autre chose. À ce titre, l'auteur de l'interpolation—ou bien la personne qui a remanié la source textuelle provenant du *Pseudo-Phocylide*—ne fait que développer un sens dont Os 6:6 a été investi lors de la traduction de חסד "amour, loyauté" par ἔλεος "miséricorde".[35]

---

[34] Dans ce paragraphe, nous suivons les arguments avancés par P.G. Borbone, "L'uccisione dei profeti (Osea 6,5)," *Henoch* 6 (1984) : 271–292.

[35] Cf. à ce propos l'article de J. Joosten dans le présent ouvrage.

LES CITATIONS D'OSÉE 6:6 DANS DEUX PÉRICOPES DE L'ÉVANGILE DE MATTHIEU
(Mt 9:9–13 et 12:1–8)

Pierre Keith

Université de Fribourg (Suisse)

à mon fils Noé, né le 31 mars 2002

Résumé

L'article aborde la double mention d'Os 6:6 dans le premier évangile en privilégiant une approche synchronique, et en considérant le mode de communication établi par l'intermédiaire de la répétition de cette citation. Le recours à l'Ancien Testament apporte à la discussion qui se développe dans chacune des controverses (Mt 9:9–13 ; 12:1–8) un argument formel, dont l'autorité peut être reconnue par les différentes parties en présence. Si la citation entraîne avec elle un ensemble d'idées liées à son contexte et son interprétation courante, sa répétition ajoute à ce faisceau d'associations la signification gagnée lors de la première utilisation d'Os 6:6. En Mt 9:9–13, la table et le repas communautaire deviennent le lieu où les différences entre Jésus et les Pharisiens se font jour et s'articulent autour de la constitution du peuple de Dieu. L'opposition miséricorde versus sacrifice de la citation n'est pas seulement une manière de présenter l'interprétation de la Loi proposée par Jésus aux antipodes avec celle défendue par les Pharisiens. Il s'agit aussi d'une façon de dire que la rencontre et la communion avec Dieu ne sont plus réalisées par le sacrifice, mais qu'elles passent désormais par celui qu'Il envoie. La double citation d'Os 6:6 rappelle que l'appartenance à la communauté de l'Alliance dépend de l'offre de miséricorde de Dieu et de la réponse apportée à cette offre.

Abstract

The article tackles the two quotations of Hos 6:6 in Matthew, using a synchronic approach, considering the mode of communication set up by the intermediary of the repetition of this quotation. The recourse to the Old Testament brings a formal argument to the discussion which occurs in each of the two controversy dialogues (Mt 9:9–13; 12:1–8), an argument whose authority could be recognized by both parties involved. If the quotation entails a group of ideas bound to its context and to its current interpretation, its repetition adds to this cluster of associations the meaning acquired by the first matthean use of Hos 6:6. In Mt 9:9–13, the meals in common become the place where the differences between Jesus and the Pharisees emerge and express their view on how the people of God should be set up. The opposition mercy versus sacrifice found in the quotation is not only a way to present Jesus' interpretation of the Law as the polar opposite of that of the Pharisees. It is also a matter of stating that the meeting and the

fellowship with God are no longer realized by sacrifice, but that from now on fellow-
ship with God passes through the one whom God has sent as his emissary. The two
quotations of Hos 6:6 remind the reader that membership in the covenant community
depends upon God's offer of mercy and the response made to that offer.

I. *Une citation repetée*

Le premier évangile répète la citation d'Os 6:6a, en l'ajoutant à deux
reprises aux paroles de Jésus, en Mt 9:13a et 12:7, transformant ainsi
le cours de l'argumentation de manière significative. Il est le seul
parmi les synoptiques à faire appel explicitement à ce passage du
livre d'Osée,[1] et à l'insérer dans le développement de deux péricopes[2] (cf. Mt 9:9–13//Mc 2:13–17//Lc 5:27–32 et Mt

---

[1] L'évangéliste cite un passage du livre d'Osée à trois occasions. Une première
fois, en Mt 2:15, où il recourt librement à Os 11:1. Puis à deux reprises, en Mt 9:13a
et 12:7, où il répète la citation d'Os 6:6a. Une analyse fine de chaque citation en
relation avec le texte de la Septante et de la bible hébraïque a été menée par B.
Fuß, 'Dies ist die Zeit, von der geschrieben ist . . . ?' Die expliziten Zitate aus dem Buch Hosea
in den Handschriften von Qumran und im Neuen Testament (Neutestamentliche Abhandlungen
37 ; Münster : Aschendorff, 2000). Pour le reste du Nouveau Testament, on peut
encore envisager une allusion à Os 6:6a en Mc 12:33, voir R. Pesch, Das Markus-
evangelium. II. Teil, Kommentar zu Kap. 8,27–16,20 (HTKNT II.2 ; Fribourg-en-Brisgau :
Herder, 1977), 243. Parmi les autres passages de l'Ancien Testament qui abordent
la thématique de la priorité de l'amour sur les sacrifices, on citera par exemple
Am 5:21–25 ; Mi 6:6–8 ; 1 S 15:22 ; Ps 40:7–9 ; Pr 21:3.
[2] Sur l'ensemble des publications consacrées à ces deux péricopes, outre les commentaires de l'évangile, on peut signaler : P. Benoit, "Les épis arrachés (Mt 12,1–8
et par)," Studii Biblici Franciscani Liber Annuus 13 (1962–63) : 76–92 ; M. Cohen, "La
controverse de Jésus et des Pharisiens à propos de la cueillette des épis arrachés
selon l'Évangile de Saint Matthieu," Mélanges de Science Religieuse 34 (1977) : 3–12 ;
D.M. Cohn-Sherbok, "An Analysis of Jesus' Arguments concerning the Plucking of
Grain on the Sabbath," Journal for the Study of the New Testament 2 (1979) : 31–41 ;
M.H. Edin, "Learning What Righteousness Means : Hosea 6:6 and the Ethic of
Mercy in Matthew's Gospel," Word & World 18 (1998) : 355–363 ; B. Fuß, Zitate
(cf. note 1) ; D.J. Harrington, "Sabbath Tensions : Mt 12,1–14 and other New
Testament Texts," in The Sabbath in Jewish and Christian Traditions (ed. T. Eskenazi,
D.J. Harrington, W. Shea ; New York : Crossroad, 1991), 45–56 ; D. Hill, "On the
Use and Meaning of Hosea VI.6 in Matthew's Gospel," New Testament Studies 24
(1977–78) : 107–119 ; B.M.F. van Iersel, "La vocation de Lévi (Mc 2.13–17 ;
Mt 9.9–13 ; Lc 5.27–32) : Traditions et rédactions," in De Jésus aux Évangiles (ed.
I. de la Potterie ; BETL 25, Gembloux : Duculot, 1967), 212–232 ; M. Kister,
"Plucking on the Sabbath and Christian-Jewish Polemic," Immanuel 24 (1990) : 35–51 ;
C. Landmesser, Jüngerberufung und Zuwendung zu Gott. Ein exegetischer Beitrag zum Konzept
der matthäischen Soteriologie im Anschluß an Mt 9,9–13 (WUNT I.133 ; Tübingen : Mohr
Siebeck, 2001) ; L. Lybaek, "Matthew's Use of Hosea 6,6 in the Context of the
Sabbath Controversies," in The Scriptures in the Gospels (ed. C.M. Tuckett ; BETL
131, Leuven : University Press, 1997), 491–499 ; M.H. Marco, "Las espigas arran-
cadas es sábado (Mt 12,1–8 par)," Estudios Bíblicos 28 (1969) : 313–322 ; B. Repschinski,

12:1–8//Mc 2:23–28//Lc 6:1–5). Le travail que nous avons entre-pris est dans une large mesure dépendant des acquis de la recherche sur ces deux citations.[3] La spécificité de notre approche a été de

The Controversy Stories in the Gospel of Matthew. Their Redaction, Form and Relevance for the Relationship Between the Matthean Community and Formative Judaism. (FRLANT 189 ; Göttingen : Vandenhoeck & Ruprecht, 2000) ; M. Theobald, "Der Primat der Synchronie vor der Diachronie als Grundaxiom der Literarkritik : Methodische Erwägungen an Hand von Mk 2.13–17/Mt 9.9–13," _Biblische Zeitschrift_ 22 (1978) : 161–186 ; Y.-E. Yang, _Jesus and the Sabbath in Matthew's Gospel._ (JSNT.S 139 ; Sheffield : Sheffield Academic Press, 1997).

[3] Parmi les travaux cités ci-dessus, quatre ont abordé les péricopes de Mt 9:9–13 et 12:1–8 en partant de la citation d'Os 6:6a, ou plus largement à partir du thème de la miséricorde. La première en date est celle très complète de D. Hill, "Use and Meaning" (cf. note 2). Parue sous la rubrique des "short studies" des _New Testament Studies_, elle développe les principales questions soulevées par l'interprétation d'Os 6:6a dans son contexte matthéen. Le point de départ de l'analyse menée par D. Hill est une double observation sur le texte de Matthieu. La première concerne l'origine rédactionnelle de la citation en Mt 9:13a et 12:7. La deuxième est l'association de la citation avec l'opposition pharisienne. D. Hill situe l'enjeu de l'extrait du livre d'Osée, pour l'évangéliste et sa communauté, dans le cadre de l'interprétation de la Torah. Il souligne notamment que la notion de miséricorde, à laquelle Matthieu fait référence, est une notion forgée dans l'Ancien Testament, dans le cadre de l'Alliance, et à laquelle le livre d'Osée donne une importance particulière. On y désigne par miséricorde une relation, et à travers elle sa nature et sa qualité, qui relie l'homme et Dieu, et qui se traduit et se concrétise dans une attitude et des actes de bienveillance. Ces actes ou cette attitude maintiennent, mettent en application ou révèlent la relation fidèle et constante du croyant envers Dieu. A travers la citation d'Os 6:6a, Jésus rappelle que la relation de l'homme à Dieu ne passe pas par des sacrifices, mais par une attitude et des gestes de miséricorde ou de compassion qui donnent une expression concrète à son engagement et à son amour pour Dieu. Pour D. Hill, l'importance accordée par Matthieu à la miséricorde doit être rapprochée de celle du double commandement de l'amour ou de la règle d'or, qui sont les principes qui dominent l'interprétation de la Torah et qui donnent corps à "la justice qui surpasse" exigée des disciples pour accéder au royaume des Cieux (cf. Mt 5:20). C'est vingt ans après l'étude de D. Hill, avec l'apparition de nouvelles méthodes, que le dossier de la citation d'Os 6:6a dans l'évangile de Matthieu sera réouvert. L. Lybaek, "Matthew's Use of Hosea 6,6" (cf. note 2), aborde la double citation par le biais d'une analyse intertextuelle. Son étude est centrée sur Mt 12:1–8. L'auteur définit pour la citation trois contextes interpréta-tifs. Le premier est celui du livre d'Osée ; le second celui de la première citation dans l'évangile, en Mt 9:13a ; le troisième celui de la polémique qui sépare Matthieu et sa communauté du judaïsme. Pour L. Lybaek, la portée de la citation est à la fois christologique, et significative de l'identité judaïsante de la communauté. Dans son contexte oséen, la miséricorde est le signe de la fidélité à l'Alliance et de l'en-gagement pour Dieu. En utilisant la citation dans le cadre de controverses qui opposent Jésus et les Pharisiens, Matthieu fait implicitement référence au jugement d'Osée sur Israël. La citation d'Os 6:6a en Mt 9:13a s'inscrit dans le prolongement de la première déclaration de Jésus sur sa mission, en Mt 5:17, qu'elle précise. La miséricorde, que L. Lybaek traduit par "compassion", est un principe important du ministère de Jésus et de sa praxis. Si Jésus, sur la base de ce principe, n'a pas con-damné les disciples, alors les Pharisiens, s'ils avaient compris ce principe, auraient

privilégier la synchronie et d'orienter le questionnement vers la technique et le type de communication mise en œuvre par la répétition. Comment lire et comprendre cette répétition ? Faut-il aborder chaque citation de manière individuelle comme un phénomène ponctuel ? Cet ajout répété d'un même passage de l'Ancien Testament n'est-il qu'une modification parmi d'autres apportées par le rédacteur matthéen, dont la portée ne dépasserait pas le cadre de la péricope ? Ou bien, faut-il aborder la répétition de manière à combiner la signification de la seconde citation avec celle de la première ? La répétition serait alors l'indication d'un arrangement et d'une combinaison des matériaux envisageables sur les deux sections narratives des ch. 8–9 et 11–12, et sa portée serait liée à la progression du récit qui rapporte tour à tour l'action de Jésus en faveur d'Israël et la réponse de "cette génération" à l'envoyé eschatologique.[4] Cette deuxième hypothèse n'est pas seulement préférable parce qu'elle offre un potentiel de sens

---

agi de même. Enfin, le recours à la citation en lien avec le temple, à la fois dans Matthieu et dans un texte rabbinique (*Aboth de Rabbi Nathan A* 4, cf. Billerbeck I.500), est l'indice pour L. Lybaek d'un essai d'explication des événements qui entourent la chute de Jérusalem. L'article de M.H. Edin, comme l'indique son titre "Learning What Righteouesness Means : Hosea 6:6 and the Ethic of Mercy in Matthew's Gospel" (cf. note 2), aborde la double citation dans un cadre plus large : l'étude du thème de la justice dans l'évangile de Matthieu. Avec d'autres passages de l'œuvre matthéenne, les deux mentions d'Os 6:6a donnent à "la justice qui surpasse" un contenu, celui de la miséricorde, à l'image de Jésus qui pratique la justice qu'il enseigne. Le travail de B. Fuß, *Zitate* (cf. note 1), à la différence des études précédentes qui partaient de l'évangile de Matthieu, part du livre d'Osée pour aller vers sa réception à Qumrân et dans le Nouveau Testament. Elle aboutit à un résultat plus nuancé concernant l'impact du contexte de la citation et de son sens dans le livre d'Osée pour Matthieu. Dans les deux péricopes, l'évangéliste se positionne comme Osée contre une relation à Dieu superficielle et formelle, qu'elle soit ritualiste ou légaliste. Pour B. Fuß, le sens de la miséricorde dans Matthieu est un sens concret, et son champ d'application concerne les relations entre individus. Dans cette perspective, la demande énoncée par la citation d'Os 6:6a s'écarte de son contexte oséen, où la relation envisagée est celle qui lie l'homme et Dieu dans le cadre de l'Alliance. Elle s'inscrit chez Matthieu dans le cadre de l'interprétation de la Loi, où elle se rapproche du commandement de l'amour du prochain. Le motif de la miséricorde dans l'évangile de Matthieu rejoint le sens de la miséricorde chez Osée seulement partiellement, quand il critique avec elle une fausse idée de la volonté de Dieu. La citation d'Os 6:6a, en Mt 9:13a et 12:7, est l'équivalent d'une halakha, enseignée et réalisée par Jésus. Il est à la fois l'interprète de l'Écriture, qui a reconnu la volonté de Dieu et qui l'expose de manière souveraine, et celui qui concrétise de manière exemplaire par sa conduite cette volonté divine.

[4] Le mouvement d'ensemble de l'évangile de Matthieu, enchaînant des parties narratives et des discours, a été décrit et étudié, entre autres, par D.C. Allison, "Matthew : Structure, Biographical Impulse and the *Imitatio Christi*," in *The Four Gospels 1992. Festschrift Frans Neirynck. Volume 2* (ed. F. Van Segbroeck, C.M. Tuckett, G. Van Belle, J. Verheyden ; BETL 100 ; Leuven : Leuven University Press, 1992), 1203–1221.

plus fort. Elle est également appuyée par plusieurs indices qui tendent à montrer que la reprise de la citation n'est pas un hasard, mais qu'elle est le fruit d'un projet de composition, et qu'elle possède une fonction herméneutique précise basée sur la répétition. C'est vers cet aspect en particulier que nous avons souhaité orienter notre analyse ; mais avant de présenter l'étude des citations et de leurs contextes, il nous appartient d'abord d'énumérer les indices auxquels nous faisions référence, et de nous interroger sur le mécanisme et l'effet gagné par la répétition.

Sur le plan de la rédaction et de l'agencement des matériaux dans l'évangile, la deuxième mention d'Os 6:6a coïncide avec la reprise par le rédacteur matthéen de sa source principale, l'évangile de Marc, laissée à l'endroit de la première citation. L'enchaînement des trois péricopes, en Mt 9:2–8.9–13.14–17, correspond à la séquence trouvée en Mc 2:1–22. Le rédacteur matthéen abandonne l'ordre des péricopes, telles qu'elles sont enchaînées dans l'évangile de Marc, à partir de Mt 9:18, pour renouer avec lui au début du ch. 12. On lit en Mt 12:1–32 l'équivalent des péricopes dans l'ordre dans lequel elles figurent en Mc 2:23–3:30,[5] et qui correspond à la suite de la séquence de Marc interrompue à partir de Mt 9:18. Cette comparaison de la succession des péricopes montre que les deux textes qui nous intéressent sont associés dans la source utilisée par le rédacteur matthéen,[6] que celui-ci les sépare en insérant à cet endroit le matériau trouvé à la fin du ch. 9, puis dans les ch. 10 et 11, et qu'il répète la citation d'Os 6:6a au moment de renouer avec la séquence de Marc—une façon de rappeler que ce matériau était lié dans sa source.

L'enjeu de la répétition peut être saisi également au niveau du mouvement narratif élaboré par Matthieu. En Mt 9:10–13, Jésus interpelle des Pharisiens sur un passage de l'Écriture, et les invite à découvrir ce que ce passage signifie dans la situation présente, à la lumière de son action. En Mt 12:7, à l'endroit de la deuxième citation, l'attitude de Jésus à l'égard de ces mêmes Pharisiens a changé. Il n'invite plus ses interlocuteurs à comprendre Os 6:6a, mais il leur reproche de ne pas avoir su interpréter le sens de cette parole dans

---

[5] A l'exception de l'épisode sur la parenté de Jésus de Mc 3:20–21 qui est omis, et de l'institution des Douze en Mc 3:13–19, avec laquelle le rédacteur matthéen forme l'auditoire du second discours, au début du ch. 10.

[6] Même chose dans l'évangile de Luc, où l'ordre des péricopes en Lc 5:27–6:11, pour la séquence qui nous intéresse, est identique à celui de Mc 2:13–3:6.

la situation actuelle. L'exhortation "allez apprendre" en Mt 9:13 est rappelée sous la forme d'une réprimande en Mt 12:7 "si vous aviez compris ce que signifie . . .". Par ailleurs, Mt 9:11 et Mt 12:2 sont les deux premières mentions des Pharisiens dans le cadre d'un dialogue polémique avec Jésus, depuis le début de son ministère public.[7] La naissance du conflit s'explique, en partie au moins, par une interprétation différente du présent, qui est placée pour Jésus sous le signe de sa mission eschatologique. La priorité de cette mission est rappelée par les deux affirmations christologiques, qui sont mises à la suite de l'une et de l'autre citation (cf. Mt 9:13b et 12:8). Dans l'intervalle qui sépare les deux péricopes, les Pharisiens sont passés d'un statut d'opposants potentiels, au début du ch. 9, à un statut d'opposants réels, au début du ch. 12. Différentes indications soulignent ce changement. Parmi elles, on relèvera notamment l'hostilité engendrée par la compagnie de table de Jésus, qui est rappelée en Mt 11:19. Dans le contexte qui précède les controverses sur le sabbat, et qui raconte la réaction négative de "cette génération" aux "œuvres du Christ" (cf. Mt 11:2), l'accusation des opposants est formulée cette fois-ci de manière explicite. En Mt 12:14, pour la première fois dans l'évangile, les Pharisiens se concertent pour décider du sort de Jésus. Leur complot est consécutif aux disputes sur le sabbat, et s'explique par leur conviction qu'une menace pèse sur la fonction actuelle de la Torah. Ces quelques indications sélectionnées pour leur proximité avec les péricopes qui nous occupent suffisent pour constater que la double citation d'Os 6:6a coïncide avec la naissance littéraire, dans l'évangile de Matthieu, de l'opposition pharisienne. Cette coïncidence est délibérée, et cristallise autour de l'interprétation des paroles d'Osée les questions de l'identité de Jésus et de l'implication de son action (cf. Mt 11:2 : "les œuvres du Christ") pour la destinée d'Israël.

Le troisième indice qui suggère la présence d'un projet de composition à l'arrière-plan de la répétition d'Os 6:6a provient des si-

---

[7] Les Pharisiens sont mentionnés vingt six fois dans l'évangile de Matthieu : 3:7 ; 5:20 ; 7:29 ; 9:11.14.34 ; 12:2.14.24.38 ; 15:1.12 ; 16:1.6.11.12 ; 19:3 ; 21:45 ; 22:15.34.41 ; 23:2.13.15.26 ; 27:62. Ils sont caractérisés négativement dès leurs premières mentions, en 3:7 ; 5:20 et 7:29. Ils discutent et polémiquent avec Jésus, en Mt 9:10–13 ; 12:1–8.38–42 ; 15:1–9 ; 16:1–4 ; 19:2–9 ; 22:34–45. Arrivé en Mt 9:10–13, le lecteur a déjà croisé les Pharisiens, mentionnés en 3:7 (auprès de Jean Baptiste, en compagnie des Sadducéens), en 5:20 et en 7:29 (deux fois dans le cadre du sermon sur la Montagne, comme un élément de comparaison et associés aux scribes).

tuations qui sont à l'origine de la polémique. Mentionnée dans le cadre d'un repas communautaire, puis dans le contexte de l'observance du sabbat, la double citation d'Os 6:6a est associée à une dimension sociétale. L'opposition des Pharisiens est mise en scène à partir de deux institutions qui récapitulent, aux yeux de leur parti, la destinée et l'identité d'Israël en tant que peuple de Dieu. Pour les Pharisiens, le repas communautaire, qui est en soi l'expression d'une relation étroite et d'une forme d'association, représente un microcosme de la vie sociale et religieuse d'Israël. On retrouve autour du repas deux axes de leur réflexion halakhique, la pureté des participants et la dîme sur les aliments,—des points sur lesquels Jésus critiquera la position des Pharisiens, en Mt 15:1–9 et en Mt 23:23–24.[8] Ces règles qui gèrent la compagnie de table reflètent en réduction la structure que les Pharisiens souhaitent pour Israël. Dans cette perspective, dans leur plainte adressée aux disciples, comme dans la discussion qui s'en suit, derrière les questions de pureté le différend porte sur le type de communauté, dont le mode de vie traduira réellement l'engagement et la fidélité envers Dieu. Quant au sabbat, il est une marque identitaire forte, socialement visible, ce qui en fait un signe important de la fidélité à l'Alliance et de la cohésion d'Israël. En outre, son observance fait partie des sujets de prédilection des Pharisiens. En Mt 12:7, la citation d'Os 6:6a est un argument destiné à innocenter les disciples. Dans les deux péricopes dans lesquelles Os 6:6a est cité, l'action et la parole de Jésus se distinguent des modèles établis, et engendrent un conflit, sur la base de modèles communautaires différents, dans lequel les Pharisiens, qui craignent que l'enseignement de Jésus ne dissout la cohésion d'Israël, se prévalent comme les garants de la norme sociale. A deux reprises, à leur attention, Jésus fait appel à l'autorité de l'Écriture en citant Os 6:6a, pour légitimer le modèle alternatif qu'il propose, basé sur le principe de miséricorde, et qui concurrence le modèle des Pharisiens

---

[8] Mt 23:23 correspond à la troisième et dernière occurrence du mot ἔλεος dans le premier évangile. Dans ce verset, ἔλεος est employé dans le cadre d'une allusion à une parole prophétique, celle de Mi 6:8, qui a en commun avec Os 6:6 de poser et de répondre à la même question de la foi et de la volonté de Dieu. On retrouve chez Michée juxtaposées les deux composantes de la vie religieuse d'Israël que le prophète Osée désigne à travers les termes miséricorde et sacrifice et, comme avec Os 6:6, le peuple est dans la position d'un accusé. Os 6:1–6 et Mi 6:1–8 ont en commun de dénoncer ceux qui s'estiment assurés des bénédictions divines, en raison de leur appartenance au peuple élu et de leur observance des règles de cette appartenance.

basé sur le code de sainteté. Sa compréhension de la communauté et de l'identité du peuple de Dieu est rappelée dans le contexte de chaque citation d'Os 6:6a. L'une et l'autre péricope est précédée, à la manière d'un préambule destiné à exposer les motifs et les buts d'un principe de la Loi, d'un appel à suivre Jésus et à rejoindre la communauté des disciples (cf. Mt 9:9 et 11:28–30).[9]

L'effet pratique que l'on obtient en citant plusieurs fois le même passage,[10] qu'il soit ou non de l'Ancien Testament, est d'attirer l'attention du lecteur, en l'occurrence pour l'exemple qui nous intéresse sur un argument exégétique.[11] La répétition rappelle. Elle insiste, et met en valeur. En plus de souligner l'importance d'une idée ou d'une parole, elle permet aussi de s'assurer de sa réception et de limiter les ambiguïtés du sens. En revanche, elle n'est jamais un retour sur le même, et les similitudes ou les ressemblances, qui identifient le phénomène de reprise, se mesurent à l'aune de variations et de différences. En recourant une seconde fois à la citation d'Os 6:6a, l'évangéliste entraîne avec elle le rappel de sa première mention, et il évoque dans son nouveau contexte l'environnement dans lequel celle-ci faisait sens antérieurement.[12] L'observation du système des correspondances et des variations que la répétition établit entre les deux mentions d'Os 6:6a, en Mt 9:13a et 12:7, et leur contexte respectif, a mis en évidence la convergence vers la citation de motifs qui relèvent de la christologie et de l'appel à être disciple. Pour préciser plus avant cette convergence, nous nous proposons d'aborder chaque péricope en nous intéressant aux liens qui peuvent exister entre l'argument scripturaire apporté par la citation, et la manière dont cet argument est relayé par le contexte.

---

[9] Sur les trois emplois du verbe μανθάνω dans le premier évangile (cf. 9:13 ; 11:29 et 24:32), deux sont en lien avec la double citation d'Os 6:6a—directement pour 9:13, ou indirectement pour 11:29. Voir ci-dessous.

[10] Les différents types de répétition ou de redondance ont été étudiés et présentés par M. Sternberg, *The Poetics of Biblical Narrative : Ideological Literature and the Drama of Reading*, Bloomington : Indiana University Press, 1985. Voir en particulier les pp. 365 à 440.

[11] Voir la triple répétition de Lv 19:18b, en Mt 5:43 ; 19:19 et 22:39.

[12] Pour L. Lybaek, "Matthew's Use of Hosea 6,6" (cf. note 2), 491, la première citation d'Os 6:6a, en Mt 9:13a, fait partie de l'intertexte de la seconde citation.

II. *Mt 9:9–13—l'appel des pécheurs*

L'appel de Matthieu et la communauté de table de Jésus avec des pécheurs sont présentés dans le premier évangile comme deux événements successifs, et parmi les critères qui les distinguent, il y a les changements de lieu et d'action, et l'apparition de nouveaux personnages au v. 10. Pour autant, leur juxtaposition n'est pas fortuite. Une comparaison avec les parallèles en Marc et en Luc (cf. Mc 2:13–17 et Lc 5:27–32) montre qu'elle est travaillée avec soin par le rédacteur matthéen, qui intervient sur sa source par touches successives. L'ensemble de ses remaniements ont pour effet d'orienter l'attention du lecteur vers la perspective principale de la péricope, le thème de l'appel des pécheurs.

A. *L'articulation des vv. 9 et 10*

Le v. 10 décrit brièvement une scène de repas, qui sera le point de départ du dialogue avec les Pharisiens : Jésus est dans une maison, attablé en compagnie de ses disciples avec des pécheurs et des publicains. Le texte de Matthieu ne précise pas à qui appartient cette maison. Le parallèle en Marc est équivoque sur ce point, quand il dit que Jésus ". . . est à table dans *sa* maison". Telle qu'elle est formulée par le second évangile, la phrase ne permet pas de savoir à qui appartient cette maison. Logiquement, deux options sont possibles, le pronom renvoyant soit à Jésus, soit à Lévi, et l'énoncé ne permettant pas de préciser plus avant son antécédent. On peut donc envisager de la part du rédacteur matthéen l'omission du possessif αὐτοῦ en Mc 2:15 parce qu'il crée la confusion. La difficulté du texte de Marc a disparu également dans la version lucanienne. A la différence du texte de Matthieu, dans lequel le pronom qui fait difficulté est omis, dans le texte de Luc l'équivoque est contournée par l'introduction d'un nouvel élément. Il s'agit d'une fête, organisée par Lévi pour Jésus, et l'événement est situé dans la maison de Lévi.[13]

En omettant le pronom, le rédacteur matthéen élimine également un élément important de liaison entre le v. 9, qui raconte l'appel

---

[13] Le motif de la fête crée une autre tension, entre Lévi qui a tout quitté—le radicalisme de l'appel—et le même Lévi qui possède encore une maison et suffisamment de richesses pour organiser un banquet. Voir F. Bovon, *L'évangile selon Saint Luc (1,1–9,50)* (CNT IIIa ; Genève : Labor et Fides, 1991), 251.

de Matthieu, et le v. 10, qui rapporte une scène de repas. Le seul lien explicite entre les deux unités, à cet endroit du récit, se situe au niveau du statut de certains personnages. Les convives rassemblés autour de Jésus sont publicains, pécheurs ou disciples. Matthieu, qui vient d'être appelé, est les trois à la fois. Cette réduction des éléments de liaison entre le v. 9 et le v. 10, limités au statut des personnages, n'est pas seulement le résultat d'une amélioration de la syntaxe. Sur le plan de la narration, le rédacteur matthéen crée ainsi un effet d'attente auprès de son lecteur, et cette mise en suspens lui permet de mieux mettre en évidence la pointe de l'enseignement de Jésus, énoncée au v. 13b, dans lequel Jésus précise la nature de son ministère messianique : "je ne suis pas venu appeler les justes, mais les pécheurs". L'omission, également au v. 10, du thème de la suivance,[14] présent à cet endroit en Mc 2:15, confirme que ce qui apparaît d'abord comme une simple amélioration de la syntaxe est un remaniement motivé par un projet littéraire. Par le biais de quelques modifications apportées à sa source, le rédacteur matthéen aboutit à une simple juxtaposition des vv. 9 et 10, là où Marc et Luc ont, chacun à sa façon, une transition plus fluide assumant la continuité entre les deux scènes. Pourtant, ce qui suggère dans un premier temps la distinction des unités chez Matthieu est aussi ce qui met en évidence le seul motif qui réellement rapproche les deux scènes. Le lecteur devra patienter jusqu'à la fin de la réponse, donnée par Jésus aux Pharisiens, au v. 13b, pour voir se résoudre la tension créée par l'absence d'un lien réel entre les deux scènes, et pour comprendre qu'à cette tension correspond une réponse. Cette réponse est christologique, et entre dans la définition donnée par Jésus de son ministère.

B. *V. 11—l'intervention des Pharisiens*

Les interlocuteurs sont introduits au v. 11. Il s'agit de Pharisiens, qui s'interrogent sur le comportement et la conduite surprenante de Jésus. C'est la première fois qu'ils apparaissent dans l'évangile, dans le cadre d'un dialogue avec Jésus. Parmi les changements apportés par le rédacteur matthéen, il y a l'expression en Mc 2:16 "les scribes des Pharisiens" remplacée par "Pharisiens", et l'omission de la seconde mention du

---

[14] Le motif de la suivance est un élément clef des ch. 8 et 9. Elle est donnée, au début de la section en 8:1, comme le cadre de l'action de Jésus. Le sens de cette suivance sera progressivement approfondi par Matthieu. Voir 8:1.18–22.23–27 ; 9:9.27.

repas, en Mc 2:16. Le texte de Matthieu gagne ainsi en efficacité, et arrive plus rapidement à la question que les Pharisiens adressent aux disciples. La formulation de cette question est-elle aussi légèrement remaniée. D'abord, il y a une accentuation de sa force interrogative par la tournure διὰ τί au lieu de ὅτι. Puis, le rédacteur matthéen ajoute l'expression ὁ διδάσκαλος ὑμῶν, à travers laquelle les Pharisiens reconnaissent en Jésus un rang et une compétence.

Dans l'évangile de Matthieu, la qualification ὁ διδάσκαλος pour Jésus est employée par ses opposants, ou ceux qui refusent l'appel à la suivance (cf. 8:19 ; 9:11 ; 10:24.25 ; 12:38 ; 17:24 ; 19:16 ; 22:16.24.36 ; 23:8 et 26:18).[15] Cette désignation de Jésus comporte une dimension ironique en Mt 9:11, qui peut être rapprochée des deux citations d'Os 6:6a et de la manière dont celles-ci sont introduites dans le récit. Le titre διδάσκαλος sous-entend que celui qui est désigné "maître" connaît les Écritures, avec un niveau de compétence reconnu, et que ses interlocuteurs le reçoivent comme tel. Pourtant, si les Pharisiens acceptent de Jésus qu'il est le maître d'un groupe de disciples, ils n'acceptent pas son enseignement, comme le montrent les formules qui introduisent Os 6:6a, en 9:13 et en 12:7. Avec la première, Jésus interpelle et invite ses interlocuteurs à aller apprendre ce que signifie "je veux la miséricorde et non le sacrifice". Avec la seconde, il leur reproche de n'avoir pas compris le sens de cette parole d'Osée. Il y a là un écart entre des Pharisiens qui reconnaissent en Jésus un maître, mais qui n'acceptent pas son enseignement et qui refusent d'apprendre de sa part la signification d'Os 6:6a. On retrouve l'effet ironique d'un tel écart en Mt 22:16 par exemple, quand les disciples des Pharisiens interpellent Jésus d'une manière qui se veut persuasive, en disant : "Maître, nous savons que tu es véridique, et que tu enseignes la voie de Dieu avec vérité, et que tu ne te soucies de personne, car tu ne regardes pas au rang des personnes". Dans ce passage, comme en Mt 9:11, les Pharisiens interpellent Jésus en qualité de διδάσκαλος, mais ne l'acceptent pas comme tel. Ce qu'ils disent en flatteries n'est pas sincère, et quand ils déclarent que Jésus

---

[15] Voir J.C. Anderson, *Matthew's Narrative Web : Over, and Over, and Over Again* (JSNT.S 91 ; Sheffield : Sheffield Academic Press, 1994), 118–119. Le terme est par exemple absent dans le cadre du sermon sur la Montagne, malgré la solennité de la description, en Mt 5:1–2, qui présente Jésus à la manière des maîtres de la Torah assis pour délivrer leur enseignement. Voir *mAboth* 1:4 ; 3:2.6 ; cité d'après R.H. Gundry, *Matthew. A Commentary on His Handbook for a Mixed Church under Persecution* (Grand Rapids : Eerdmans, 2ᵉᵐᵉ édit. 1994), 66.

enseigne "la voie de Dieu avec vérité", l'affirmation correspond certes
à la réalité, mais elle se heurte à leur rejet et à leur refus. La même
remarque vaut pour la deuxième partie du verset, dans laquelle Jésus
est loué pour sa franchise et sa justice. Cette attitude de rejet et de
refus est mise en récit pour la première fois à travers les formules
qui introduisent la citation d'Os 6:6a. En Mt 9:11, la dimension
ironique de la désignation ὁ διδάσκαλος annonce le deuxième élément de la réponse de Jésus, au v. 13a—la citation d'Os 6:6a—,
ajouté par le rédacteur matthéen à sa source, comme il avait ajouté
ὁ διδάσκαλος ὑμῶν. Les expressions ὁ διδάσκαλος ὑμῶν et πορευθέντες
δὲ μάθετε ("partez apprendre") s'articulent l'une et l'autre autour des
mêmes registres de l'enseignement et du savoir, de l'apprentissage et
du rapport maître/disciples.[16]

C. *Vv. 12b–13—la réponse de Jésus*

Dans les vv. 12b-13, la réponse de Jésus aux Pharisiens est tripar-
tite. Elle se compose d'une maxime à propos de l'activité des méde-
cins (v. 12b//Mc 2:17b), de la citation d'Os 6:6a (v. 13a), et d'un
dit-ἦλθον dans lequel Jésus déclare à la première personne être venu
appeler des pécheurs (v. 13b//Mc 2:17c).

Pour comprendre les déplacements amenés dans le cours de l'argumentation par l'insertion d'Os 6:6a, on peut se reporter un instant
au texte parallèle de Marc. Dans cette version de la péricope, en
Mc 2:17, Jésus répond à la question de ses interlocuteurs en deux
temps :

Les bien portants n'ont pas besoin de médecin	mais les mal-portants
Je ne suis pas venu appeler les justes	mais les pécheurs

La première partie de la réponse repose sur une évidence admise
par tous. Elle fait référence au médecin et distingue deux catégories
de personnes par rapport à son activité : les bien-portants et les mal-
portants. L'enjeu de cette maxime repose sur l'analogie entre l'ac-

---

[16] Cette exhortation que Jésus adresse aux Pharisiens est comparable à la formule
d'envoi de Hillel, lorsqu'il répond au futur prosélyte qui lui demande de lui enseigner
toute la Torah tandis qu'il se tiendrait sur une jambe. A cette demande insolite,
Hillel répond en citant la règle d'or, puis en invitant son interlocuteur à l'étude et
en le renvoyant par ces mots : "tout le reste n'est que commentaire, va et étudie",
cf. *bShabbath 31a*. D'autres exemples de cette formule sont donnés par Billerbeck I.499.
Il est probable que Matthieu connaissait ce type d'expression, comme une formule,
mais il n'est pas possible de le prouver. Voir B. Fuß, *Zitate* (cf. note 1), 216.

tion de Jésus, présentée dans le contexte qui précède la péricope
(cf. Mc 1:29–34.40–45 ; 2:1–12), et le rôle du médecin agissant en
faveur de personnes dans le besoin. La deuxième partie de la réponse
fournit l'explication de cette analogie. On passe d'un énoncé général
à une affirmation particulière, dans laquelle deux catégories de personnes sont distinguées par rapport à l'appel de Jésus : les justes et
les pécheurs. La phrase qui correspond à chaque partie est construite
selon un modèle identique, alternant une négation avec une opposition, et ce parallélisme renforce la relation métaphorique qui existe
d'une part entre les bien-portants et les justes, et d'autre part entre
les mal-portants et les pécheurs. Le raisonnement qui va de la première à la deuxième partie part des faits qui caractérisent l'activité
de Jésus, à l'image du médecin qui offre ses services à ceux qui sont
malades, pour remonter vers l'explication de cette activité et la mettre en valeur à l'aide d'une affirmation christologique : l'appel du
messager eschatologique de Dieu vaut davantage pour les pécheurs,
que pour les justes.[17]

En ajoutant Os 6:6a à la réponse de Jésus, le rédacteur matthéen
suspend provisoirement le parallélisme des parties et modifie l'argumentation inductive de sa source. La démonstration qui part des
faits pour remonter vers leur explication passe désormais par un
argument scripturaire. Elle fait appel à une autorité tierce, extérieure
à la discussion, qui ne dépend ni de la qualité de l'argumentation, ni
de l'aura de l'enseignant, et qui peut être reconnue par toutes les parties en présence. En amont de la citation, Jésus compare son action à
celle d'un médecin. En aval, il est l'envoyé de Dieu venu appeler les
pécheurs. Entre les deux, la citation n'apporte pas un argument supplémentaire à l'une des deux parties. En revanche, elle explicite le
raisonnement qui passe de l'une à l'autre, allant de l'attitude bienveillante du médecin qui agit conformément aux devoirs de sa fonction,
au ministère de Jésus qui agit en qualité d'envoyé eschatologique se
conformant à la mission qui lui a été confiée.[18] Le premier terme de
ce raisonnement est l'argument de continuité. En identifiant l'action

---

[17] Sur ce dit en particulier et sa signification en Mt 9:13b, voir É. Cuvillier,
"Justes et petits chez Matthieu. L'interprétation du lecteur à la croisée des chemins,"
Études théologiques et religieuses 72 (1997) : 345–364.

[18] L'opposition miséricorde/sacrifice au lieu de la comparaison (cf. καὶ οὐ au lieu
de ἤ dans la LXX) se justifie dans le contexte matthéen de la première citation.
Cette formulation se rapproche de celle des deux phrases parallèles des vv. 12 et
13b, qui alternent une négation et une opposition.

de Jésus avec la notion vétérotestamentaire de la miséricorde, Matthieu situe son ministère dans le cadre et le prolongement de la relation voulue par Dieu avec son peuple.

Pour le lecteur de l'évangile, la compagnie de table avec des pécheurs est une confirmation de l'orientation du ministère de Jésus en faveur des personnes impopulaires, indésirables, exclues d'Israël et de son système socio-religieux. Dans la vie quotidienne, être réuni dans une maison et partager un repas sont des signes d'hospitalité, de proximité et d'intimité. Avec des acteurs sociaux, la compagnie de table peut symboliser la reconnaissance, l'association, la confiance ou l'acceptation réciproque entre les participants. Dans le judaïsme, à travers la table, c'est également toute la dynamique de la sainteté qui s'exprime, et dont les Pharisiens se font les défenseurs. Au nom de ce principe, la compagnie de table est limitée aux personnes dont on est sûr que la présence ne rendra pas impur le repas. Elle reproduit en réduction une forme de contrôle social, qui reflète la structure que les Pharisiens veulent pour la communauté d'Israël. En Mt 9:11 par exemple, Jésus s'appuie sur la valeur attribuée par ses contemporains à la compagnie de table pour illustrer une représentation future du peuple de Dieu. Son enseignement prouve non seulement une connaissance de la signification symbolique du repas, mais il donne aussi à sa compagnie de table, en Mt 9:10–13, une valeur de modèle. Sur le plan de la narration, elle est l'aboutissement d'un mouvement qui a débuté par l'appel des premiers disciples (cf. Mt 4:18–22), et qui aboutit à la constitution d'un groupe de personnes qui accompagnent Jésus en permanence.[19] Le publicain Matthieu est l'exemple type de ses membres, passant de l'état d'exclu à celui de disciple.[20]

Dans l'accueil qu'il réserve aux pécheurs, Jésus ne les accable pas avec leur faute. En revanche, il leur rend possible la conversion, et son accueil sans condition permet leur réhabilitation dans la communauté religieuse d'Israël. Cette réhabilitation est illustrée dans l'exemple de la guérison du lépreux, en Mt 8:2–4. L'épisode inaugure la partie narrative qui suit le sermon sur la Montagne, et précise l'orientation du récit matthéen pour les ch. 8 et 9.[21] Il met en évi-

---

[19] U. Luz, *Das Evangelium nach Matthäus. 2. Teilband Mt 8–17* (EKK I/2, Neukirchen-Vluyn : Neukirchener Verlag, 1990), 6.

[20] Il ne s'agit certainement pas d'une simple coïncidence si l'on trouve dans le discours qui précède la péricope contenant la deuxième citation d'Os 6:6a, en Mt 11:25–30, un dernier appel de Jésus à devenir disciple.

[21] U. Luz, *Matthäus* (cf. note 19), 11. Un indice rédactionnel confirme le rôle de

dence différents enjeux pour l'action de Jésus, dont on retrouve la trace dans le récit du repas avec les pécheurs. Un lien formel entre les deux péricopes existe à travers l'emploi du verbe θέλω à la première personne du singulier. Ce verbe est présent dans cette forme dans la citation d'Os 6:6a, en Mt 9:13a, et dans la reprise des paroles du lépreux par Jésus, en Mt 8,3b. Dans les deux cas, θέλω exprime l'autorité souveraine du "je" divin. En Mt 8,2.3, le verbe θέλω reçoit sa pleine signification du titre "Seigneur",[22] et présente la guérison comme entièrement dépendante de la volonté souveraine de Jésus. En Mt 9:13a, dans le contexte de la citation, la première personne fait référence au "Je" de Dieu fixant les bases de la relation future entre lui et Israël. A l'arrière-plan de ce double "Je" se profile une affirmation confirmée par la citation d'Os 6:6a, celle de l'unité entre le ministère de Jésus et la volonté de Dieu. Ceci nous amène directement au deuxième lien qui existe entre les deux textes. Il s'agit du passage pour les personnes concernées (lépreux—pécheurs) de l'état d'impureté et du statut d'exclus de la communauté religieuse, à l'état de pureté et à la réintégration dans le peuple de Dieu. En Mt 8:2–4, le vocabulaire employé est celui de la purification, et le but de la guérison est la réadmission au sein de la société d'Israël. La démarche auprès du prêtre a justement pour fonction de reconnaître cette réintégration selon les critères de cette société, et de confirmer le déroulement de l'action au sein de l'univers religieux du judaïsme et de sa loi. Le lieu de la rencontre avec le lépreux est également significatif de la catégorie de personnes qui iront vers Jésus, et du type de demandes auxquelles celui-ci répondra. Le lépreux s'adresse à Jésus entre la montagne (v. 1) et la ville (v. 5), en marge du monde habité. L'intervention de Jésus lui permettra de rejoindre la ville, et de poser un geste qui symbolise sa réhabilitation dans sa société religieuse. A

---

cette péricope pour la partie narrative couvrant les ch. 8 et 9. En 8:2–4, le rédacteur matthéen reprend partiellement une péricope qu'il trouve en Mc 1:40–45. Il omet à cet endroit certains éléments : Jésus qui rudoie et qui chasse le lépreux (cf. Mc 1:43), ainsi que le non respect de l'injonction au silence (cf. Mc 1:45a). On retrouve ces éléments à la fin du ch. 9, aux vv. 30–31, placés à la suite d'un autre récit de guérison. Ce détail de la composition laisse supposer que l'évangéliste concevait les ch. 8 et 9 comme un tout, et qu'il avait pour cet ensemble un projet rédactionnel pour lequel la version qu'il donne de la purification du lépreux sert d'introduction et précise l'orientation générale.

[22] Dans les ch. 8–9, le titre "Seigneur" est employé à sept reprises, deux fois dans la bouche des disciples, en 8:21.25, quatre fois par les affligés qui cherchent le soulagement auprès de Jésus, en 8:2.6.8 ; 9:28, et une fois de manière récapitulative dans la transition qui mène au discours missionnaire, en 9:38.

l'image de ce premier épisode, dans les ch. 8 et 9, impur rime avec marginalisation et exclusion. L'ensemble des personnes rencontrées et guéries par Jésus ont en commun d'être exclues par les Pharisiens de leur programme en vue de la sainteté d'Israël, pour cause d'impureté en raison de la maladie, de leur origine ou de leur travail. Leur réintégration dans le peuple de Dieu, rendue possible par la médiation de Jésus, par le pardon et la confiance dans sa capacité à guérir la maladie (cf. Mt 8:10.13 ; 9:2.5–6.18–31), les Pharisiens sont invités à la comprendre en relisant la parole d'Osée.

Dans le livre d'Osée, l'affirmation "je veux la miséricorde et non le sacrifice" termine une péricope qui contient d'une part des éléments d'espérance et de retour vers YHWH, et d'autre part des éléments de jugement et de condamnation. Le motif de l'espérance est présent, en Os 6:1–3, dans un chant pénitentiel dans lequel le peuple s'invite au repentir, à "retourner vers le Seigneur" (v. 1) et à le "connaître" (v. 3).[23] Qu'il soit ou non fondé, l'espoir d'une guérison ou d'une restauration est basé sur la miséricorde de YHWH, sur sa fidélité à l'Alliance et sur la constance de son engagement en faveur de son peuple. La confiance de vivre un jour dans sa présence repose sur l'appel à le connaître (vv. 2c–3a), et cette connaissance se caractérise surtout par sa dimension existentiale qui implique une relation étroite et intime, susceptible de créer la communion. Elle est en même temps ce que YHWH demande (v. 6b), et ce qu'Israël recherche (v. 3a). Dans les vv. 4–6, YHWH accuse son peuple pour avoir rompu l'Alliance. La situation désastreuse dans laquelle Israël est plongé est le résultat de son infidélité. Sa "miséricorde" est éphémère, irrégulière, et se dissipe comme "la brume matinale" (v. 4). C'est là l'unique accusation de ces paroles. Elles identifient la faute au cœur de la relation qui unit Israël à YHWH. Le v. 6 conclut cette condamnation par le rappel des priorités et des points forts de l'Alliance. YHWH précise ce qu'il attend de son peuple, et définit le cadre de leur relation future sur la base de la "miséricorde" et de la "connaissance". Dans le livre d'Osée, la phrase retenue par Matthieu est le premier membre d'un parallélisme synonymique qui associe la "miséricorde" et la "connaissance de Dieu", rendant les deux termes mutuellement significatifs :

> car c'est la miséricorde que je veux,   non les sacrifices,
> la connaissance de Dieu,   plutôt que les holocaustes.

---

[23] Pour une présentation précise de ces versets, voir E. Bons, *Das Buch Hosea* (NSKAT 23/1 ; Stuttgart : Verlag Katholisches Bibelwerk, 1996), 90–93 ; D. Stuart, *Hosea—Jonah* (WBC 31 ; Waco : Word Books, 1987), 106–110.

Dans le contexte d'Os 6:6a, la "miséricorde" est une qualité de Dieu, qui se caractérise par sa constance, et qui s'exprime dans la relation qu'il entretient et qu'il maintient avec Israël (vv. 1–3). Elle est aussi un attribut du comportement des croyants, qui devraient agir dans le cadre de la relation établie par Dieu, à l'image de cette relation, en imitant la miséricorde divine (vv. 4–6).

En liant la parole d'Os 6:6a au ministère de Jésus, Matthieu veut amener ses auditeurs à réfléchir sur ce passage de l'Écriture et à reporter cette réflexion sur la situation présente. La citation les invite à comprendre qui est Jésus à travers ce qu'il fait, et à reconnaître à travers la miséricorde qu'il incarne l'accomplissement de la volonté de Dieu. Le langage de la conversion, de la maladie et de la guérison, de la mort et de la vie, que l'on trouve dans le contexte oséen de la citation, fait écho à l'action de Jésus en faveur d'Israël, telle qu'elle est racontée dans les ch. 8 et 9 de l'évangile. La parole divine "je veux la miséricorde et non le sacrifice" se présente à la fois comme une récapitulation et une légitimation de cette activité. Elle lui donne un sens dans la perspective de l'histoire du salut en la situant dans le cadre de la relation voulue par Dieu avec ceux qu'il a choisi. Elle explique et vérifie l'unité de l'action de Jésus et de la volonté divine en traduisant en terme de miséricorde la manière dont Dieu se rend présent à tout son peuple. Pour Osée, le but de la miséricorde, de la guérison et de la conversion est de vivre en présence de celui qui guérit (cf. Os 6:2). Pour Matthieu, le but de l'action miséricordieuse de Jésus, récapitulée en Mt 9:13b à travers l'appel des pécheurs, est leur réintégration dans le peuple de Dieu, pour qu'ils deviennent ses disciples et qu'ils vivent en sa présence. Le repas est alors une métaphore de la rencontre et de la communion entre Dieu et les siens. Dans cette perspective, l'opposition miséricorde versus sacrifice (ἡ θυσία) n'est pas seulement une manière de présenter l'interprétation de la Torah par Jésus aux antipodes de celle proposée par les Pharisiens. C'est aussi une autre manière pour dire que la rencontre avec Dieu, qui était vécue dans le cadre du culte sacrificiel, se réalise désormais par la médiation de celui qu'Il envoie.[24]

La question des Pharisiens mettait en cause un "maître" et Jésus, dans sa réponse, les reçoit sur ce registre en les invitant à apprendre.

---

[24] Matthieu pense au minimum que le sacrifice et le culte sacrificiel étaient un moyen légitime dans le passé (cf. 5:23–24 ; 8:2–4 et 23:16–22), mais qu'il ne constitue plus une réponse adéquate au problème du péché. Ce qui était réalisé par le sacrifice est désormais réalisé par la miséricorde incarnée par Jésus (cf. 9:2–8.14–17 et 23:23).

Il les met au défi de comprendre la parole d'Os 6:6a selon ce qu'ils voient ou devraient voir : la miséricorde en acte incarnée par l'envoyé eschatologique. La compagnie de table de Jésus, qui apparaît aux Pharisiens comme une atteinte à l'intégrité du peuple d'Israël, devient un modèle de restauration de la relation avec Dieu, voulue par Lui, et menée par "celui qu'Il envoie". La citation est à la fois une preuve pour la continuité et l'unité de l'action de Jésus avec le plan de Dieu, et un terrain de réflexion pour le lecteur qui, s'il s'accorde avec le parallélisme créé entre l'enseignement du prophète et l'activité de Jésus, l'accompagnera pour comprendre comment Dieu se rend présent à son peuple à travers lui.

III. *Mt 12:1–8—les épis arrachés un sabbat*

La seconde citation d'Os 6:6a est associée par Matthieu aux discussions relatives à l'observance du sabbat, au début du ch. 12. La scène des épis arrachés est rapportée par les trois synoptiques, dans des versions qui se différencient par leur contenu, et par leur emplacement. Dans l'évangile de Matthieu, qui présente le texte le plus long, la scène est située après un discours de Jésus, dans lequel il révèle son lien filial avec Dieu (cf. Mt 11:25–30).[25] L'évangile de Luc, qui a la version la plus courte, a conservé l'enchaînement des péricopes de Marc. Là où Matthieu remplace la phrase de Mc 2:27 ("le sabbat a été fait pour l'homme, et non l'homme pour le sabbat") par un argumentaire qui couvre les vv. 5–7,[26] Luc omet cette affirmation et réduit la péricope d'autant.[27] Une constante parmi les trois synoptiques est l'association de l'épisode des épis arrachés avec celui de la guérison de l'homme à la main sèche un jour de sabbat. Ces deux récits se suivent et forment une unité autour de la question de savoir ce que l'on peut faire ou ne pas faire un jour de sabbat.[28] Dans

---

[25] Dans l'évangile de Luc, le thème de la miséricorde apparaît également dans le contexte de la parole de Jésus sur sa filiation. Lc 10:21–22.23–24 est suivi par la péricope du double commandement de l'amour, et la parabole du bon Samaritain (Lc 10:25–37) qui développe le thème de la miséricorde "à faire", cf. v. 37.

[26] L'origine rédactionnelle de ce bloc est défendue par D. Hill, "Use and Meaning" (cf. note 2), 107–108. B. Fuß, *Zitate* (cf. note 1), 222–223, outre l'intervention du rédacteur matthéen, voit dans la citation d'Os 6:6a le point important de l'argumentation.

[27] Pour une discussion détaillée de l'histoire de la tradition, voir F. Neirynck, "Jesus and the Sabbath. Some Observations on Mk II,27" in *Jésus aux origines de la christologie* (ed. J. Dupont ; BETL 40, Leuven : Leuven University Press, 1975), 227–270.

[28] Voir Y.-E. Yang, *Jesus and the Sabbath* (cf. note 2), 140.

l'évangile de Matthieu, la réponse de Jésus au v. 12b ("par conséquent, il est permis de faire une bonne action le sabbat") définit la
miséricorde au v. 7 comme le bien à faire. Cette signification, pour
autant qu'elle corresponde au texte, n'épuise pas toute la portée de
la citation d'Os 6:6a. Entre autres, elle n'explique pas pourquoi les
disciples sont déclarés innocents par Jésus.

Le premier verset de la péricope, en Mt 12:1, décrit un ensemble de circonstances qui vont provoquer la réaction des Pharisiens.
On y précise le lieu, les moissons, le moment, un jour de sabbat,
les personnages, les disciples de Jésus, et leur activité, la cueillette
de quelques épis—activité assimilable à un travail de moisson.[29] Par
rapport à Marc, le rédacteur matthéen a complété la description en
ajoutant deux caractéristiques à l'action des disciples : la faim (ἐπείνασαν)
et le but de leur geste (καὶ ἐσθίειν). Il précise de cette manière ce
qui était implicite dans le texte de Marc, et donne au geste d'ar-
racher des épis une justification. Ces ajouts renforcent également le
parallélisme entre la situation des disciples et l'exemple de David
auquel les vv. 3–4 font appel (ἐπείνασαν au v. 3, et ἔφαγον au v. 4).
Dans les deux cas, la faim entraîne les protagonistes à faire ce qu'il
n'est pas permis.

Au v. 2, les Pharisiens sont introduits par le rédacteur matthéen
de la même manière qu'ils l'avaient été en Mt 9:11. Ils sont les spectateurs d'une scène (οἱ δὲ Φαρισαῖοι ἰδόντες) devant laquelle ils réagissent. Leur objection est énoncée de manière concise. Elle est centrée
sur l'action et sa légalité, et porte sur la conduite des disciples, qui
"font ce qu'il n'est pas permis de faire durant un sabbat." Ce qui
est une question en Mc 2:24 et Lc 6:2 est transformé en accusation
par le rédacteur matthéen qui omet l'interrogatif τί.

La réponse de Jésus, développée dans les vv. 3 à 8, comporte trois
arguments enchaînés de manière assez adroite (vv. 3–4.5–6 et 7) et
une conclusion (v. 8). Avec elle, Jésus montre qu'il prend au sérieux
le reproche de transgression des Pharisiens. En revanche, il prouve
par son argumentation que cette violation du sabbat n'entraîne pas
la culpabilité des disciples "qui sont sans faute" (cf. τοὺς ἀναιτίους
au v. 7), et lie l'explication de leur innocence directement à l'interprétation de la citation d'Os 6:6a.

Le premier argument est introduit par une question que Jésus
adresse aux Pharisiens, avec laquelle il attire leur attention sur un

---

[29] Voir U. Luz, *Matthäus* (cf. note 19), 230 n. 29.

passage de l'Écriture, en l'occurrence 1 S 21:2–7. Dans cet épisode du premier livre de Samuel, David est en fuite. A son arrivé dans la ville de Nov, il s'adresse au prêtre Ahimélek, à qui il demande à manger. Le prêtre n'a sous la main que les pains consacrés, qui devaient être placés devant le Seigneur dans sa Demeure (cf. Ex 25:30). Selon Lv 24:5–9, ces pains étaient renouvelés chaque semaine, et leur consommation était réservée aux prêtres officiant dans le lieu saint. Jésus ne relève qu'un minimum d'aspects de cet épisode, et se concentre sur ce qu'il n'était pas permis à David de faire au regard de la Loi. La tradition juive a cherché à disculper David, en invoquant la priorité de sa situation—sa fuite devant le danger—sur l'observance du commandement.[30] Cette justification est absente de l'évangile. En revanche, Jésus apporte une précision dans le déroulement de l'événement qui n'est pas mentionnée dans le récit de 1 S 21:2–7,[31] en distinguant dans l'action de David le fait d' "entrer dans la maison de Dieu" (v. 4).[32] Franchir le seuil de la maison de Dieu pouvait accentuer la faute, ou déplacer l'attention de la faute vers le lieu dans lequel l'action se déroule. L'argument tiré de la vie de David n'est ni lié au sabbat, ni approprié pour conclure une question d'interprétation de la Torah. En revanche, il concerne le fait de manger des pains que seuls les prêtres pouvaient consommer en présence de Dieu, dans le lieu saint.

Le deuxième argument s'inscrit dans le prolongement de l'épisode de David par l'intermédiaire des deux mots-clefs : le temple et les prêtres. Comme le premier, il est introduit par une question de lecture. Jésus demande aux Pharisiens, s'ils n'ont pas lu dans la Loi que les prêtres officiant dans le temple rompent le sabbat, tout en n'étant pas coupables de transgression (cf. Nb 28:9–10). Le service cultuel met les prêtres dans une situation particulière. Leur activité représente un travail, mais il est toléré le jour du sabbat par la Torah. Il y a donc au moins une exception possible à la règle du repos hebdomadaire. Le texte du v. 5 reconnaît explicitement que les prêtres "violent le sabbat", mais leur transgression n'est pas comptabilisée comme une

---

[30] Voir D. Hill, "Use and Meaning" (cf. note 2), 114 ; Billerbeck I.618–619.

[31] Le texte de Matthieu se rapproche davantage du récit de 1 S 21:2–7 en comparaison à celui de Marc. Deux différences sont présentes dans la version de Marc (cf. Mc 2:26 : ἐπὶ Ἀβιαθάρ et καὶ ἔδωκεν καὶ τοῖς σὺν αὐτῷ οὖσιν) qui ont été supprimées dans la version de Matthieu.

[32] Le verbe ἐποίησεν (v. 3), dont le contenu est précisé par εἰσῆλθεν (v. 4), sont deux verbes d'action dont David est l'unique sujet.

faute. Comme dans l'argument précédent, l'élément qui disculpe les prêtres est le lieu de leur action qui se déroule "dans le temple" en présence de Dieu. Jésus va s'appuyer sur cet exemple particulier des prêtres qui transgressent le sabbat "sans être en faute" pour raisonner selon la règle exégétique dite du *qal-wahomer*.[33] Selon cette *middah*, ce qui vaut pour un cas mineur vaut aussi pour des cas plus importants. Elle permet à Jésus de conclure que si une chose est plus grande que le temple, cette chose relativise de la même manière l'observance du sabbat.

Le propos, tel qu'il est formulé au v. 6, ne précise pas quel est ce plus grand. Le comparatif μεῖζον est au neutre, et son référent grammatical serait τὸ ἔλεος au v. 7. Une deuxième indication à propos de ce "plus grand" est à nouveau une indication de lieu, et concerne l' "ici" de celui qui parle. Cet "ici" peut faire référence soit à une personne, en l'occurrence Jésus,[34] soit de manière figurée à une action, "le service de Dieu dans lequel Jésus et les disciples sont engagés",[35] soit à un principe, celui de la miséricorde qui sera rappelé par la répétition de la citation d'Os 6:6a.[36] Quelle que soit l'option préférée, il faut admettre que le texte est construit de façon à laisser une signification en attente,[37] et qu'il répond à cette attente par une citation dont l'interprétation est de la responsabilité des lecteurs-auditeurs. La fonction de la répétition est ici primordiale. Matthieu reprend un passage de l'Écriture vis-à-vis duquel les différentes parties en présence ont déjà été sensibilisées. Le rappel de la première citation va d'une part introduire dans l'argumentation une signification déjà construite dans le contexte de Mt 9:13a, et d'autre part préciser cette signification. Les éléments pertinents de cette signification première, qui sont susceptibles d'éclairer la citation d'Os 6:6a en Mt 12:7, s'articulent autour des thèmes de la présence de Dieu et de la continuité de sa relation avec son peuple. Ces éléments sont répercutés comme nous le verrons non seulement dans la péricope, mais également par le contexte qui précède la seconde rencontre de Jésus avec les Pharisiens.

---

[33] Sur ce point, voir les réserves émises par Y.-E. Yang, *Jesus and the Sabbath* (cf. note 2), 179–180.

[34] Cf. Y.-E. Yang, *ibid.*, 181.

[35] Cf. D. Hill, "Use and Meaning" (cf. note 2), 115.

[36] Cf. U. Luz, *Matthäus* (cf. note 19), 231.

[37] Ainsi U. Luz, *ibid.*, 231 : "Vielmehr bleibt im Kontext noch offen, was 'größer als der Tempel' ist".

Le thème de la présence de Dieu en Jésus est un élément décisif
dans la christologie de Matthieu, comme le montre l'inclusion qui
encadre l'évangile, en 1:23 et 28:20 (voir aussi 17:17 ; 18:20 et
26:29).[38] C'est aussi ce thème de la présence de Dieu qui lie entre eux
les trois arguments de Jésus dans l'épisode des épis arrachés.[39] David,
une fois entré dans le sanctuaire, était en présence de Dieu pour
manger les pains sanctifiés. Les prêtres effectuent dans le temple un
service qui est considéré comme un travail, et sont sans faute parce
qu'ils agissent en présence de Dieu. De manière analogue aux prêtres,
les disciples sont sans faute parce qu'ils effectuent l'équivalent d'un
travail en présence de Jésus.[40] La parole de Dieu "je veux la miséricorde et non le sacrifice" se lit et se comprend dans le prolongement de ce thème christologique. Pour Matthieu, la présence
de Dieu en Jésus est la continuité de l'histoire de Dieu au milieu de
son peuple.[41] C'est en particulier une thèse défendue par les citations
d'accomplissement qui est reprise ici dans la parole d'Os 6:6a, quand
celle-ci fait de l'action miséricordieuse de Jésus en faveur d'Israël en
Mt 9:13a le signe de la présence de Dieu (voir Mt 1:23 ; 8:17 ;
12:17–21 ; cf. 11:2–6). Le troisième argument de Jésus, la citation
d'Os 6:6a, est donc avant tout une affirmation christologique par le
rappel qu'il effectue de son action en faveur d'Israël.[42] Sur la base
de la parole de Dieu, Jésus reproche aux Pharisiens de "condamner
ceux qui sont sans faute" (v. 7c), non pas parce que ses contra-
dicteurs n'ont pas témoigné de miséricorde (un pardon bienveillant)

---

[38] Ainsi, U. Luz, *The Theology of the Gospel of Matthew* (New Testament Theology.
Cambridge : Cambridge University Press, 1995), 31–32.

[39] L'importance de ce motif est rappelée par deux autres remaniements apportés
par le rédacteur matthéen au texte de Marc. Dans l'épisode des vendeurs chassés
du Temple, Jésus fait de ce "*repaire de brigands*" un espace ouvert aux aveugles et
aux boiteux (21:14). Par sa médiation, le sanctuaire redevient le lieu de la présence
de Dieu, qui accueille dans son royaume les malades et les exclus. Cette idée trouve
son pendant dans des termes qui soulignent l'abandon et la désolation du lieu après
le départ de Jésus (24:1).

[40] On peut faire un rapprochement avec Mt 9:14–17. Dans ce passage, la présence
du messager eschatologique disculpant ses disciples est invoquée au sujet de la pratique du jeûne.

[41] Il suffit pour s'en convaincre de comparer la différence de vocabulaire avec
laquelle l'inclusion de Mt 1:23 et Mt 28:20 parle de la même idée. Au début de
l'évangile, c'est Dieu qui est présent avec Israël. A la fin de l'évangile, c'est le Christ
qui est présent au milieu de son Église. On voit, dans ce glissement qui intervient
au niveau de la grande inclusion qui encadre l'évangile, comment Matthieu procède
par assimilation pour présenter l'histoire de la révélation sur une trajectoire inin-
terrompue depuis le passé d'Israël jusqu'au présent de l'Église.

[42] Cf. U. Luz, *Matthäus* (cf. note 19), 45.

à l'égard des disciples, mais parce qu'ils n'ont pas compris au service de qui sont ceux qui le suivent. La répétition de la citation d'Os
6:6a est destinée à rappeler au moins deux choses, d'une part que
le trait essentiel de Dieu est la miséricorde, et d'autre part que celle-
ci est incarnée par la médiation de Jésus (cf. Mt 11:4–6).

A travers le motif de l'incompréhension des Pharisiens, c'est aussi
le thème de la connaissance, et en particulier de la connaissance de
Dieu, qui est évoqué. Ce thème fait partie des éléments structurants
de la péricope. On le retrouve dans l'introduction de chacun des
trois arguments de Jésus. Il est à la fois le principal reproche adressé
aux Pharisiens, et dans le cadre vétérotestamentaire d'Os 6:6, le
thème parallèle, synonyme de celui de la miséricorde. L'emploi répété
des verbes ἀναγινώσκω (vv. 3 et 5) et γινώσκω (v. 7) renvoie au discours christologique qui précède notre péricope, dans lequel Jésus
précise la nature de son ministère. La non-compréhension des Pharisiens
est analogue à celle "des sages et des habiles" à qui Dieu a caché
"ces choses" pour le révéler aux "tout petits". Les miracles de Jésus
n'ont eu aucun effet de "connaissance" sur les Pharisiens. En revanche,
c'est aux "tout petits", à ceux qui ont été choisis par Jésus, qu'il a
été donné de reconnaître la miséricorde du Père (cf. Mt 5:45) dans
la miséricorde du Fils (cf. Mt 11:27), et ainsi devenir disciples à travers la connaissance des "œuvres du Messie" (cf. Mt 11:2.19).
L'explication de l'échec des Pharisiens apportée par la répétition
d'Os 6:6a est ainsi préparée par le discours christologique qui précède,
en Mt 11:25–30. Il permet entre autres d'identifier la connaissance
de Dieu dont parle également le prophète avec la révélation trans-
mise par Jésus. Cette connaissance est un attribut de la filiation,
comme l'est la décision à qui révéler cette connaissance.[43]

---

[43] Si l'on compare l'emploi du verbe μανθάνω dans l'expression μάθετε ἀπ᾽ ἐμοῦ
avec sa précédente occurrence en Mt 9:13a, on retrouve dans cette comparaison
la distinction faite en Mt 11:27 entre la connaissance accessible "aux sages et aux
habiles", et celle accessible à ceux à qui Jésus a bien voulu la révéler. Le même
verbe μανθάνω, dont la forme impérative est synonyme de "soyez mes disciples"
en Mt 11:29, est utilisé dans l'exhortation adressée aux Pharisiens en 9:13a :
πορευθέντες δὲ μάθετε τί ἐστιν. Dans cette formule, l'expression τί ἐστιν désigne
Os 6:6a comme une citation. Indirectement, elle distingue aussi l'origine de la connaissance des Pharisiens. Ces "choses" (cf. ταῦτα au v. 25) qu'ils n'ont pas comprises à partir de l'Écriture, Jésus invite ceux qui veulent être ses disciples à les
comprendre à partir "de lui" (cf. ἀπ᾽ ἐμοῦ au v. 29). Dans le contexte du ch. 11,
elles font référence aux "œuvres du Christ" (cf. Mt 11:2.19), dont les ch. 8–9 avaient
précisés la nature miséricordieuse à travers la citation d'Os 6:6a (voir aussi Mt 11:4–6
et 12:15–21). Le verbe μανθάνω est employé trois fois dans Matthieu, et toujours
par Jésus à la deuxième personne de l'impératif : 9:13 ; 11:29 et 24:32.

IV. *Synthèse*

En citant Os 6:6a, Jésus reprend à son compte un enseignement que ses opposants pharisiens étaient préparés à entendre, pour l'appliquer à sa propre situation et montrer comment son action coïncide avec la parole et l'agir de Dieu. La manière concrète dont les guérisons mettent en œuvre le principe de miséricorde confirme d'abord l'unité existant entre l'action de Jésus et le dessein divin. Pour autant, cette correspondance n'est pas uniquement le résultat d'une attitude de bienveillance, de la même manière que la miséricorde dont parlait Osée n'est pas seulement une exigence éthique. La miséricorde de Jésus est identique à la miséricorde de Dieu, conformément à l'enseignement de l'Écriture, et cette qualité divine essentielle qu'il incarne dans son ministère manifeste le sens très fort de Dieu dont il témoigne qui est celui de sa filiation.

En accueillant à sa table des pécheurs que sa société condamne, Jésus ne rompt pas seulement avec la manière de penser des Pharisiens qui divisent la société entre pur et impur. Il définit également différemment ce qui est du domaine de Dieu et ce qui ne l'est pas. L'appartenance au peuple de Dieu ne relève pas de la pureté telle qu'elle est présentée par les Pharisiens à partir du code de sainteté, mais elle dépend de l'offre de miséricorde de Dieu et de la réponse apportée à cette offre. La limite entre ce qui est du domaine de Dieu et ce qui ne l'est pas n'est plus une barrière infranchissable, dès lors que les personnes reconnaissent et accueillent dans la foi cette qualité divine essentielle incarnée par Jésus. La possibilité est alors offerte de réintégrer le peuple de Dieu grâce à l'action miséricordieuse de Jésus, par le pardon et la reconnaissance de sa capacité de guérir.

LES EMPLOIS D' ΈΛΕΟΣ EN LUC-ACTES

Daniel Gerber
Université Marc Bloch, Strasbourg

RÉSUMÉ

Les mots ont une préhistoire, certes, mais si tant est que l'écrivain les apprivoise avec art, ne leur donne-t-il pas un supplément de fonction qui appelle à davantage de curiosité encore ? Aussi ne nous emploierons-nous pas seulement à établir le sens d' ἔλεος en chacun des contextes où Luc, l'auteur du troisième évangile et des Actes des Apôtres, en fait usage. Mais nous tenterons encore de savoir si celui-ci a cherché à faire ressortir à l'aide de ce vocabulaire quelques aspects singuliers de son projet d'écriture, ce qui ne saurait vraiment étonner vu l'application avec laquelle l'œuvre à Théophile a été composée.

ABSTRACT

Words have a history. But when an author is able to domesticate them, may we not suspect he lends them a new layer of meaning which merits our curiosity even more? We will therefore not simply attempt to determine the meaning of the word ἔλεος in each of the contexts where Luke, the author of the third gospel and the Book of Acts, employs it, but we will try to define whether, through the use of this vocabulary, he has sought to profile certain aspects of his writing. If he has, this will hardly amaze us, since we know his zeal with which the work to Theophilus has been composed.

I. *Introduction*

Enquêter sur les emplois lucaniens d' ἔλεος implique bien entendu que l'on cherche à préciser avant tout l'acception de ce substantif en chacun des passages où il apparaît dans l'œuvre à Théophile.[1] Mais suffit-il d'arrêter le sens d' ἔλεος dans les différents contextes où ce nom est employé pour rendre pleinement compte de son utilisation en Luc-Actes ? Nous ne saurions l'admettre sans nous être demandé au préalable si Luc ne s'est pas servi de ce vocabulaire particulier pour baliser encore ne serait-ce qu'un très court tronçon

---

[1] Des mots de la famille d' ἔλεος, Luc emploie encore le verbe ἐλεέω à l'impératif aoriste (Lc 16:24 ; 17:13 ; Lc 18:38.39) et le substantif ἐλεημοσύνη (Lc 11:41 ; 12:33 ; Ac 3:2.3.10 ; 9:36 ; 10:2.4.31 ; 24:17). Notons aussi la double occurrence de l'adjectif οἰκτίρμων en Lc 6:36.

du parcours de lecture auquel invite sa narration. Or, à cet égard,
la seule répartition des six occurrences d' ἔλεος n'est pas sans interroger déjà. Il se trouve en effet que les cinq premiers emplois de ce
substantif sont regroupés au premier chapitre du troisième évangile
où tous définissent un attribut de Dieu (Lc 1:50.54b.58a.72a.78a),
alors que le dernier qualifie en Lc 10:37a l'attitude exemplaire du
Samaritain de la parabole. Est-il seulement fortuit de retrouver une
concentration de ce nom dans le "commencement narratif" de l'œuvre
à Théophile dont le style a été délibérément calqué sur celui de la
Septante ?[2] Un lien doit-il être supposé entre cette qualité reconnue
à Dieu et le comportement modèle du Samaritain ? Avant d'aborder ces questions qui touchent plus proprement à la stratégie ayant
décidé des différents emplois d' ἔλεος en Luc-Actes, attachons-nous
en premier lieu à établir le sens contextuel de chacune des occurrences de ce nom.

II. *Le sens d' ἔλεος en ses différents contextes*

Les six emplois lucaniens d' ἔλεος ont en commun d'apparaître dans
un commentaire interprétant soit l'initiative de Dieu à l'origine des
naissances de Jean (Lc 1:58a) et de Jésus (Lc 1:50.54b.72a.78a), soit
la réaction du Samaritain à la vue de l'homme gisant à moitié mort
sur le chemin (Lc 10:37a). Que quatre de ces termes figurent dans
un hymne (Lc 1:50.54b.72a.78a) ne surprend guère vu le nombre
élevé des occurrences d' ἔλεος dans les Psaumes, ces textes particulièrement appréciés du lecteur de la Bible grecque qu'était Luc.[3]
En raison toutefois du profond enracinement dans la culture hellénistique dont celui-ci fait également montre,[4] le champ des significations possibles d' ἔλεος dans son œuvre sera donc très logiquement
étendu à l'ensemble des acceptions que ce terme grec recouvre à la

---

[2] L'imitation du grec de la Septante en Lc 1–2 a souvent été analysée ; cf.
F. O'Fearghail : "The Imitation of the Septuaguint in Luke's Infancy Narratives," *Pro-
ceedings of the Irish Biblical Association* 12 (1989) : 58–78 ; W. Radl, *Der Ursprung Jesu. Tra-
ditionsgeschichtliche Untersuchungen zu Lukas 1–2* (HBS 7 ; Freiburg : Herder, 1996), 29–32.

[3] Bible Windows compte 124 occurrences d' ἔλεος dans les Psaumes. F. Bovon,
Luc le théologien (MdB 5 ; Genève : Labor et Fides, 2ᵉᵐᵉ édit. 1988), 109, pointe en
particulier "[l]a prédilection de Luc pour les petits prophètes, Ésaïe et les Psaumes".

[4] La maîtrise de la *koinè* et la familiarité de l'auteur de l'œuvre à Théophile avec
la Septante ont été rappelées *in* D. Marguerat (ed.), *Introduction au Nouveau Testament. Son histoire, son écriture, sa théologie* (MdB 41 ; Genève : Labor et Fides, 2000), 95–96.

fois dans la *koinè* et la Septante.[5] Aussi nous faudra-t-il porter une attention prioritaire aux indices interprétatifs fournis par le contexte pour décider à chaque fois du sens d' ἔλεος qu'il y convient de privilégier.[6]

A. *La fidélité intrinsèque de Dieu à l'égard des justes (Lc 1:58a)*

Le bref épisode consacré à la naissance du Baptiste (Lc 1:57–58) rapporte l'événement annoncé précédemment avec grande solennité (Lc 1:5–25) en deux mots : [Ἐλισάβετ] ἐγέννησεν υἱόν (v. 57b). Le fait est situé fort logiquement au terme de la grossesse d'Élisabeth (v. 57a)[7] avant d'être interprété rétrospectivement par la proposition théocentrique ἐμεγάλυνεν κύριος τὸ ἔλεος αὐτοῦ μετ' αὐτῆς (v. 58a) mettant en jeu l'initiateur de cette venue au monde inespérée et sa bénéficiaire immédiate.[8] Une réaction des voisins et de la parenté (v. 58b) conclut laconiquement cette scène.

La tournure μεγάλυνω τὸ ἔλεος μετά ici employée par Luc est insolite. Elle n'est en effet attestée ni dans la Septante,[9] ni ailleurs dans

---

[5] Dans la Septante, ἔλεος traduit très majoritairement חֶסֶד et plus occasionnellement חֵן, חֲנִינָה, תְּחִנָּה, חָנַן, תַּחֲנוּן, מֵעַי, יֵשַׁע, צְדָקָה, רַחַם, רָצוֹן. H.-J. Zobel, art. חֶסֶד, *Theologisches Wörterbuch zum Alten Testament* vol. III, 49, relève que חֶסֶד a aussi été rendu par ἐλεημοσύνη (6), ἐλεήμος (2), δικαιοσύνη (8), χάρις (2), δίκαιος (1), δόξα (1), ἐλπίς (1), τάξις (1), τὰ ὅσια (1), οἰκτιρμός (1), ἀντιλήμπτωρ (1). Pour les acceptions possibles d' ἔλεος dans la langue grecque et dans la Septante, nous renvoyons aux contributions de Laurent Pernot et Jan Joosten dans ce même ouvrage ; voir aussi R. Bultmann, art. ἔλεος, *Theologisches Wörterbuch zum Neuen Testament* vol. II, 474–478 ; C. Spicq, *Lexique théologique du Nouveau Testament* (Fribourg : Editions Universitaires, 1991), 488–493.

[6] É. Delebecque, *Évangile de Luc* (Paris : Les Belles Lettres, 1976) traduit ἔλεος en Lc 1:50.54b.58a.72a ; 10:37a par "miséricorde" et l'expression σπλάγχνα ἐλέους en Lc 1:78a par "entrailles miséricordieuses". Sœur Jeanne d'Arc, *Évangile selon Luc. Présentation du texte grec, traduction et notes*, (Paris : Desclée de Brouwer, 1986) et *La Bible. Nouveau Testament* (Paris : Gallimard, 1971) rendent systématiquement ἔλεος en Lc 1:50.54b.58a.72a.78a ; 10:37a par "miséricorde" alors que le *Nouveau Testament. Traduction œcuménique* (Paris : Cerf, 1989), traduit invariablement ce terme en ces mêmes passages par "bonté".

[7] La chronologie relative est posée en Lc 1:24.26.39.56. On peut considérer avec J.A. Fitzmyer, *The Gospel according to Luke I, 1–9* (AB 28 ; Garden City : Doubleday, 1981), 373, que le v. 57a suggère prioritairement l'accomplissement du temps de Dieu.

[8] En Lc 1:25 déjà, par la position emphatique du pronom personnel μοι surtout, l'action de Dieu est rapportée à la personne d'Élisabeth. Mais le lecteur sait que la naissance de Jean s'inscrit dans le projet plus large de Dieu pour Israël ; cf. Lc 1:14–17.

[9] Relevons toutefois LXX Gn 19:19 : ἐπειδὴ εὗρεν ὁ παῖς σου ἔλεος ἐναντίον σου καὶ ἐμεγάλυνας τὴν δικαιοσύνην σου, ὃ ποιεῖς ἐπ' ἐμέ ; 2 R 22:51 (cf. Ps 17:51) : μεγαλύνων σωτηρίας βασιλέως αὐτοῦ καὶ ποιῶν ἔλεος τῷ χριστῷ αὐτοῦ ; Ps 16:7a : θαυμάστωσον τὰ ἐλέη σου ; Ps 56:11 : ὅτι ἐμεγαλύνθη ἕως τῶν οὐρανῶν

le Nouveau Testament. Le choix du verbe μεγαλύνω,[10] préféré à celui plus courant de ποιέω,[11] est vraisemblablement à expliquer par l'intention d'accentuer la grandeur de l'agir divin grâce auquel une femme stérile et avancée en âge a pu concevoir. Mais l'indice déterminant pour arrêter le sens d' ἔλεος dans cette expression est sans conteste le paradoxe, du point de vue vétérotestamentaire, ainsi posé précédemment aux v. 6–7a : ἦσαν δὲ δίκαιοι ἀμφότεροι ἐναντίον τοῦ θεοῦ, πορευόμενοι ἐν πάσαις ταῖς ἐντολαῖς καὶ δικαιώμασιν τοῦ κυρίου ἄμεμπτοι *vs* καὶ οὐκ ἦν αὐτοῖς τέκνον.[12] Aussi ce commentaire explicite inséré fort habilement par le narrateur dans l'histoire racontée définit-il l'intervention de Dieu au bénéfice d'Élisabeth comme la réalisation éclatante d'un engagement attendu envers un couple de justes, ce qui est encore dramatisé par la présentation de la naissance de Jean en Lc 1:13c.d comme l'exaucement d'une demande de Zacharie.[13]

C'est donc prioritairement l'aspect de "fidélité", un des sens possibles du substantif ἔλεος,[14] qui prédomine très nettement en Lc 1:58a ; les nuances de "bonté", de "grâce" ou de "miséricorde", sans être absentes, étant certainement secondes.[15]

Et l'on ajoutera que cette fidélité de Dieu, ici mise en avant, est caractérisée plus spécifiquement encore par son caractère fortement démonstratif.

τὸ ἔλεός σου καὶ ἕως τῶν νεφελῶν ἡ ἀλήθειά σου ; Ps 125:3 : ἐμεγάλυνεν κύριος τοῦ ποιῆσαι μεθ᾽ ἡμῶν ; Ps 137:2 : ἐξομολογήσομαι τῷ ὀνόματί σου ἐπὶ τῷ ἐλέει σου καὶ τῇ ἀληθείᾳ σου ὅτι ἐμεγάλυνας ἐπὶ πᾶν ὄνομα τὸ λόγιόν σου.

[10] Luc emploie encore ce verbe en Lc 1:46 ; Ac 5:13 ; 10:46 ; 19:17 au sens figuré de "magnifier, exalter, faire l'éloge de" ; cf. W. Bauer, *Wörterbuch zum Neuen Testament* (Berlin : Walter de Gruyter, 6ᵉ éd. 1988), 1007.

[11] La tournure ποιέω ἔλεος μετά se repère fréquemment dans la Septante : Gn 24:12 ; Jg 1:24 ; 8:35 ; Rt 1:8 ; 1 R 15:6 ; 20:8.14 ; 2 R 2:6 ; 3:8 ; 9:1.3.7 ; 10:2 ; 15:20 ; 3 R 3:6 ; 1 Ch 19:2 ; 2 Ch 1:8 ; Ps 108:21.

[12] La conjonction καί est ici fortement adversative ; cf. J. Nolland, *Luke I, 1–9:20* (WBC 35a ; Dallas : Word Books, 1989), 27 : "[. . .] barrenness was not normally the fate of the righteous".

[13] Il est inutile de s'interroger sur le contenu de cette prière dont la mention à cet endroit a pour unique fonction de situer la naissance de Jean dans la dynamique d'une réponse à une demande.

[14] R. Bultmann (cf. note 5), 480, relève : "Gottes ἔλεος ist oft im ursprünglich at.lichen Sinne seine *Treue*, die als Gottes Treue natürlich gnädige Treue ist" ; cf. aussi F. Staudinger, art. ἔλεος, *Exegetisches Wörterbuch zum Neuen Testament* vol. 1, 1049.

[15] Contre R. Bultmann (cf note 5), 480 : "Wie der Sinn *Gnade* überwiegen kann, zeigt Lk 1,58".

B. *La miséricorde et la fidélité du Dieu sauveur (Lc 1:50.54b)*

Invitant à une première pause dans la narration, le *Magnificat* (Lc 1:46b–55) présente de prime abord des caractéristiques proches de celles du centon.[16] Mais on ne saurait toutefois le tenir uniquement pour un florilège de formulations bibliques.[17] Ce cantique, même s'il emprunte très largement au vocabulaire et au style des Écritures,[18] porte en lui les marques d'un travail de composition.[19] Tissés en un texte nouveau lui-même intégré dans le récit lucanien, les mots et expressions se voient de ce fait même investis d'un sens contextuel, leur acception voulant très certainement être déterminée en dernier lieu par la dynamique interne à l'hymne et son lien avec l'histoire narrée.[20]

Concernant la première des deux occurrences d' ἔλεος en ce cantique, un rapprochement s'impose, du point de vue formel, entre Lc 1:50 : τὸ ἔλεος αὐτοῦ εἰς γενεὰς καὶ γενεὰς τοῖς φοβουμένοις αὐτόν et Lxx Ps 102:17 : τὸ [. . .] ἔλεος τοῦ κυρίου ἀπο τοῦ αἰῶνος καὶ ἕως τοῦ αἰῶνος ἐπὶ τοὺς φοβουμένους αὐτόν. Il apparaît ainsi que l'idée de la pérennité de l' ἔλεος de Dieu, comme le confirme par ailleurs la forte récurrence de la formule (ὅτι) εἰς τὸν αἰῶνα (τὸ) ἔλεος (αὐτοῦ) dans la Septante,[21] était profondément enracinée dans la piété biblique. Par le rappel de ce thème vétérotestamentaire récurrent, Luc entendait donc inscrire le faire puissant (v. 49a) du Dieu sauveur (v. 47) en faveur de Marie dans la permanence d'une logique commandée par

---

[16] D. Schinkel, "Das Magnifikat Lk 1,46–55—ein Hymnus in Harlekinsjacke ?," *Zeitschrift für die neutestamentliche Wissenschaft* 90 (1999) : 273, résume ainsi sa perspective : "Dieser Aufsatz will versuchen zu zeigen, dass das seit Aristophanes bekannte Stilmittel 'Cento' die Kompositionsfigur des Magnifikats erklären und die besondere sprachlich-formale Gestaltung des Textes durch Lukas aufzeigen kann".

[17] Cf. N. Lohfink, *Lobgesänge der Armen. Studien zum Magnifikat, den Hodajot von Qumran und einigen späten Psalmen* (SBS 143 ; Stuttgart : Katholisches Bibelwerk, 1990), 19 : "[. . .] das Magnifikat [ist] eine sogenannte 'anthologische' Dichtung".

[18] Pour l'arrière-plan des formulations du *Magnificat*, cf. D. Jones, "The Background and Character of the Lukan Psalms," *Journal of Theological Studies* 19 (1968) : 20–28 ; R.E. Brown, *The Birth of the Messiah : A Commentary on the Infancy Narratives in the Gospels of Matthew and Luke* (2d ed. ; New York : Doubleday, 1993), 358–360 ; U. Mittmann-Richert, *Magnifikat und Benediktus. Die ältesten Zeugnisse der judenchristlichen Tradition von der Geburt des Messias* (WUNT-2.90 ; Tübingen : Mohr, 1996), 8–21.

[19] Pour la structure du *Magnificat*, cf. U. Mittmann-Richert, *ibid.*, 162–170.

[20] L'accrochage entre le *Magnificat* et l'annonce faite précédemment à Marie est marqué par la reprise de δούλη (v. 38.48a) et du thème de la puissance (v. 37 : ἀδυνατήσει / v. 49a : ὁ δυνατός).

[21] Cf. 1 Ch 16:34.41 ; 2 Ch 5:13 ; 7:3.6 ; 20:21 ; 2 Esd 3:11 ; Ps 88:3.29 ; 99:5 ; 105:1 ; 106:1 ; 117:1.2.3.4.29 ; 135 (ce refrain est repris 28 fois) ; Jr 40:11 ; Dn 3:89.90 ; 1 M 4:24.

l' ἔλεος. Mais non sans avoir laissé implicitement comprendre au lecteur que le regard porté par Dieu sur celle qui déclare être sa servante (v. 48a)[22] n'était commandé par aucun engagement de sa part, ce qui n'est sûrement pas sans importance pour l'interprétation d' ἔλεος en Lc 1:50.[23]

Le lien ainsi établi entre l'initiative divine à l'origine de la grossesse de Marie et l' ἔλεος qui caractérise Dieu à travers les âges n'est cependant pas directement explicité en cet endroit du *Magnificat*. Ce n'est que plus loin, aux v. 54b.55 où ce même motif est une nouvelle fois repris,[24] que les conséquences anticipées[25] de ce choix divin sont présentées comme l'accomplissement d'une promesse antérieure faite à Abraham et à sa descendance,[26] le pluriel τοῖς φοβουμένοις employé au v. 50 étant décodé au v. 54a par le nom générique d'Israël.[27]

La notion d' ἔλεος en tant qu'objet de la mémoire de Dieu telle qu'elle apparaît au v. 54b est, elle aussi, relativement bien attestée dans l'Ancien Testament, les mots μνησθῆναι ἐλέους [. . .] τῷ Ἀβραάμ faisant écho en particulier à Lxx Ps 97:3 : ἐμνήσθη τοῦ ἐλέους αὐτοῦ

---

[22] Le verbe ἐπιβλέπω n'est utilisé qu'à trois reprises dans le N.T. En Jc 2:3, il est connoté négativement et évoque la partialité ou la discrimination. Luc l'emploie en 9:38 (diff. Mc 9:17 et Mt 17:15) pour désigner ce regard qui doit décider Jésus à guérir l'enfant possédé. Dans le *Magnificat*, ce verbe renforce l'idée du libre choix de Dieu déjà exprimée par l'expression εὗρες χάριν παρὰ τῷ θεῷ en Lc 1:30b.

[23] Autant la présentation de Zacharie et d'Élisabeth en Lc 1:5–7.13 appelait une réaction de Dieu, autant celle de Marie en Lc 1:26–27 souligne la souveraine liberté de Dieu dans le choix qui s'est porté sur elle. On sera en conséquence peu enclin à privilégier le sens de "fidélité" pour ἔλεος en Lc 1:50.

[24] Il est à remarquer que les deux emplois d' ἔλεος dans le *Magnificat* figurent stratégiquement en fin de première (v. 47–50) et de seconde (v. 51–54) strophes. J. Dupont, "Le Magnificat comme discours sur Dieu," *Nouvelle Revue Théologique* 102 (1980) : 327–328, relève fort à propos : "L'identité de construction [entre les v. 49b.50] invite à considérer ces deux propositions comme parallèles ; mais elles ne le sont évidemment pas par leur longueur [. . .]. Une disproportion de ce genre constitue un signal [. . .] : la longueur de la dernière proposition provoque une pause et s'entend comme un allongement final ; la brièveté de la proposition précédente a pour effet de souligner l'allongement qu'elle prépare. [. . .] La construction change [. . .] avec la proposition infinitive du v. 54b [. . .]. Le plus frappant est la brièveté [. . .]. Il faut évidemment la mettre en rapport avec la longueur démesurée de la proposition qu'énonce le v. 55 [. . .]. Il est clair ici que l'allongement de la phrase [. . .] signale une finale".

[25] La deuxième strophe du *Magnificat* conclut du particulier au général et célèbre donc par avance l'attention privilégiée de Dieu pour les petits.

[26] Cette complémentarité de sens entre les v. 49b.50 et 54b.55 a été relevée par R.C. Tannehill, "The Magnificat as Poem," *Journal of Biblical Literature* 93 (1974) : 274.

[27] Avec raison, U. Mittmann-Richert, *Magnifikat und Benediktus* (cf. note 18), 13, note à propos du v. 50 : "Mit dem Hinweis auf die Gottesfürchtigen ist nun schon Israel im Blick, dessen Erlösung und Heil das Thema der folgenden Zeilen ist".

τῷ Ἰακωβ.[28] Sans doute faut-il comprendre que cette tournure infinitive exprime en Lc 1:54b non pas le but,[29] mais le motif de l'aide apportée par Dieu à Israël, ou du moins sa modalité.[30] Toujours est-il que ce secours évoqué globalement au v. 54a—ἀντελάβετο Ἰσραὴλ παιδὸς αὐτοῦ—au terme de plusieurs illustrations antithétiques de la force agissante de Dieu en faveur des humbles (v. 51–53) est à nouveau étroitement mis en lien avec son ἔλεος, nom dont le sens se laisse vraisemblablement préciser ici par le lien posé entre μνησθῆναι ἐλέους (v. 54b) et καθὼς ἐλάλησεν (v. 55a).[31]

Que conclure ? Si les aspects de permanence (v. 50) et de mémoire (v. 54b) attachés à la notion d' ἔλεος ne sont en soi pas originaux, on notera cependant qu'en mettant cet attribut de Dieu en exergue, le *Magnificat* insiste plus particulièrement sur sa connotation sotério-logique[32] et son caractère actif et concret.[33] Mais il semble toutefois recommandé de ne pas donner le même sens aux deux occurrences d' ἔλεος en ce cantique. Sans doute convient-il de rendre ce terme par "miséricorde", "bienveillance" ou "bonté" au v. 50, en raison surtout de l'absence dans le contexte de Lc 1–2 de tout impératif ou de toute conjoncture extérieure ayant déterminé précisément le choix de Marie. Par contre, nous proposerons l'acception dominante de "fidélité" pour ἔλεος au v. 54b, sous réserve de l'effective conjonction des thèmes de la mémoire et de la promesse faite aux pères en cette finale du *Magnificat*.[34]

C. *La fidélité loyale (Lc 1:72a) et l'amour miséricordieux de Dieu (Lc 1:78a)*

Tout comme le *Magnificat*, le *Benedictus* (Lc 1:68–79) marque une nou-velle pause interprétative dans la progression du récit lucanien. Ce

---

[28] Relevons également Lxx Ps 24:6–7 (μνήσθητι [. . .] κύριε [. . .] τὰ ἐλέη σου [. . .] κατὰ τὸ ἔλεός σου μνήσθητί μου σύ) ; PsSal 10:4 (μνησθήσεται κύριος τῶν δούλων αὐτοῦ ἐν ἐλέει) ; Ha 3:2 (κύριε [. . .] ἐλέους μνησθήσῃ). Pour la mémoire humaine de l' ἔλεος de Dieu, cf. Lxx Ps 105:7 ; Si 51:8 ; Es 63:7.

[29] Pour le sens final de l'infinitif, J.A. Fitzmyer, *Luke I, 1–9* (cf. note 7), 368.

[30] En ce sens, J. Dupont, "Le Magnificat" (cf. note 24), 340 ; I.H. Marshall, *The Gospel of Luke*, (NIGTC ; Exeter : Paternoster, 1978), 85 ; R.E. Brown, *The Birth* (cf. note 18), 338 ; J. Nolland, *Luke I, 1–9,20* (cf. note 12), 73.

[31] Vu la syntaxe relativement lâche de la fin de l'hymne, il est cependant possi-ble de rattacher le v. 55 directement au v. 54a. La nécessité de faire précéder une phrase finale longue par une proposition plus courte a peut-être décidé de l'inser-tion du v. 54b entre les v. 54a et 55.

[32] À noter le titre de σωτήρ donné à Dieu au v. 47.

[33] Dieu est sujet des verbes d'action aux v. 48a.49a.51a.51b.52a.52b.53a.53b.54a.

[34] Le verbe λαλέω est à rendre au v. 55 par "promettre".

cantique relativement ordonné emprunte lui aussi abondamment, du point de vue de l'expression, au style vétérotestamentaire[35] et fait de même usage à deux reprises du substantif ἔλεος. Il ne semble toutefois pas indiqué de traiter les deux occurrences simultanément, l'une et l'autre revêtant en effet un sens spécifique.

Si l'expression ποιέω (τὸ) ἔλεος μετά, qui apparaît en Lc 1:72a est courante dans la Septante,[36] c'est plus particulièrement son lien avec les concepts d'alliance (v. 72b) et de serment (v. 73a) qui mérite ici attention.[37] De fait, certains des thèmes concentrés dans cette petite unité en surcharge que forment les v. 72.73a[38] se trouvent déjà réunis en divers passages de la Bible grecque.[39] Plus inattendus, dans le contexte actuel de l'hymne, sont les mots μετὰ τῶν πατέρων ἡμῶν (v. 72a). Mais probablement faut-il comprendre que les pères sont ici nommés à la place d'un "nous" collectif pour insister avec davantage de force encore sur le fait que l'initiative sotériologique prise par Dieu et évoquée précédemment aux v. 68b.69[40] s'inscrit dans la perspective d'une promesse passée. Ainsi est-ce certainement l'idée de "fidélité", voire de "loyauté" qui prédomine dans l'emploi du terme ἔλεος au v. 72a. Sans doute convient-il de considérer que l'expression ποιῆσαι ἔλεος μετὰ τῶν πατέρων ἡμῶν veut interpréter le surgissement de la "corne de salut" (v. 69a), à savoir en ce contexte la venue au monde de Jésus, comme la preuve tangible de la fidélité loyale de Dieu, l'initiateur de l'alliance conclue avec Abraham, envers les descendants des pères.

Si l'aspect juridico-relationnel du substantif ἔλεος est manifeste au v. 72a, ce même terme est employé dans un tout autre registre au

---

[35] Pour l'arrière-plan des formules du *Benedictus*, cf. D. Jones, "Background" (cf. note 18), 28–40 ; R.E. Brown, *The Birth* (cf. note 18), 386–389. Pour la composition de cet hymne, cf. U. Mittmann-Richert, *Magnifikat und Benediktus* (cf. note 18), 170–181.

[36] Cf. *supra*, n. 11 ; J.A. Fitzmyer, *Luke I, 1–9* (cf. note 7), 115, compte cette expression au nombre des septantismes relevables dans la langue de Luc.

[37] On ne compte que 4 occurrences de διαθήκη en Luc-Actes. Le terme se rapporte à l'alliance conclue avec les pères en Lc 1:72 ; Ac 3:25 ; 7:8. En Lc 22:20, il explicite le sens de la coupe. Luc emploie le substantif ὅρκος encore en Ac 2:30 dans la formulation εἰδὼς ὅτι ὅρκῳ ὤμοσεν αὐτῷ ὁ θεός. Pour la question du lien entre חֶסֶד et בְּרִית, cf. H.-J. Zobel (cf. note 5), 66–69.

[38] Il est logique, du point de vue du sens, de tenir les v. 72.73a pour un bloc thématique, malgré le problème posé par l'accusatif ὅρκον, et donc de rattacher le v. 73b (τοῦ δοῦναι ἡμῖν) au v. 71.

[39] Cf. Lxx Dt 7:12 ; Ps 104:8–9 ; 105:45 ; Mi 7:20 ; Jr 11:5. Pour le couple de mots διαθήκη-ἔλεος, cf. aussi Lxx Dt 7:9 ; 3 R 8:23 ; 2 Ch 6:14 ; 2 Esd 11:5 ; 19:32 ; Ps 88:29 ; Es 54:10 ; Dn 9:4.

[40] Ces versets interprètent l'annonce de la naissance de Jésus révélée en Lc 1:26–38.

v. 78a. Raccordée plutôt lâchement à ce qui précède, la proposition διὰ σπλάγχνα ἐλέους θεοῦ ἡμῶν apporte un motif supplémentaire à l'avènement de la figure messianique, désignée métaphoriquement au v. 78b par l'expression ἀνατολὴ ἐξ ὕψους que le contexte actuel demande évidemment d'appliquer à Jésus.[41] Les mots σπλάγχνα ἐλέους ne sont pas attestés dans la Septante, mais ils sont repérables en Test Zab 7:3 et 8:2[42] où ils désignent cependant une attitude humaine.[43] En tant que génitif de qualité, ἐλέους veut de fait expliciter, tout en l'accentuant, le type de sentiment dont le pluriel σπλάγχνα[44] indique non seulement le siège, mais encore la teneur. Aussi convient-il sans doute de rendre ici ἔλεος par "bonté", "miséricorde" ou "tendresse", sa traduction par "amour" étant également possible.

C'est dire combien Luc entendait que l'initiative sotériologique de Dieu célébrée par le *Benedictus* soit comprise, non seulement comme la manifestation d'une fidélité légale, mais encore comme l'expression d'une profonde émotion.

D. *La pitié du Samaritain à la vue d'un voyageur roué de coups (Lc 10:37a)*

Dans la réponse du scribe à la question de Jésus en Lc 10:37a, la circonlocution ὁ ποιήσας τὸ ἔλεος μετ' αὐτοῦ désigne certes le Samaritain de la parabole racontée aux v. 30–35. Mais elle caractérise

---

[41] Pour l'analyse de cette expression, cf. W. Radl, *Der Ursprung Jesu* (cf. note 2), 120–123.

[42] Ces deux passages ne sont pas attestés par tous les manuscrits.

[43] Test Zab 7:3 : συμπάσχετε αὐτῷ ἐν σπλάγχνοις ἐλέους ; Test Zab 8:2 : ὁ θεὸς ἀποστέλλει τὰ σπλάγχνα αὐτοῦ ἐπὶ τῆς γῆς, καὶ ὅπου εὕρῃ σπλάγχνα ἐλέους, ἐν αὐτῷ κατοικεῖ. H. Köster, *Theologisches Wörterbuch zum Neuen Testament* vol. 7, 552, signale les constructions הַסְדֵי רַחֲמִים (1QS 1:22) et רַחֲמֵי חֶסֶד (1QS 2:1). Et de conclure : "Diese nicht durch die Septuaginta, sondern erst im späteren jüdischen Schrifttum eingeführte Wiedergabe von רַחֲמִים durch σπλάγχνα unter spezieller Beibehaltung der eschatologischen Momente dieses hebräischen Wortes [...] ist ohne Zweifel die unmittelbare Voraussetzung des neutestamentlichen Sprachgebrauchs". À noter l'expression σπλάγχνα οἰκτιρμοῦ en Col 3:12.

[44] Deux des 11 occurrences de σπλάγχνον dans le N.T. apparaissent dans l'œuvre de Luc. En Ac 1:18, le pluriel désigne les entrailles au sens physiologique du terme. Si σπλάγχνα, au sens figuré, indiquait le lieu des sentiments dans la littérature grecque classique, le terme ne semble pas avoir été utilisé pour désigner celui plus spécifique de "miséricorde". N'apparaissant presque exclusivement que dans les parties les plus tardives de la Lxx, il y désigne occasionnellement le siège des sentiments, Pr 12:10 notant : τὰ [...] σπλάγχνα τῶν ἀσεβῶν ἀνελεήμονα. C'est dans les Testaments des douze patriarches que ce substantif désignera en particulier le lieu même de la miséricorde (Test Zab 5:3 : ἔχετε οὖν ἔλεος ἐν σπλάγχνοις ὑμῶν ; Test Zab 5:4 : οὐκ ἐποίησαν ἔλεος ἐν σπλάγχνοις αὐτῶν) ; cf. H. Köster (cf. note 43), 548–559 ; C. Spicq, *Lexique théologique* (cf. note 5), 1409–1412.

surtout l'attitude de ce personnage exemplaire à la vue de l'homme
à demi-mort. Rapportée aux v. 33b-35, cette réaction est décom-
posée en deux temps : une émotion intérieure tout d'abord, exprimée
succinctement au v. 33b par l'aoriste ἐσπλαγχνίσθη,[45] sitôt suivie d'une
série d'actions concrètes, énumérées aux v. 34–35. En ce contexte
donc, le sens attribué au substantif ἔλεος est précisé à la fois par un
verbe exprimant un sentiment profond et par une initiative concrète.
En fait, l'attitude du Samaritain semble assez bien répondre à la
définition qu'Aristote propose de l' ἔλεος en *Rhét.* II, 8, 1385*b* 13–18 :
"Admettons donc que la pitié est une peine consécutive au spectacle d'un mal destructif ou pénible, frappant qui ne le méritait pas,
et que l'on peut s'attendre à souffrir soi-même dans sa personne ou
la personne d'un des siens, et cela quand ce mal paraît proche ; car
pour ressentir la pitié, il faut évidemment qu'on se puisse croire
exposé, en sa personne ou celle d'un des siens, à éprouver quelque
mal, et un mal [. . .] pareil, ou à peu près semblable".[46] Aussi
n'hésiterons-nous guère à rendre ἔλεος ici par son sens grec de "pitié",
ce terme alliant pour Luc à la fois un sentiment de compassion et
sa traduction concrète sous forme d'une relation d'aide.

Était-ce pour donner une valeur générique à ἔλεος que Luc a précisément employé en cette tournure l'article défini ? Nous sommes
enclin à le penser, ne serait-ce qu'en raison de l'impératif qui lui
fait suite : πορεύου καὶ σὺ ποίει ὁμοίως (Lc 10:37b).

III. Ἔλεος *dans le contexte large de Luc-Actes*

Après avoir essayé de préciser le sens spécifique d' ἔλεος en chacun
des contextes où il en est fait usage dans le troisième évangile, inter-
rogeons-nous quant à d'éventuels effets créés à l'aide de ce vocable.
Luc l'a-t-il retenu et distribué de la sorte dans une intention particulière ? Plusieurs indices semblent le confirmer.

---

[45] Luc n'emploie qu'à trois reprises le verbe σπλαγχνίζομαι (Lc 7:13 ; 10:33 ;
15:20) dont on compte 9 autres occurrences pour le N.T. Ce verbe n'apparaît que
deux fois dans la Septante, en Pr 17:5 (selon le codex A) pour exprimer la compassion et en 2 M 6:8 au sens de prendre part au repas rituel païen ; cf. F. Bovon,
L'évangile selon Saint Luc I, 1–9 (CNT IIIa ; Genève : Labor et Fides, 1991), 354,
n. 44 ; C. Spicq, *Lexique théologique* (cf. note 5), 1411, propose de traduire le passif
ἐσπλαγχνίσθη par "il ressentit une viscérale compassion".

[46] Aristote, *Rhétorique*, tome 2, livre II. Texte établi et traduit par Médéric Dufour
(Paris : Les Belles Lettres, 1967).

A. À propos de l'attribut divin

Y a-t-il lieu de s'arrêter au simple fait que, sur cinq occurrences d' ἔλεος en Lc 1, quatre figurent dans un passage concernant exclusivement ou prioritairement la venue au monde de Jésus (v. 50.54b.72a.78a)[47] alors qu'une seule est en lien avec la naissance de Jean (v. 58) ? Trois observations surtout laissent à penser que ce déséquilibre statistique est plus significatif qu'il n'y paraît de prime abord. Remarquons en premier lieu que le rapprochement calculé entre Lc 1:5–25 et les circonstances de la venue au monde d'Isaac[48] accentue certes la volonté de donner à la naissance du Baptiste ce caractère de grandeur fort bien rendu en Lc 1:58a par la phrase ἐμεγάλυνεν κύριος τὸ ἔλεος αὐτοῦ μετ' αὐτῆς. Mais il ne saurait toutefois échapper de la comparaison en particulier avec Lc 1:72a— ποιῆσαι ἔλεος μετὰ τῶν πατέρων ἡμῶν—que la perspective induite par les mots μετ' αὐτῆς (v. 58a) est nettement plus étroite que celle à laquelle ouvre l'expression μετὰ τῶν πατέρων ἡμῶν (v. 72a). N'est-ce pas là une manière subtile de souligner la différence d'importance des avènements de Jean et de Jésus dans le dessein divin ? Or, à cet égard, il n'est sans doute pas fortuit que les quatre occurrences d' ἔλεος utilisées à propos de la venue de Jésus apparaissent toutes, non pas dans un épisode narratif, mais précisément en tant que mots clés dans les deux hymnes les plus développés du commencement introductif à l'œuvre à Théophile.[49] En les mettant ainsi en exergue, Luc ne suggérait-il pas à nouveau la prééminence de celui qui sera présenté par l'ange comme étant le Sauveur, le Christ et le Seigneur (Lc 2:11) sur celui qui sera appelé le prophète du Très Haut (Lc 1:76a) ? Enfin, on ne saurait encore sous-estimer la connotation sotériologique donnée aux quatre emplois d' ἔλεος dans le *Magnificat* et le *Benedictus*, soit par le titre de σωτήρ attribué à Dieu en Lc 1:47, soit par l'accumulation des termes relevant du champ sémantique du salut : ἐπισκέπτομαι (Lc 1:68b.78b), λύτρωσις (Lc 1:68b), κέρας σωτηρίας

---

[47] Dans l'actuel contexte du *Benedictus*, seuls les v. 76.77 concernent le Baptiste.

[48] À ce sujet voir D. Gerber, "Luc 1,5–25 : la poursuite d'un récit qui s'achève," *Etudes théologiques et religieuses* 72 (1997) : 510–511.

[49] Pour le *Magnificat*, cf. les observations pertinentes de R.C. Tannehill, "The Magnificat" (cf. note 26), 265, et J. Dupont, "Le Magnificat" (cf. note 24), 325. Pour l'ensemble des cantiques de Lc 1–2, cf. N. Lohfink, "Die Lieder in der Kindheitsgeschichte bei Lukas," in *Nach den Anfängen fragen* (ed. C. Mayer, K. Muller, G. Schmalenberg ; Giessen : Selbstverlag Evangelische. und Katholische. Theologie und deren Didaktik, 1994), 383–404.

(Lc 1:69a), σωτηρία (Lc 1:71), ῥύομαι (Lc 1:74), εἰρήνη (Lc 1:79). N'est-ce pas là une autre manière de distinguer encore entre le sens dernier des venues au monde de Jean et de Jésus ? Aussi semble-t-il possible d'avancer que les emplois lucaniens d' ἔλεος au premier chapitre du troisième évangile traduisent à leur échelle cette intention révélée plus fondamentalement par le procédé rhétorique de la *syncrisis* mis en œuvre en Lc 1–2, à savoir appuyer le rôle décisif qu'occupe l'avènement de Jésus dans le projet sotériologique de Dieu. À leur manière, les cinq premières occurrences d' ἔλεος contribuent donc à informer des raisons qui, selon Luc, ont poussé Dieu à agir, en posant toutefois une différence et une insistance autre déjà dans les motifs divins qui ont décidé des naissances de Jean et de Jésus.

Mais comment expliquer qu'il ne soit plus fait usage d' ἔλεος ailleurs dans l'œuvre à Théophile pour qualifier l'agir de Dieu alors même que ce substantif figure à cinq reprises dans le "commencement narratif" ? À titre d'hypothèse, nous avancerons que Luc a utilisé ce vocabulaire vétérotestamentaire récurrent comme un relais pour mieux souligner la continuité entre les interventions décisives de Dieu par le passé et le temps inauguré par le surgissement de la "corne de salut" (Lc 1:69a). Certes, on ne saurait s'autoriser de ce seul échantillon de vocabulaire pour avancer que l'imitation volontaire de la Septante dans ce tuilage avec l'Écriture que constituent les deux chapitres liminaires de Luc-Actes est plus qu'un simple exercice de style. Mais il incite néanmoins à penser que le choix de "mots anciens" est motivé aussi par l'intention délibérée de situer le départ de ce qui sera narré ultérieurement avec des "mots nouveaux" au point d'arrêt de l'Ancien Testament.[50]

B. *À propos de l'attitude d'humain à humain*

Puisqu'il est permis de supposer une insertion réfléchie des différents emplois d' ἔλεος au premier chapitre de l'évangile, il n'est que légitime de s'interroger encore sur l'importance réelle que Luc accorde à l'expression ὁ ποιήσας τὸ ἔλεος μετ' αὐτοῦ utilisée en Lc 10:37a à propos du Samaritain de la parabole. Ne l'a-t-il pas délibérément retenue pour exprimer une de ses préoccupations éthiques majeures ? N'a-t-il pas volontairement fait précéder ἔλεος de l'article défini τό pour

---

[50] Cf. D. Gerber, "Luc 1,5–25" (cf. note 48), 505–514.

souligner sa valeur programmatique ? Deux indices au moins semblent le confirmer.

On observera en effet que, si l'interrogation porte en Mc 12:28–34 par. Mt 22:35–40 sur le premier ou le plus grand des commandements, la perspective de Lc 10:25–28 est autre dans la mesure où la question initiale concerne explicitement un "faire" en vue d'hériter la vie éternelle (v. 25b.28b).[51] Et c'est bien un "faire" qui est donné en exemple dans le récit parabolique en prolongement de la question subsidiaire du spécialiste de la loi concernant la notion de prochain (v. 29b).[52] Mais comme l'indique très clairement l'impératif conclusif πορεύου καὶ σὺ ποίει ὁμοίως (v. 37b), dont aucune application directe n'est rapportée dans la narration, l'illustration narrative apportée à l'interrogation du scribe prend encore valeur de modèle à imiter pour le lecteur. En arrêtant de cette manière calculée le micro-récit de Lc 10:30–37, Luc donnait donc sans conteste à l'injonction finale une portée programmatique pour l'ensemble des destinataires de son œuvre.[53] Il élevait ainsi la pratique de l' ἔλεος à un haut rang d'importance, vu son enjeu même, l'héritage de la vie éternelle.

Mais il ne saurait également échapper au lecteur qu'une question formulée à l'identique—διδάσκαλε ἀγαθέ, τί ποιήσας ζωὴν αἰώνιον κληρονομήσω;—est à nouveau posée, cette fois par un notable, en Lc 18:18.[54] Il est frappant de constater que la réponse en deux temps

---

[51] Sans doute faut-il considérer qu'à l'intérieur de Lc 10:25–42, les v. 30–36 illustrent jusqu'où peut se manifester l'amour du prochain, alors que les v. 38–42 exemplifient la priorité pour qui aime Dieu.

[52] À noter les quatre emplois du verbe ποιέω en Lc 10:25b.28b.37a.37b. Il est difficile de dire si l'articulation entre le débat posé aux v. 25–29 et le récit parabolique a été pensée par Luc ou reprise de sa source propre ; pour cette question, cf. F. Bovon, *Luc I, 1–9,50* (cf. note 45), 84.

[53] Dans ce sens, R. von Bendemann, *Zwischen ΔΟΞΑ und ΣΤΑΥΡΟΣ. Eine exegetische Untersuchung der Texte des sogennanten Reiseberichts im Lukasevangelium* (BZNW 101 ; Berlin : de Gruyter, 2001), 149 : "Die die Episode abschliessende Ermunterung [. . .] wird erzählerisch nicht mehr umgesetzt. Hier zeigt sich, wie Lukas entsprechend seinem sonstigen durchgängigen erzählerischen procedere die Gleichniserzählung zugleich leserpragmatisch nutzt. Der Impuls kann paränetisch auf die Leser übergehen".

[54] R.C. Tannehill, *The Narrative Unity of Luke-Acts : A Literary Interpretation* (vol. 1 ; Philadelphia : Fortress, 1986), 170–171, parle à propos de Lc 10:25–37 et Lc 18:18–23 de "scènes types". Il commente, p. 171 : "Clear repetition in the opening of the scenes helps readers to note quickly the connection between scenes so that additional similarities and differences may come to mind as the scenes develop". Pour les "scènes types", cf. R. Alter, *L'art du récit biblique* (Le livre et le rouleau 4 ; Bruxelles : Lessius, 1999), 69–89.

apportée par Jésus fait également suivre une citation de l'Écriture (v. 20) d'une invitation à un "faire" consistant pratiquement cette fois à vendre les biens pour en donner le produit aux pauvres (v. 22). S'il est permis—comme y invite peut-être Lc 12:33 : πωλήσατε τὰ ὑπάρχοντα ὑμῶν καὶ δότε ἐλεημοσύνην—d'inscrire dans un registre proche le renoncement à ses possessions au profit des plus défavorisés et l'attitude compatissante du Samaritain de la parabole, n'est-ce pas là une indication supplémentaire que celle-ci participe activement à la définition lucanienne de l'existence chrétienne ?

C. *Lc 6:36 : un lien implicite entre Lc 1:50.54b.58a.72a.78a et Lc 10:37a ?*

Nous ne saurions évidemment conclure notre enquête sans nous demander encore si Luc conçoit un lien implicite entre l' ἔλεος de Dieu et l'attitude exemplaire du Samaritain. À vrai dire, il est très tentant de vouloir trouver un trait d'union entre les deux dans l'impératif rapporté en Lc 6:36 : γίνεσθε οἰκτίρμονες καθὼς καὶ ὁ πατὴρ ὑμῶν οἰκτίρμων ἐστίν.[55] Mais il apparaît cependant que l'adjectif utilisé en cet endroit est οἰκτίρμων et non point ἐλεήμων[56] qui, lui, permettrait plus immédiatement de conclure au lien entre les cinq emplois d' ἔλεος en Lc 1 et celui dont il est fait usage en Lc 10:37a. Faut-il néanmoins privilégier le sens proche d'οἰκτίρμων et d'ἐλεήμων[57] ou, au contraire, admettre une volonté délibérée de la part de Luc de ne pas procéder à une mise en relation directe de Lc 1:50.54b.58a.72a.78a avec Lc 10:37a par le choix d'οἰκτίρμων en Lc 6:36 ?[58] Il est difficile de trancher avec une entière certitude.

Au final, il s'avère donc que, malgré le petit nombre d'occurrences du substantif ἔλεος dans l'œuvre à Théophile, ce terme y joue un rôle non négligeable. S'il informe pour Luc des motifs qui ont conduit Dieu à mettre en œuvre son dessein sotériologique, il participe encore à sa définition de l'éthique chrétienne.

---

[55] Matthieu emploie lui l'adjectif τέλειος dans le parallèle de 5:48.

[56] Ce deuxième terme n'est attesté dans le N. T. qu'en Mt 5:7 et He 2:17.

[57] J.B. Green, *The Gospel of Luke* (NICNT ; Grand Rapids : Eerdmanns, 1997), 275, n. 2 : "The term used here [Lc 6:36], οἰκτίρμων, is rare, but it is a close semantic kin of ἔλεος, a keyword in the Songs of Mary and Zechariah". L'auteur renvoie à *Tg Ps-J* Lv 22:28.

[58] Ce terme veut-il respecter les sens différents donnés à ἔλεος en Lc 1:50.54b. 58a.72a.78a d'une part et Lc 10:37a d'autre part ?

En prolongeant l'enquête sur les divers sens que prend ce nom en chacun des contextes où il est employé par la recherche d'une éventuelle stratégie ayant décidé de l'insertion de ses six occurrences dans le macro-récit, nous avons pu vérifier que l'usage des mots dans un texte peut être plus qu'affaire de statistiques, de parallèles et d'acceptions. Car on ne peut exclure *a priori* qu'il leur est encore confié de guider la lecture du récit qui les a apprivoisés.

LES SACRIFICES ET LEUR SIGNIFICATION
SYMBOLIQUE CHEZ PHILON D'ALEXANDRIE[1]

Francesca Calabi
Università di Pavia

Résumé

Le sacrifice est doué de valeurs symboliques qui dépassent la simple offrande de viande ou de végétaux : ils deviennent un rappel à la monade, au cosmos, à la modération, c'est-à-dire, à la grandeur divine, à la perfection de son œuvre et à la vertu que l'homme doit acquérir. Les sacrifices sont donc des indicateurs, des messages, des éléments linguistiques : ils révèlent un sens qui est bien différent de celui qui est évident. En dépassant la fonction d'un abattage pur et simple d'animaux, les sacrifices assument une fonction multiple. Ils expriment l'honneur que l'homme rend à Dieu ainsi que le remerciement pour ses bénéfices, mais ils servent aussi d'enseignement, d'exhortation à la vertu et de lecture de la réalité. L'interprétation allégorique du sacrifice permet de cerner sa fonction d'outil de compréhension : le sacrifice est en effet un moyen de lecture de la vérité et un instrument de connaissance qui n'est pas seulement une pédagogie morale mais aussi une acquisition des formes du savoir, une vraie connaissance philosophique.

Abstract

Philo treats sacrifices from two points of view: on one side he speaks of them in their literal aspect insisting on the importance of the rite and of the cultual observance according to Levitical norms. On the other side he considers sacrifices in an allegorical way. They are endowed with symbolical meanings which exceed the simple offer of meat or of vegetables: they have a reference to the monad, to the cosmos, to moderation. This means that sacrifices refer to divine greatness, to the perfection of his creation and to virtue that man ought to acquire. Thus, sacrifices constitute signs, messages, linguistic elements: they conceal a meaning which is different from the manifest one. Going beyond their function of simply killing animals, sacrifices take up a multiple function. They signify the honour offered by man to God, thanks for his benefits and they also are a teaching, an exhortation to virtue and a reading of reality. Allegorical interpretation of sacrifices leads to see their function as tools both for understanding truth and for knowing reality. They constitute not only a moral teaching, but also the achievement of forms of knowledge, a real philosophical acquirement.

[1] Je remercie Monsieur Bons qui a accepté d'insérer dans la présente publication cet article bien qu'il ait son origine dans un contexte différent et ne présente pas de rapports explicites avec le livre d'Osée. Mes remerciements vont aussi à Monsieur Pesce, directeur de la revue *Annali di storia dell'esegesi* qui a donné l'autorisation de publier ici parties de mon article "I sacrifici e la loro funzione conoscitiva in Filone di Alessandria," *Annali di Storia dell'esegesi* 18 (2001) : 101–127.

I. *L'importance de l'intention et de la disposition de l'offrant n'affaiblit pas l'institution du sacrifice*

Les sacrifices font l'objet d'une recherche détaillée et approfondie que Philon conduit dans plusieurs ouvrages, en particulier dans le *De Specialibus Legibus*. D'emblée on peut constater que l'auteur accentue fortement l'importance de la disposition droite, de l'âme pure et de la volonté du sacrifiant d'adhérer à Dieu et à sa loi.[2] Non seulement en *Spec. Leg.* 1:274ss. Philon donne la préférence à l'offrande d'encens donnée par un homme pieux au sacrifice sanglant d'un injuste ; en *Spec. Leg.* 1:271–272, il préfère aux dons, quelque riches qu'ils soient, les hymnes et les louanges, voire même les prières silencieuses.

La présence simultanée du double aspect, d'une part, de la pureté de l'âme et du corps de l'offrant, d'autre part, de la pureté des victimes est exprimée en *Spec. Leg.* 1:260 : en regardant la victime qui doit être dépourvue de défauts, l'offrant sera amené à se libérer lui-même de ses fautes et de ses erreurs :

> Tu t'apercevras, en effet, que cette extrême minutie dans l'examen de l'animal représente symboliquement l'amendement de ta conduite, car la Loi n'est pas faite pour des créatures déraisonnables, mais pour les êtres pourvus d'esprit et de raison, en sorte que son souci n'est pas que les victimes ne présentent aucune imperfection, mais que ceux qui sacrifient ne soient affectés d'aucune passion.[3]

Plutôt que d'examiner l'état de sa victime, celui qui s'apprête au sacrifice est invité à examiner sa propre διάνοια afin de voir si elle est dépourvue de défauts, et afin de comprendre les motifs qui le poussent au sacrifice.[4] Dans le but de mieux éclairer cette idée, Philon a recours au raisonnement suivant : D'une façon générale, on peut qualifier d'impur tout objet qui, ayant subi le contact d'une per-

---

[2] L'accent placé sur la disposition de l'offrant a fait l'objet d'une analyse de Valentin Nikiprowetzky qui est d'une importance fondamentale pour toute étude des sacrifices chez Philon : "La spiritualisation des sacrifices et le culte sacrificiel au Temple de Jérusalem chez Philon d'Alexandrie," *Semitica* 17 (1967) : 97–116, réimprimé dans : V. Nikiprowetzky, *Études Philoniennes* (Paris : Cerf, 1996), 79–95. Son travail a été repris par des auteurs postérieurs, par exemple par Richard D. Hecht qui dans son article "Patterns of Exegesis in Philo's Interpretation of Leviticus," *Studia Philonica* 6 (1979–80) : 77–155, s'appuie sur les études de Nikiprowetzky, en particulier dans son analyse des procès et des modèles exégétiques philoniens et dans la comparaison de cet auteur avec les traditions midrashiques palestiniennes.

[3] Traduit par S. Daniel (*Les œuvres de Philon d'Alexandrie* vol. 24 ; Paris : Cerf, 1975, 167).

[4] Cf. *Spec. Leg.* 1:283.

sonne impure, participe à son impureté. Cependant, dans un sens plus précis, on peut dire qu'est impur (ἀκάθαρτος κυρίῳ) l'homme injuste et impie, c'est-à-dire celui qui ne respecte ni les choses humaines ni les choses divines, et qui se livre au désordre et au vice.[5] De ce fait, il y a une relation étroite entre, d'une part, l'impureté découlant de la contamination avec l'impur et, d'autre part, l'impureté qui est due à l'injustice. En parallèle, la purification ne peut se borner à un culte qui se suffit à lui même ou à des pratiques extérieures. En fait, l'homme qui présente des dons à celui qui est inaccessible à la corruption et à l'adulation—Dieu—, n'est pas pure. Un culte authentique est plutôt rendu par l'âme qui apporte la vérité en offrande.[6] De même, les sacrifices parfaits sont les vertus ainsi que les actions accomplies selon la vertu.[7]

L'attention qu'accorde Philon à la pureté de la disposition ne doit en aucun cas nous amener à sous-évaluer l'importance que cet auteur attribue à la pureté du corps. En effet, en *Spec. Leg.* 1:257 Philon insiste sur la nécessité de la pureté de corps et d'âme de l'offrant, et de ce fait le sacrifiant doit purifier son âme des passions, des maladies, des faiblesses, des vices et son corps des impuretés (*ibid.*). Quant à ce dernier, il est purifié par le biais d'ablutions et d'aspersions répétées (*Spec. Leg.* 1:261) : le fidèle devra rester à l'extérieur de l'enceinte sacrée pendant sept jours avant de pouvoir s'approcher du sacrifice (*Spec. Leg.* 1:262). L'aspersion dans sa matérialité a une valeur de rappel : elle ne doit pas se produire simplement avec de l'eau puisée dans la mer ou dans les fleuves—comme c'est le cas chez les autres peuples—mais avec de la cendre d'un feu sacré, avec de l'eau ainsi que de l'hysope. Le but d'un tel rite consiste à ce que celui qui veut rendre un culte à Dieu se connaisse lui-même ainsi que les matières dont il est créé. Ayant pris conscience de lui-même, l'homme est prêt à se détourner de sa présomption et de son arrogance (*Spec. Leg.* 1:262–266).

---

[5] Cf. *Spec. Leg.* 3:209.

[6] Cf. *Det.* 19–21. Cf. par ailleurs *Cher.* 95 ; *Deus* 8 ; 102 ; *Plant.* 108 ; *Mos.* 2:107–108 ; *Spec. Leg.* 1:277.

[7] Cf. *Fug.* 18 ; *Mos.* 1:106ss. "Ce sont ses propres vertus, dont il reconnaît l'origine divine, que l'homme de bien offre en sacrifice à Dieu, telles des victimes pures. Même interprétation de ce verset biblique dans *Sacrif.* 51. La plus belle des victimes, c'est la foi, qui, aux yeux de l'Alexandrin, est la vertu suprême (*Cher.* 85). Dans un mouvement d'abandon total à Dieu, l'âme se porte elle-même sur l'autel (*Leg. All.* 3:141 ; *Somn.* 2:67 ; *Q.E.* 2:98), car elle représente, dans sa pureté, un parfait holocauste." Ainsi E. Starobinski-Safran dans : *Les œuvres de Philon d'Alexandrie, De Fuga et inventione* (Paris : Cerf, 1970), 112 n. 3.

En ce qui concerne le traitement de la cendre de la génisse rousse, ce rite fournit à Philon l'occasion de décrire le culte réel et, en même temps, de traiter la valeur symbolique que l'on peut attribuer à chaque geste prescrit (*Spec. Leg.* 1:268).

À plusieurs reprises Philon rappelle la nécessité pour ceux qui se préparent à aller au Temple afin de participer à un sacrifice de rendre leurs corps et leurs âmes brillants. En ce qui concerne l'esprit, ce sont la sagesse, les doctrines conduisant à la contemplation du monde, les vertus et, enfin, les actions vertueuses qui lui confèrent la splendeur.

> Celui qui est paré de ses ornements-là peut se rendre en toute confiance dans cette demeure qui est vraiment la sienne et qui est préférable à toutes, le Sanctuaire, afin de se présenter lui-même en offrande sacrificielle (ἱερεῖον ἐπιδειξόμενος αὐτόν).[8]

Pour Philon, il est impératif de respecter les purifications et les aspersions prescrites dans tous leurs détails et d'acquérir ainsi une pureté qui concerne le corps et l'âme en même temps, et qui rend l'offrant digne de s'offrir lui-même en victime sacrificielle. Ce thème de l'offrande de soi-même est repris plusieurs fois par notre auteur. Au moment de s'approcher de l'autel, l'offrant se présente comme offrande—qu'il offre des animaux pour le sacrifice ou bien des prières et des actions de grâces.[9] En *Fug.* 80, par exemple, on peut lire que les âmes innocentes et purifiées sont des victimes sans défaut posées sur l'autel ; d'après *Sacrif.* 2 ; 71–74, c'est l'âme pleine de vérité qu'il s'agit d'offrir en sacrifice, et en *Plant.* 164, la victime la plus nécessaire est le νοῦς.

> C'est pour cela, je pense, que Dieu consacra tous les premiers-nés (τὰ πρωτότοκα καθιέρωσε πάντα) [. . .]. Car ce qui est premier en nous, ce qui est le meilleur, c'est la raison, et il convient pour la sagacité, la pénétration d'esprit, la compréhension, la sagesse et toutes les facultés qui ont du rapport avec la raison, d'en offrir les prémices à Dieu qui donne la fécondité à l'intelligence.[10]

---

[8] *Spec. Leg.* 1:269–270.

[9] Cf. R.J. Daly, *Christian Sacrifice: the Judaeo-Christian Background before Origen* (Washington : Catholic University of America, 1978), 389–422.

[10] *Congr.* 98, trad. par M. Alexandre (*Les œuvres de Philon d'Alexandrie* vol. 16 ; Paris : Cerf, 1967, 173). Cf. *Spec. Leg.* 1:167: le moment où il s'approche de l'autel pour offrir des vœux ou des actions de grâces, l'homme s'efforce de consacrer son âme dans un état de pureté absolument parfaite. Cf. J.W. Thompson, "Hebrews 9 and Hellenistic Concepts of Sacrifice," *Journal of Biblical Literature* 98 (1979) : 567–78, qui

En s'approchant de l'autel avec une disposition pure, l'offrant consacre (ἁγιάζει) à Dieu son âme.[11] Il ne s'agit pas tant de sacrifice de l'âme—comme ceci est quelquefois affirmé par Philon,[12] et comme le soutient Nikiprowetzky[13]—que de consécration, d'offrande à Dieu.[14] L'âme invisible peut être nommée "maison terrestre du Dieu invisible".[15]

Philon va encore plus loin : nous avons vu que dans un sacrifice pur la disposition du sacrifiant fait de celui-ci d'une certaine manière la victime offerte sur l'autel. Or la pureté de ses intentions transfigure l'autel lui-même. En d'autres termes, cette pureté fait de l'âme reconnaissante du sage—âme composée de vertus parfaites, "non taillées, c'est-à-dire non séparées"—c'est-à-dire intégrales et non pas divisées—le véritable autel de Dieu (θυσιαστήριον).[16] Le nom θυσιαστήριον—c'est-à dire "préservateur" des sacrifices, substantif qui sert à désigner l'autel[17]—fait allusion au fait que c'est le sacrifice qui y est conservé : Celui-ci n'est pourtant pas la viande consommée, les éléments constitutifs du sacrifice n'étant pas les victimes réelles, mais l'esprit de celui qui offre le sacrifice, ainsi que la disposition de son âme (*Spec. Leg.* 1:290). C'est ainsi qu'une offrande d'encens faite par un homme pieux est considérée comme étant plus précieuse qu'un sacrifice sanglant offert par un homme impie.

---

accentue l'importance du culte spirituel offert par l'âme à Dieu et fait un rapprochement avec l'*Epître aux Hébreux* (chap. 9). Pour la même relation entre certaines affirmations de Philon et l'*Epître aux Hébreux* cf. aussi A. Méasson, "Le *De Sacrificiis Abeli et Caini* de Philon d'Alexandrie," *Bulletin de l'Association Guillaume Budé* 4 (1966) : 309–316.

[11] Cf. *Spec. Leg.* 1:162–167.

[12] Cf. *Spec. Leg.* 1:252–270.

[13] V. Nikiprowetzky, "La spiritualisation" (cf. note 2), 101–107. D'après Nikiprowetzky, trois entités sont à identifier : 1. l'âme de l'offrant qui est en même temps la victime, 2. le temple dans lequel la victime est immolée, 3. le prêtre. Cette idée a non seulement l'inconvénient d'estomper les différences entre ces entités, mais elle revient aussi à affaiblir le rôle du temple de Jérusalem. Dans cette hypothèse, les sacrifices ne représenteraient que des enseignements, des expressions de ce qui doit se produire dans l'âme, et ils perdraient tout lien avec l'observance des rites qui est au contraire fortement confirmée par Philon (cf. p. ex. *Migr.* 89–93).

[14] Cf. *Ebr.* 152. Le terme employé ici n'est pas θυσία mais ἀνιερώσω, tandis que *Mos.* 2:108 emploie ἱερουργία. La racine ἱερός accentue l'idée de sacralité qui est confirmée aussi par *Q.E.* 2:14 où l'on parle de *sanguis victimae oblatae* comme *indicium animae Deo consecratae.*

[15] *Cher.* 101, trad. par J. Gorez.

[16] Cf. *Spec. Leg.* 1:287.

[17] S. Daniel, *De Specialibus Legibus 1 et 2* (Paris: Cerf, 1973), 183 n. 5, remarque que Philon reprend ici la distinction du Pentateuque grec entre θυσιαστήριον, terme employé seulement pour l'autel d'Israël et βωμός, l'autel "mauvais" des païens.

Une telle conception du sacrifice se reflète également dans les dispositions relatives aux deux autels : Le premier, en pierre et érigé en plein air, est utilisé pour les sacrifices sanglants. Le second, par contre, est en or et situé derrière le premier voile. Visible seulement aux prêtres en état de pureté, il est utilisé pour les offrandes d'encens. Or le but de ces dispositions est de mettre en relief que ce n'est pas la richesse des offrandes qui compte devant Dieu, mais la pureté de l'esprit,[18] Dieu n'examinant pas la nature des offrandes mais plutôt l'âme de l'offrant.[19] Dans le sacrifice de Caïn et d'Abel nous trouvons des idées d'un même ordre : Caïn s'aime lui-même tandis qu'Abel aime Dieu.[20] L'offrande de dons de second choix par Caïn prouve que celui-ci accorde une préférence au créé plutôt qu'au créateur. C'est donc une absence d'ordre à laquelle on assiste ici.[21] D'où la conclusion que les sacrifices offerts par les impies et les coupables sont inutiles, voire même sacrilèges :

> le tribunal de Dieu est incorruptible, et il se détourne de ceux qui ont des pensées coupables, même si chaque jour ils conduisent à l'autel des victimes en foule. Il accueille les innocents, même s'ils ne sacrifient rien du tout. Car des autels où le feu s'est éteint, mais autour desquels danse le chœur des vertus, font la joie de Dieu, non pas ceux où brille la grande flamme des sacrifices—qui n'en sont pas—et de ces êtres impies, rappelant seulement leurs ignorances et leurs fautes.[22]

---

[18] Cf. *Deus* 8–10 : Il est absurde de se laver le corps avant d'entrer dans le Sanctuaire, sans être pas pur dans l'âme ni avoir l'intention de se repentir. En plus, en *Cher.* 94–97 on reproche l'habitude de nettoyer son corps par des bains, sans laver son âme afin d'en écarter les passions et les souillures: "Si l'on trouve que l'un des animaux n'est ni complet ni intact, il est mis à l'écart du lieu des lustrations, l'approche à l'autel lui est interdite" (*Cher.* 96, trad. par J. Gorez = *Les œuvres de Philon d'Alexandrie* vol. 3 ; Paris : Cerf, 1963, 67). Y pourra entrer une âme impure ?

[19] Cf. *Spec. Leg.* 1:275 ; *Q.G.* 1:61. Selon *Mos.* 2:107ss., les sacrifices d'un homme injuste n'ont pas de valeur, "ses prières lui retombent dessus chargées d'une force d'anéantissement : c'est que, lorsqu'elles n'ont que l'apparence, elles n'opèrent pas la rémission des péchés, mais leur rappel." Si, au contraire l'offrant est un juste le sacrifice est valable—même si aucune victime n'a été offerte. Ce qui est important c'est l'intention (προαίρεσις). Le véritable sacrifice (ἱερουργία) est l'εὐσέβεια de l'âme qui aime Dieu. "Son action de grâces devient immortelle et elle demeure gravée auprès de Dieu, participant à l'éternité avec le soleil, la lune et tout l'univers."

[20] Cf. *Q.G.* 1:62. On peut observer ici la distinction entre le don et le sacrifice : celui qui offre un sacrifice sépare le sang de la viande tout en gardant la viande pour lui même. Par contre, celui qui offre un don l'offre intégralement. Caïn fait une division sacrificielle, Abel un don.

[21] Cf. *Q.G.* 1:64.

[22] *Plant.* 108, trad. par J. Pouilloux (= *Les œuvres de Philon d'Alexandrie* vol. 10 ; Paris : Cerf, 1961, 73–75). Cf. *Spec. Leg.* 1:277 : Il est inimaginable que Dieu—qui n'a besoin d'aucune chose, parce qu'il est le Bien premier, la source de l'intelligence,

De surcroît, on ne peut vraiment pas rendre grâce (εὐχαριστῆσαι) à Dieu

> en recourant à des constructions, des consécrations, des sacrifices comme le croit la plupart de gens—même le monde entier ne saurait être un sanctuaire suffisant pour l'honneur qu'on lui doit—, mais en faisant appel à des louanges et à des hymnes, non pas ceux que peut proférer la sonorité de la voix, mais ceux que fait retentir et entonne l'esprit qui est immatériel et toute pureté.[23]

II. *Sens littéral et sens allégorique dans la lecture des sacrifices*

L'attention apportée à l'état de l'offrant ainsi qu'à ses intentions ne contraste nullement avec la valeur accordée à la pureté de son corps et à la perfection des victimes offertes. C'est-à-dire que la pureté de l'offrant n'est pas en antithèse avec le rite sacrificiel et ses normes, avec un culte dont la ville de Jérusalem et son temple forment le centre.[24] Selon Philon, les sacrifices revêtent une grande importance dans le culte, et c'est la raison pour laquelle il leur accorde une grande place en en analysant les aspects rituels, les occasions auxquelles il faut les offrir, les personnes qui en sont chargées ainsi que leur signification. De plus, il convient de souligner que pour Philon tous les aspects du culte ont une fonction pédagogique, un rôle d'explication et sont riches en significations :

> la législation cultuelle est en réalité, par voie de symboles, un enseignement continu de la vertu et de la piété. [. . .] Les rites ont le pouvoir d'inculquer la vertu et la sagesse, parce qu'ils sont tout chargés de signification symbolique [. . .]. Le langage religieux étant par essence, figuré, le code de la *Bible* sert avant tout de support symbolique à sa doctrine.[25]

Les sacrifices peuvent donc être considérés comme un "langage", comme des formulations de vérités exprimées par le biais des actes cultuels

---

de la justice et de toutes les autres vertus—se laisse corrompre en acceptant les dons des hommes injustes. La critique de Philon porte ici sur les sacrifices offerts au Dieu d'Israël par des personnes indignes (et non pas par des personnes qui sont pures dans leur cœur). Ailleurs, la critique des sacrifices se dirige contre les idoles en tant qu'images en pierre et en bois (*Mos.* 1:161ss ; *Spec. Leg.* 1:21) ainsi que contre les autels et les temples érigés en honneur des animaux, p. ex. les chiens, les lions et les crocodiles vénérés en Egypte (*Legat.* 139 ; *Decal.* 78).

[23] *Plant.* 126 (cf. note 22).
[24] Cf. *Migr.* 91.
[25] S. Daniel, *Introduction* (cf. note 17), XIX, LXII.

qui, quant à eux, renvoient à la signification profonde et réelle des gestes. À cet aspect est liée la fonction pédagogique des sacrifices qui ne servent pas à Dieu mais aux hommes, car Dieu n'a pas besoin de recevoir en offrande des choses qui lui appartiennent déjà.

Si Philon traite des sacrifices c'est alors sous un double aspect : d'une part, au sens littéral, c'est-à-dire en insistant sur leur nature tangible—les sacrifices étant des actes cultuels qu'il faut observer strictement selon les normes du Lévitique—,[26] d'autre part au sens allégorique, c'est-à-dire que Philon souligne que les sacrifices, en tant que « signifiants », font allusion à la réalité et servent à l'exprimer. Les deux conceptions ne s'excluent pas mais sont inhérentes aux actes évoqués : pour Philon, les sacrifices eux-mêmes revêtent ces deux aspects, et il se borne à en rappeler la double valeur. De même que l'importance donnée à la disposition spirituelle de l'offrant n'invalide pas le rôle de l'observance cultuelle du sacrifice, de même la significa- tion symbolique des gestes et des normes rituels n'enlève rien à la rigueur des actes accomplis. Aussi les sacrifices décrits par l'auteur sont-ils des offrandes concrètes, réelles et vraies qui se trouvent sur l'autel—qu'il s'agisse d'un holocauste, d'une offrande de remerciement ou d'un sacrifice pour le péché. Tout en insistant sur le sens pro- fond des gestes cultuels ainsi que sur leur interprétation allégorique, Philon ne met pour autant pas en doute les coutumes habituelles :

> Certains hommes comprennent que les lois, dans leur énoncé, sont des symboles de réalité intelligibles ; ils se montrent excessivement minutieux dans l'analyse du symbole, mais en prennent à leur aise avec la lettre, qu'ils mépriseraient. [. . .] S'il est vrai que le Sabbat comporte une leçon, à savoir : que la source de l'activité est du côté de l'engendré, n'allons pas pour autant abolir les interdits du Sabbat [. . .]. Car nous négligerions aussi le service du Temple, et milles autres observances, à force de nous intéresser aux seules lumières du sens profond. Non, il faut admet- tre que ces deux aspects (de la Loi) correspondent l'un au corps, l'autre à l'âme, et donc, comme il faut songer au corps parce qu'il est la mai- son de l'âme, qu'il faut pareillement se soucier des lois telles qu'elles sont énoncées. En les observant, on verra s'illuminer encore la con- naissance des réalités dont elles sont le symbole ; et l'on échappera par la même occasion aux reproches de la foule et à ses accusations.[27]

---

[26] Cf. H.A. Wolfson, *Philo. Foundations of Religious Philosophy in Judaism, Christianity, and Islam* (Cambridge, Mass. : Harvard University Press, 1962), vol. 2, 245 ; K. Hruby, "Les heures de prière dans le Judaïsme à l'époque de Jésus," in *La prière des heures* (ed. Mons. Cassien/B. Botte ; Paris : Cerf, 1963), 59–84.

[27] *Migr.* 89–93, trad. par J. Cazeaux (= *Les œuvres de Philon d'Alexandrie* vol. 14 ; Paris : Cerf, 1963, 149–153).

Il ressort de ces considérations que l'observance et le sens profond des lois sont étroitement liés et qu'il n'est pas légitime de les séparer : les sacrifices sont, d'une part, des offrandes de vertus et de dispositions pures, et d'autre part, ils sont et doivent également être des éléments rituels s'inscrivant dans le culte du Temple. En effet, il s'agit de rites importants à accomplir avec soin, selon les indications données par Moïse.[28] Dès lors, le fait que les sacrifices aient une signification symbolique ne doit pas induire à en négliger l'accomplissement avec exactitude et rigueur absolue. D'où la description minutieuse des rites sacrificiels, leurs fonctions et leurs aspects.

À plusieurs reprises Philon revient sur ce sujet, par exemple en *Mos.* 2:146, où trois thèmes font l'objet de l'analyse : l'élection d'Aaron et de ses fils comme prêtres, les rites de purification accomplis par Moïse en cette occasion et les enseignements que ce dernier donne sur l'exécution des rites. Il s'agit en particulier de l'onction de ce qui se trouve au-dehors du temple et du tabernacle, et de l'introduction d'un veau et de deux béliers offerts dans le but de demander, avec le sacrifice du premier, le pardon des péchées et d'accomplir, avec le deuxième, un sacrifice d'action de grâce. Quant au troisième animal, il est offert "pour la perfection morale des personnes consacrées par une purification sanctifiante". Il s'ensuit la description des particularités des sacrifices, à savoir la façon dont le prêtre répand une partie du sang autour de l'autel, recueille le reste dans une coupe et procède à l'onction des corps des candidats au sacerdoce (cf. *Mos.* 2:150).

En ce qui concerne les autres sacrifices que Philon distingue en différentes catégories, on peut également observer une pensée analytique visible dans leur description. En particulier, Philon connaît les catégories de sacrifice suivantes : τὸ ὁλόκαυτον, l'offrande à Dieu pour l'honorer, τὸ σωτήριον, le sacrifice de salut pour la participation aux biens, pour la sauvegarde et l'amélioration des affaires humaines, τὸ περὶ ἁμαρτίας, le sacrifice pour le péché et pour la θεραπεία des fautes commises par l'âme.[29] On a affaire ici à une distinction modelée sur la réalité, c'est-à-dire qu'elle correspond aux besoins humains et aux capacités d'expression de ceux qui désirent

---

[28] R.J. Daly, *Christian Sacrifice* (cf. note 9), met en évidence l'adhésion aux normes lévitiques qui caractérise les raisonnements philoniens.

[29] En analysant les raisons qui ont amené les hommes à prononcer des remerciements (εὐχαριστίαι) et des prières (λιταί) par le biais les sacrifices, on peut identifier deux motifs : le désir d'honorer Dieu (c'est-à-dire sans viser d'autres finalités) et le désir d'obtenir des avantages, de participer à des bienfaits et d'être délivré des maux. Cf. *Spec. Leg.* 1:195.

exprimer par les sacrifices leur gratitude et leur prière. D'un côté, on éprouve le besoin de rendre à Dieu l'honneur qu'on lui doit sans que d'autres motifs s'y mêlent, et d'un autre côté on remarque le désir de tirer un avantage de son offrande, qu'il s'agisse d'obtenir des bénéfices ou d'être libéré des maux. Le premier type de sacrifice, τὸ ὁλόκαυτον, est une offrande totale et parfaite dont la seule fin est d'honorer Dieu. Aussi est-elle dépourvue de toute forme d'égoïsme et de demande. Une telle attitude est au contraire présente dans le deuxième type de sacrifice, τὸ σωτήριον, qui répond au besoin de conservation et de salut. Enfin, le sacrifice περὶ ἀμαρτίας, l'offrande donnée pour la faute ou le péché accompli, a pour but d'éloigner les maux.[30] De tout cela ressort l'idée que les sacrifices peuvent avoir deux objectifs : l'honneur de Dieu et les exigences des hommes. Quoi qu'il en soit, tous les sacrifices suivent des règles spécifiques qui varient en fonction du type d'offrande, de victime et d'offrant.

III. *Les différents types de sacrifice*

Le premier type de sacrifice, τὸ ὁλόκαυτον, décrit en *Lévitique* 1,[31] est l'offrande de mâles—veau, agneau ou chevreau—qui sont entièrement consumés. Après que l'offrant ait imposé ses mains sur la tête de la victime, un prêtre l'égorge tandis qu'un second prêtre, ayant recueilli une partie du sang, décrit un cercle autour de l'autel et pratique des aspersions. Ensuite, on coupe la victime en morceaux et en lave les viscères et les pattes. Ce n'est qu'à ce moment-là qu'on fait brûler l'animal complètement et en une seule fois trait, « de l'un au multiple et du multiple à l'un ».[32]

Le σωτήριον, sacrifice correspondant au שלמים d'après la Bible Hébraïque, représente le sacrifice de conservation et de salut. Ce rite place l'accent sur la gratitude pour la participation aux biens, pour la sauvegarde et l'amélioration des affaires humaines ainsi que pour la conservation des aliments. Il s'agit alors d'un sacrifice offert pour le bien de l'âme et du corps. En ce qui concerne les victimes, on peut cette fois-ci utiliser sans discernement des mâles et des femelles.

---

[30] Cf. *Spec. Leg.* 1, 195–196.
[31] Philon s'éloigne de la description du *Lévitique*. Selon Lv 1, 5, p. ex., il appartient à l'offrant lui-même d'immoler la victime. Cf. S. Daniel, *De Specialibus Legibus* (cf. note 17), 128 n. 1.
[32] Cf. *Spec. Leg.* 1:198–199.

"Après l'immolation, on prélève pour l'autel trois choses, la graisse viscérale, le lobule du foie et les deux rognons ; avec le reste, celui qui a sacrifié peut faire bonne chère".[33] La consommation de la nourriture doit se faire en l'espace de deux jours.

À la catégorie du σωτήριον appartient également le sacrifice de reconnaissance, τῆς αἰνέσεως, l'équivalent de la תודה. Il s'agit ici d'un sacrifice de gratitude offert par ceux qui, sans subir des adversités, vivent une existence paisible et heureuse.[34] À la différence du premier type de sacrifice, σωτήριον, la victime doit être consommée "non pas en deux jours, mais en un jour seulement, afin que ceux qui ont reçu des bienfaits non différés, immédiats, y répondent sans différer aussi, dans l'instant."[35]

En ce qui concerne les sacrifices περὶ ἁμαρτίας, sacrifices pour le péché, ceux-ci comportent plusieurs catégories que l'on distingue d'après les critères suivants : 1. les offrants et les victimes offertes, 2. l'occasion, c'est-à-dire qu'on différencie entre les sacrifices individuels, les sacrifices du grand prêtre et ceux qu'offre le peuple dans son ensemble, 3. les fautes volontaires ou involontaires[36] et celles qui sont commises envers des hommes ou envers des choses sacrées.[37] Comme le fait remarquer S. Daniel,[38] nous ne retrouvons pas chez Philon une distinction terminologique analogue à celle de la Septante qui différencie entre deux catégories de sacrifice pour le péché : avec le terme περὶ ἁμαρτίας, celle-ci ne désigne qu'un des deux sacrifices pour la faute, à savoir la חטאת, en la distinguant du אשם qu'elle rend par τῆς πλημμελείας. Si Philon emploie la première expression, il se réfère à une pluralité de fautes, d'offrandes et d'offrants.

---

[33] *Spec. Leg.* 1:212.

[34] Cf. *Spec. Leg.* 1:224.

[35] *Spec. Leg.* 1:225.

[36] Cf. *Spec. Leg.* 1:227. S. Daniel, *De Specialibus Legibus* (cf. note 17), 146–147, n. 3, met en évidence que cette distinction ne tient pas compte de l'ensemble des données bibliques : "Si les offenses donnant lieu au חטאת sont toujours involontaires, celles qui ressortissent au אשם ne sont pas toujours commises de propos délibéré (cf. les cas rapportés en *Lévitique* 5 ; 15–16 ; 17–19). Mais ce principe de classement est mentionné aussi dans la courte notice que Flavius Josèphe consacre à ce sujet (*Ant. Jud.* III:230–232), et doit correspondre à une interprétation de la Loi orale contemporaine. On connaissait probablement dans la pratique, d'une part le sacrifice qu'il fallait offrir pour réparer une faute commise par inadvertance—ignorance, oubli, négligence—de valeur variable; d'autre part, celui qui devait expier des malversations volontaires mais perpétrées sans témoin, où le bélier était toujours de règle."

[37] Cf. *Spec. Leg.* 1:234.

[38] S. Daniel, *De Specialibus Legibus* (cf. note 17), 146, n. 1. Cf. aussi *ibid.* 122, n. 7.

Comme nous l'avons déjà vu, l'ensemble rituel des sacrifices fait l'objet d'une distinction très nette en fonction des critères suivants : les personnes qui offrent les sacrifices, les victimes, les fautes volontaires et involontaires, les péchés commis envers les hommes ou envers les choses sacrées. Par ailleurs, il existe des sacrifices à l'intention de toute la nation, à l'intention de tout le genre humain, mais on connaît aussi des sacrifices à l'intention de personnes particulières. En ce qui concerne les sacrifices publics, certains d'entre eux sont offerts quotidiennement, d'autres tous les sept jours ou à l'occasion des fêtes.[39] De plus, Philon traite de la consommation de la viande du sacrifice (qui peut en manger, à quelle occasion, comment ?).[40] Ces normes relatives à l'accomplissement des sacrifices sont très précises parce qu'il s'agit de respecter les règles rigoureuses en vigueur dans un Temple qui, d'après Philon, ne périra jamais,[41] les prêtres accomplissant minutieusement les normes prescrites par la Loi. Quant au Temple, il sert de point de repère pour les Juifs et les païens : c'est de toute la diaspora que sont envoyées des prémices à Jérusalem.[42] L'empereur Auguste lui-même, en offrant des sacrifices sur ses revenus personnels, ne s'oppose pas à une telle coutume.[43] Enfin, Philon met en relief l'importance universelle du Temple en soulignant que sa construction suit un paradigme intelligible et des rapports numériques harmoniques : les matériaux employés font allusion à la complexité de la création et les objets du culte symbolisent les mouvements des astres, le zodiaque et le ciel.[44] En même temps, c'est le Temple de Jérusalem, tangible et concret, édifice dont Philon décrit minutieusement toutes les particularités et dont il défend âprement la sacralité contre toute tentative de profanation.[45]

---

[39] Cf. *Spec. Leg.* 1:168ss.

[40] Cf. *Spec. Leg.* 1:224–270.

[41] *Spec. Leg.* 1:76 ss. : "aussi longtemps que durera le genre humain—et il durera toujours—, les revenus du Temple seront préservés, eux aussi, subsistant perpétuellement avec le monde entier."

[42] Cf. *Legat.* 156 ; 216.

[43] *Legat.* 157, 309 ss. Tibère et Marcus Agrippa ont eu respect pour le Temple (*Legat.* 294ss.).

[44] Cf. *Mos.* 2, 71–108.

[45] Cf. *Legat.* 307ss.

IV. *La fonction pédagogique des sacrifices :*
Ceux-ci ne servent pas à Dieu mais sont utiles aux hommes

Les sacrifices ont, entre autres, une importante fonction d'enseignement : le sacrifice pour le péché, par exemple, est une exhortation à s'abstenir de pécher.[46] Par ailleurs, le fait que les sacrifices aient lieu dans le Temple et qu'ils y accompagnent les prières et les hymnes, invite à la modération, à la piété[47] et à un sentir commun.[48] Les sacrifices en commun deviennent, par conséquent, une éducation à la vertu, à la vie en commun et au respect commun des valeurs et des comportements. En accomplissant les rites qui précèdent le sacrifice—l'effusion d'eau et de cendre prescrite par le législateur—, l'offrant se rend compte de ses limites : il n'est pas digne d'offrir un sacrifice à moins de triompher sur la φιλαυτία, en consacrant à Dieu les facultés de l'âme, c'est-à-dire en reconnaissant que Dieu est la cause et la source de tous les biens.[49] En ce qui concerne l'examen attentif de la perfection des victimes, cette habitude vise à la perfection morale de l'offrant : après avoir abandonné les passions, l'agressivité et les faiblesses, celui-ci est invité par des symboles à s'approcher de l'autel et à consacrer (ἁγιάζειν) son âme dans un état de pureté totale (cf. *Spec. Leg.* 1:162–167).

Les sacrifices ne servent donc pas à Dieu mais aux hommes, en leur permettant de s'améliorer, d'apprendre un enseignement et d'obtenir la miséricorde et la bienveillance divine.[50] Ces objectifs du

---

[46] Cf. *Spec. Leg.* 1:193.

[47] Cf. *Spec. Leg.* 1:193.

[48] Cf. *Spec. Leg.* 1:68–70 (= *Les œuvres de Philon d'Alexandrie* vol. 24 ; Paris : Cerf, 1975, 51) : "La loi n'autorise pas non plus ceux qui le désirent à sacrifier dans leur propre maison, mais elle leur enjoint, dussent-ils se transporter des confins de la terre, de se rendre en ce lieu [le Temple de Jérusalem]. [. . .] Si l'on se disposait pas à sacrifier dans un esprit de sainteté, on ne se résignerait jamais à quitter sa patrie, ses amis et ses parents, pour se rendre en pays étranger. Mais c'est évidemment sous l'effet d'une vocation puissante à la piété [. . .] des milliers de gens, partis des milliers de villes, les uns par terre, les uns par mer, [. . .] se rendent dans le Temple comme dans un commun refuge [. . .] ils aspirent à y trouver le calme et, se reposant un peu des soucis dont le joug a pesé sur eux depuis leur plus jeune âge, à reprendre haleine et à goûter, pendant une brève période, aux profondes et authentiques joies. Pleins de belles espérances [. . .] ils se lient d'amitié avec de gens jusqu'là inconnus, faisant de cette communion des cœurs, dans les sacrifices et les libations, le gage le plus sûr de l'union des esprits."

[49] Cf. *Somn.* 1:212 ; *Spec. Leg.* 1:263–265 ; *Mut.* 220–221.

[50] Cf. *Spec. Leg.* 1:97 : tandis que les autres peuples font leurs prières et sacrifices à l'intention des parents et des amis, le Grand-Prêtre offre ses prières et sacrifices

sacrifice sont explicitées en *Mut.* 233ss. où sont évoqués les sacrifices pour le péché :

> Mais enfin, pourquoi cette purification par trois procédés? Voilà qui mérite d'être recherché. Peut-être que les fautes et les devoirs se trouvent répartis en trois domaines : la pensée, les paroles, les actions. C'est pour cela que Moïse donnant un enseignement même dans ses exhortations dit que l'acquisition du bien n'est pas impossible, et n'est pas non plus une capture difficile.[51]

En ce qui concerne les instructions se référant aux différents types de faute, elles contiennent elles aussi un enseignement, les espèces d'animaux servant de symboles qui indiquent comment s'opposer à l'erreur.[52] Encore une fois, on note que le sacrifice ne sert pas à Dieu, mais à l'homme afin qu'il apprenne. Si Moïse exhorte les Israélites à honorer Dieu, ce n'est pas que Dieu ait besoin d'honneur, mais pour que le genre humain puisse atteindre la connaissance de l'être qui constitue le premier bien.[53]

L'enseignement selon lequel Dieu n'a besoin d'aucune chose est confirmé ailleurs aussi. Citons ici les textes comportant la prescription que les prêtres obtiennent des portions des animaux abattus. Par ailleurs, il existe le rite selon lequel les portions ne sont pas remises directement aux prêtres mais d'abord apportées au Temple.[54]

---

d'actions de grâces à l'intention du genre humain et des quatre éléments de la nature afin que le monde, qu'il considère sa patrie, participe à la bonté et à la miséricorde divines.

[51] *Mut.* 236, trad. par R. Arnaldez (= *Les œuvres de Philon d'Alexandrie* vol. 18 ; Paris : Cerf, 1964, 43).

[52] Cf. *Mut.* 245–250 (cf. note 51) : "Comme purification de ces trois choses, la pensée, la parole et l'action, il a parlé d'une brebis, d'un couple de tourterelles ou de pigeons et du dixième d'une mesure sacrée de fleur de farine, car il jugeait bon de purifier la pensée en offrant une brebis, la parole en offrant un couple d'oiseaux, et en offrant de la fleur de farine, l'action. Pourquoi ? Voici. De même que l'intellect est ce qu'il y a de meilleur en nous, de même dans le genre des bêtes sans raison, la meilleure [. . .] Que la purification de la meilleure des choses, la pensée, ait donc pour symbole la brebis, l'animal le meilleur. Que celle de la parole ait pour symbole les oiseaux, car la parole est par nature chose légère et ailée [. . .]. Or, la parole est double, vrai ou fausse. C'est pour cela, me semble-t-il, qu'elle a été assimilée à un couple de tourterelles ou de pigeons. [. . .] Quant à l'action, comme je l'ai dit, son symbole est la fleur de farine, car c'est en fait qu'elle n'est pas rendue pure sans art et sans réflexion [. . .]. C'est, d'autre part, avec très grand soin qu'il dit, à propos de l'animal du troupeau [. . .] mais à propos des oiseux [. . .] parce que c'est le fait d'une grande force et d'une puissance extraordinaire que de faire cesser les revirements de la pensée, mais ce n'est pas le propre d'une grande vigueur que de pouvoir retenir des fautes qu'on commet en paroles."

[53] Cf. *Decal.* 81.

[54] Cf. *Spec. Leg.* 1:141.145–151.

À propos de ces textes, Philon affirme que Dieu n'a besoin d'aucune chose[55] mais qu'il gratifie de portions les serviteurs et les ministres du Temple. Les sacrifices ont ainsi une utilité pratique : ils assurent la survie des prêtres, ils ont des objectifs pédagogiques et éthiques et accomplissent des fonctions d'enseignement.[56]

Cette dernière idée se révèle aussi dans une interdiction : le prêtre qui s'approche de l'autel et offre des sacrifices doit s'abstenir du vin qui provoque la lenteur, l'oubli, le sommeil, voire la folie. Ainsi le vin est-il nuisible et opprime l'âme alors que la sobriété permet de prévoir les évènements et de se rappeler le passé. Si les vin est toujours nuisible il l'est d'autant plus lorsqu'il accompagne les cérémonies religieuses, car il est plus grave d'offenser Dieu que les hommes. De cette manière, l'interdiction de boire du vin pendant les sacrifices a une fonction didactique : elle enseigne à faire une distinction entre le sacrée et le profane, entre le pur et l'impur, entre le juste et l'injuste.[57]

D'autres enseignements découlent de certains détails du rite : si l'on sépare le sang des victimes de façon à en répandre une partie sur l'autel et à en verser l'autre en coupes, c'est pour rappeler que la nature sacrée de la sagesse est double, à savoir divine et humaine.[58] En ce qui concerne l'ordre d'écorcher la victime de l'holocauste et de la démembrer, il a pour but d'inviter l'âme à apparaître nue, c'est-à-dire

> dépouillée de tous les voiles dont les conceptions vides et trompeuses la recouvrent, qu'ensuite elle reçoive des divisions harmoniques ; en effet, ce qui constitue le tout et appartient au genre, c'est la vertu, qui se divise selon les espèces en rapport avec elle : la sagesse, la tempérance, le courage et la justice, afin que, connaissant les différences qui concernent chacune d'elles, nous nous chargions d'un service volontaire et à l'égard de la totalité et à l'égard des parties.[59]

La portée de ces passages devient encore plus claire à la lumière d'un texte qui rappelle que le but ultime du culte est l'homme—et non pas Dieu puisque en dernière analyse Dieu n'a pas besoin de prières ni de sacrifices.[60] L'univers est sa propriété (κτήματα) et il n'a besoin de rien.

---

[55] Cf. *Spec. Leg.* 1:67.152.271 ; *Cher.* 84.

[56] Cf. J. Laporte, *Teologia liturgica di Filone d'Alessandria e Origene* (Milan : Paoline, 1998), 44ss.

[57] Cf. *Spec. Leg.* 1:98–100.

[58] Cf. *Her.* 182.

[59] *Sacrif.* 84 trad. par A. Méasson (*Les œuvres de Philon d'Alexandrie* vol. 4 ; Paris : Cerf 1966, 145).

[60] Cf. *Q.E.* 2:50.

> Ni avant la naissance du monde il n y avait quelque chose avec Dieu, ni, le monde une fois né, il ne se trouve quelque chose à côté de lui : car Dieu n'a besoin de rien absolument. Il est encore mieux, cependant, de l'entendre ainsi : Dieu est seul et un, pas un composé mais une nature simple, tandis que chacun de nous et des autres êtres qui sont nés, est une chose complexe [. . .] Car ajoutez quelque chose à Dieu, ce sera quelque chose de supérieur à lui, ou d'inférieur, ou d'égal.[61]

Dieu, possesseur de tout, n'a besoin de rien, ni de sacrifices, ni de prières ni de louanges exprimées verbalement. La prière de l'âme de celui qui est dans la disposition d'amour de Dieu suffit.[62] C'est pour cela que Dieu se réjouit des dispositions φιλόθεοι, des conduites des hommes vertueux. Quelque modestes que soient leurs dons, Dieu se plaît à en recevoir—même le don que les hommes font d'eux-mêmes (αὐτοὺς φέροντες) en "offrant", au lieu de sacrifices, leurs hymnes et leurs louanges, ne serait-ce que de manière silencieuse.

> Lorsque nous appelons la religion un service de Dieu, nous voulons dire qu'elle est un service pareil à ceux que les esclaves rendent à leurs maîtres quand ils sont disposés à accomplir leurs ordres sans tarder. Mais là encore, il y aura une différence, car les maîtres ont besoin d'être servis, et Dieu non [. . .] Les hommes ne peuvent rien donner à Dieu, si ce n'est un cœur plein d'attachement pour leur Maître. Car ils ne trouveront rien à améliorer, puisque tout ce qu'a le Maître est parfait dès l'origine, mais ils se feront grand bien à eux-mêmes en faisant ce qu'il faut pour entrer dans l'amitié de Dieu.[63]

À plusieurs reprises, nous avons souligné que Dieu n'a pas besoin de dons et que rien que l'attitude d'un esprit dévoué peut lui être agréable. Dans ce contexte, il serait intéressant de citer un passage de *De Abrahamo* (169–177) qui semble présenter une logique d'échange de dons entre Dieu et les hommes. Abraham reçoit l'ordre d'immoler (σφαγιάσαι) Isaac, puis il s'en va comme pour accomplir un rite ordinaire (ὡς ἕνεκά τινος ἱερουργίας) : "Il donne à porter à son fils le feu et le bois trouvant juste que la victime (ἱερεῖον) soit chargée des objets destinés aux sacrifices (θυσία)." Le fait que Dieu empêche l'égorgement est commenté en ces termes :

---

[61] *Leg. All.* 2:2–3, trad. par Cl. Mondésert (*Les œuvres de Philon d'Alexandrie* vol. 2 ; Paris : Cerf 1962, 105).
[62] Cf. *Spec. Leg.* 1:271–272 ; *Plant.* 126.
[63] *Det.* 56, trad. par I. Feuer (= *Les œuvres de Philon d'Alexandrie* vol. 5 ; Paris : Cerf 1965, 57).

Une vie est sauvée. Dieu en signe de reconnaissance rend le don qui lui a été offert, et honore celui qui l'a apporté là même où il montrait sa piété" (τὸ δῶρον ἀντιχαρισαμένου τοῦ θεοῦ καὶ τὸν φέροντα ἐν οἷς εὐσεβεῖτο ἀντιτιμήσαντος).[64]

De ce passage ressort l'idée que Dieu éprouve de la reconnaissance pour le don, le rend et honore celui qui a témoigné de sa dévotion. À regarder le texte de plus près, trois constats s'imposent : 1° Ce qui importe est la dévotion et l'intention, et non le sacrifice réel. Cependant, Abraham suppose qu'il s'agit d'un véritable sacrifice parce que telle est la modalité du culte. 2° Dieu éprouve de la gratitude pour le don. Non seulement les hommes font des dons de remerciement, mais Dieu aussi en fait un. 3° On assiste à un échange de dons. En tant que don, le sacrifice s'inscrit dans une logique d'échange entre deux partenaires quelque peu "égaux". Dans ce cas-là, il n y a pas d'abîme insurmontable entre Dieu et l'homme. De même, on peut observer la transformation de sens que subissent les termes habituels de la gratitude : Abraham fait hommage et restitution à Dieu, Anne donne ce que lui a été donné, et les hommes, en général, rendent grâce à Dieu à travers les dons qu'il leur a faits.

> Puisqu'il ne manque de rien, s'il nous demande de lui présenter ses biens, c'est par un comble de sa bienfaisance envers notre espèce.[65]

Si les hommes présentent des dons à Dieu, c'est un moyen de lui manifester leur reconnaissance. En même temps, il s'agit de la déclaration que tout appartient à Dieu et que, quoi qu'on lui offre, tout lui appartient déjà.[66] Dans le cas d'Abraham, pourtant, il y a aussi de la reconnaissance de la part de Dieu.

V. *Aspects philosophiques et cognitifs du culte*

Malgré la coexistence de plusieurs formes du culte, Philon souligne plusieurs fois que celles-ci ne se contredisent ni ne s'opposent mais

---

[64] *Abr.* 177, trad. par J. Gorez (= *Les œuvres de Philon d'Alexandrie* vol. 20 ; Paris : Cerf 1966, 95).

[65] *Deus* 7, trad. par A. Mosès (= *Les œuvres de Philon d'Alexandrie* vol. 8 ; Paris : Cerf 1963, 67).

[66] Cf. J. Laporte, *Teologia liturgica* (cf. note 56), 14–17. À propos du danger de superstition causée par l'erreur qu'on attribue à soi-même ce qui appartient à Dieu, cf. R.J. Daly, *Christian Sacrifice* (cf. note 9), 393–394.

se placent côte à côte, en convergeant dans leur fin unique, à savoir de permettre à l'homme de s'approcher de Dieu. Une telle idée ressort, par exemple, de *Somn.* 2:298–299, texte qui traite du repentir pour les fautes commises. En avouant son erreur et en s'accusant elle-même, l'âme se présentera suppliante à l'autel, en invoquant Dieu avec des prières, des vœux et des sacrifices, ces actes conduisant tous ensemble au pardon du tort commis.

D'une façon générale, tous les rites ont une signification profonde qui se révèle dans les gestes et les objets qui, quant à eux, se prêtent à une interprétation symbolique. À titre d'exemple, l'absence de miel et de levain sur l'autel n'est pas gratuite. Elle tient à des raisons précises, en particulier aux valeurs symboliques associées à ces objets : le plaisir et le renflement de l'orgueil.[67] De la même façon, l'interdiction de manger la graisse lors des sacrifices est expliquée en termes pédagogiques : elle sert de leçon de modération et d'austérité.

Certes, chaque rite sacrificiel peut être compris au pied de la lettre de la prescription. C'est de cette façon que sont étudiées les règles et les modalités des différents types de sacrifices. Cela n'empêche pas d'aller au-delà de la lettre, car la règle

> comporte un autre sens, qui s'exprime de façon mystérieuse, à l'aide de symboles ; car les choses claires qui sont dites sont les symboles de choses cachées et obscures.[68]

C'est ainsi que toutes les particularités propres aux sacrifices, de n'importe quel type, font l'objet d'une interprétation allégorique, Philon donnant une explication de chaque aspect du rite.[69] Ainsi le sacrifice et ses modalités révèlent-ils des vérités auxquelles le rite fait allusion.[70] Si, par exemple, le grand-prêtre, en récitant des prières et en offrant des sacrifices, porte un costume riche en éléments symboliques c'est pour permettre à l'univers entier d'y « entrer », grâce aux images que le grand-prêtre porte sur lui-même.[71] La robe du prêtre fait ainsi allusion à la structure de l'univers et à sa complexité, elle est donc la représentation et la reproduction (ἀπεικόνισμα καὶ μίμημα) du κόσμος,[72] elle est un symbole du ciel, des hémisphères, du zodiaque

---

[67] Cf. *Spec. Leg.* 1:291–293.
[68] *Spec. Leg.* 1:200 (*Les œuvres de Philon d'Alexandrie* vol. 24 ; Paris : Cerf 1975, p. 129).
[69] Cf. J. Laporte, "Sacrifice and Forgiveness in Philo of Alexandria," *Studia Philonica Annual* 1 (1989) : 34–42, spéc. 38–39.
[70] Cf. *Sacrif.* 108–112 ; *Q.E.* 2:14 ; *Mut.* 245 ss. ; *Leg. All.* 3:125–140.
[71] Cf. *Mos.* 2:133.
[72] Cf. *Spec. Leg.* 1:84–96.

et des saisons. En *Leg. All.* 2:56, par contre, nous lisons le contraire : en entrant dans le Saint des Saints, le grand-prêtre ne porte pas le costume cérémonial. Le sens de cet acte est d'exprimer que le grand-prêtre dépouille son âme de la robe de l'opinion et de l'imagination.

Philon ne se lasse pas de rappeler les significations symboliques du culte ainsi que les enseignements qui en découlent. La victime mâle destinée à l'holocauste, l'imposition des mains, le sang répandu en cercle autour de l'autel, la prescription de laver les viscères et les pattes, le dépeçage des animaux : toutes ces prescription recèlent un sens profond.[73] Il en va de même pour les modalités du sacrifice de salut dont le sens symbolique est à dégager. Dans ce but, Philon explique pourquoi on enlève la graisse, le lobe du foie, les rognons, mais non la cervelle ni le cœur[74] et pourquoi on peut consommer le sacrifice pendant deux jours seulement.[75] L'analyse des animaux offerts en sacrifice donne lieu à d'autres lectures symboliques : entre les oiseaux, on choisit les colombes et les tourterelles parce que les premières sont douces, domestiques et d'une naturelle sociabilité tandis que les secondes aiment la solitude. Parmi les animaux vivant sur la terre ferme, le bœuf, le mouton et la chèvre—animaux doux et dociles, herbivores et, dépourvus de serres et de moyens pour se défendre—sont utiles à notre vie.

En *Spec. Leg.* 1:177, Philon traite des sacrifices des néoménies et de la Hiéroménie,[76] en introduisant une interprétation numérique qui sert à expliquer le nombre d'animaux offerts et à éclairer, en même temps, la signification des nombres. Dans ce contexte, Philon met en rapport les chiffres 2, 7 et 10 avec l'idée de la perfection, avec les mouvements des astres, le cycle de la lune et le cours des semaines. La quantité double des victimes offertes à l'occasion de la néoménie

---

[73] Cf. *Spec. Leg.* 1:200–209: la victime est mâle "parce que le mâle est plus complet que la femelle, plus dominant, et s'apparente de plus près à la cause efficiente", l'imposition des mains sur la tête de l'animal indique une vie qui se déroule selon les règles de la nature, le sang est répandu en cercle sur l'autel parce que le cercle est la figure la plus parfaite et le sang qui est symbole de la vie, parmi un mouvement circulaire indique le passage par toutes les phases de l'esprit : celle de la parole, des décisions, des actes, la prescription de laver les viscères et les pattes indique la purification de la concupiscence, le découpage de l'animal signifie que le tout est un, qu'il vient de l'unité et retourne à l'unité.

[74] Cf. *Sacrif.* 136–138; *Spec. Leg.* 1:212.239.

[75] Cf. *Spec. Leg.* 1:212–226.

[76] Ce terme désigne le premier jour du septième mois de l'année liturgique. Nommé aussi la "la fête des trompes", ce jour rappelle la révélation au Sinaï (cf. *Spec. Leg.* 2:188).

donne occasion à introduire les notions de monade et de dyade. Enfin, le blé, le vin et l'huile offerts dans les sacrifices font allusion à leur valeur comme nourriture utile à la vie et aux besoins des hommes.

Dans toutes ses prescriptions, même en celles qui se réfèrent aux sacrifices, le législateur renvoie à des significations symboliques. Ainsi les sacrifices, comme toutes les normes de la Loi, se situent-ils sur deux niveaux : tout d'abord, le sacrifice est compris à la lettre comme une réalité cultuelle, mais cela n'empêche pas que le sacrifice est doué de significations allégoriques et de valeurs symboliques qui dépassent la simple offrande de viande ou de végétaux : ils deviennent un rappel à la monade, au cosmos, à la modération, c'est-à-dire, à la grandeur divine, à la perfection de son oeuvre et à la vertu que l'homme doit acquérir. Les sacrifices sont donc des indicateurs, des messages, des éléments linguistiques : ils révèlent un sens qui est bien différent de celui qui est évident. En dépassant la fonction d'un abattage pur et simple d'animaux, les sacrifices assument une fonction multiple. Ils expriment l'honneur que l'homme rend à Dieu ainsi que le remerciement pour ses bénéfices, mais ils servent aussi d'enseignement, d'exhortation à la vertu et de lecture de la réalité. L'interprétation allégorique du sacrifice permet de cerner sa fonction d'outil de compréhension : le sacrifice est en effet un moyen de lecture de la vérité et un instrument de connaissance qui n'est pas seulement une pédagogie morale mais aussi une acquisition des formes du savoir, une vraie connaissance philosophique.

> Quel est donc le projet de la Loi ? De l'ordre de la connaissance et il renferme toutes les espèces de connaissance (*et quidquid scientificas circumscribit species*) ; en effet, tout ce qui concerne les immolations et la connaissance admet conjectures et opinions, grâce auxquels non seulement les traces de la vérité sont utilisées, mais encore recouvertes, comme l'amour par les caresses (et par des choses) étrangères et non éprouvées, ce qui est authentique et éprouvé.[77]

Aussi la robe du Grand-Prêtre, avec sa variété et sa magnificence, incite à des réflexions philosophiques (νόησιν φιλόσοφον). "La loi veut, en effet, que le Grand-Prêtre porte sur lui une image très claire de l'univers."[78]

---

[77] *Q.G.* 3:3, trad. par Ch. Mercier (*Les œuvres de Philon d'Alexandrie* vol. 34B ; Paris : Cerf, 1984, 21) : *Quid ergo est intentio legislationis praetensa? Scientifica, et quidquid scientificas circumscribit species : quoniam convenientiam, et coaptatum verbum, opinionemque recipit immolatio, ac omnis scientia ; quibus non solum veritatis vestigia usurpantur, verum etiam obducuntur, ut adulatione dilectio ; ita ut commutentur rebus alienis, et inexpertis ipsa genuina et experimento comprobata.*

[78] *Spec. Leg.* 1:96.

VI. *Conclusion : les sacrifices comme langage*

En conclusion, les sacrifices sont des indicateurs, des messages, des éléments linguistiques : ils expriment une vérité qui dépasse l'abattage des animaux, et leur fonction est multiple et composite : honneur à Dieu et remerciement pour ses bénéfices, mais aussi enseignement, exhortation à la vertu, lecture de la réalité. Les sacrifices révèlent ainsi une réalité qui est exprimée dans un langage non verbal. Par exemple, le fait que pendant la fête des Azymes soient offerts tous les jours dix sacrifices comme aux néoménies signifie 1. que tous les jours de la fête jouissent d'une dignité égale, 2. que la relation entre la néoménie et le mois est la même que celle qui existe entre les sept jours de la fête et l'équinoxe qui a lieu au septième mois. De cette façon on met en relief que les sacrifices traduisent des idées numériques et cosmiques.[79] Encore, à propos des fêtes de Rosh Hashanah et de Kippur, c'est aux sacrifices que sont associées les notions de monade et d'hebdomade. Plutôt que de parler ici d'allégorie ou de symboles, on a affaire ici à un langage non verbal de notions conceptuelles relatives au Kippur comme fête liée au commencement et à la fin.

Au terme de cet article, ne citons qu'un exemple : en ce qui concerne le sang des victimes, Philon affirme qu'il est le signe (*indicium*) des âmes consacrées à Dieu,[80] et la graisse offerte en holocauste est qualifiée de ὑπόδειγμα de la force qui, en provenant de la sagesse, nourrit les âmes qui aiment la vertu. Il s'agit ici donc de signes qui font allusion à la réalité et qui l'expriment : on a affaire à un vrai langage.

---

[79] Cf. *Spec. Leg.* 1:181–186.
[80] Cf. *Q.E.* 2:14.

OSÉE 6,6 DANS L'HISTOIRE DE L'INTERPRÉTATION JUIVE[1]

Matthias Millard
Kirchliche Hochschule Bethel

RÉSUMÉ

Après la destruction du temple en 70 après J.-C., les rabbins considèrent que la mise en pratique de la miséricorde ainsi que la lecture de la Torah et la prière quotidienne sont des moyens permettant aux peuple juif de continuer à pratiquer sa religion (bBer 55a/ARN A 4,11a). Dans ce contexte, l'attitude très générale appelée ḥæsæd est de plus en plus investie d'un autre sens, ḥæsæd devenant un agir bien concret (bSuk 49b). Si ḥæsæd, en tant qu'œuvre de miséricorde, est jugé susceptible de remplacer les pratiques de l'expiation, c'est que ḥæsæd est considéré comme antérieur au temple, voire même que la création s'appuie sur ḥæsæd. Ainsi, dans un temps de crise, le passé éloigné sert de paradigme. Alors que les rabbins ont recours au Ps 89:3 pour défendre l'ancienneté de ḥæsæd, ils citent Osée 6:6 pour montrer que ḥæsæd mérite davantage d'estime que les sacrifices offerts dans le temple. En ce qui concerne les exégètes juifs médiévaux, ils souscrivent à l'interprétation des deux parties du verset d'Osée 6:6 qui veut qu'on ait affaire à une comparaison, et non à une antithèse.

ABSTRACT

For the rabbis the acts of charity ensure—apart from the reading of the Torah and the daily prayer—the continuity of Israel's religion after the destruction of the temple 70 CE (bBer 55a/ARN A 4,11a). The comprehensive attitude of ḥæsæd becomes concrete and is identified with the actions of ḥæsæd. ḥæsæd can act as a medium of atonement because it is older than the temple and belongs to the presuppositions of the creation. In a time of crisis the origins become a paradigm. The priority of ḥæsæd is normaly supported by the rabbis with Ps 89:3, Hos 6:6 confirms the greater significance of ḥæsæd in comparison with the sacrifices within the temple. Both half verses of Hos 6:6 are interpreted by the medieval exegetes like Rashi as a comparison.

---

[1] Cf. M. Millard, *"Denn Liebe mag ich, aber nicht Schlachtopfer". Hos 6,6 im Zusammenhang der schöpfungstheologischen Interpretation von Hos 6,7 ff.* (Salzburger exegetisch-theologische Vorträge 3 ; Münster : Lit, 2004), 35–70.

I. *Osée 6,6 dans l'interprétation rabbinique*

A. *L'arrière-fond sémantique :* חסד *en tant qu'œuvre de charité*

À l'époque biblique, le substantif חסד (*ḥæsæd*) de notion fixe, désigne une relation non seulement très étroite mais aussi très sûre.[2] D'où la traduction usuelle du mot par des termes comme "amour" ou "loyauté". À vrai dire, il serait nécessaire de rendre les deux aspects sémantiques du mot dans un seul, p. ex. "amour-fidèle".

À l'époque rabbinique, par contre, *ḥæsæd*, qui a subi un changement de signification, est rapproché de צדקה. Particulièrement au pluriel, חסד est mis en rapport avec un engagement social, avant tout avec les œuvres de charité. Tel est le cas dans les traditions attribuées à R. Eléazar, c'est-à-dire R. Eléazar ben Pedat, rabbi amoraïque de la troisième génération qui a vécu durant la deuxième moitié du IIIe siècle après J.-C. Né a Babylone, ce sage a fait ses études en Palestine où il a également enseigné.[3] Dans le Talmud babylonien, traité "Sukkot", on peut trouver une série de réflexions à ce propos. Or en bSuk 49b, ce n'est pas Os 6:6 qui sert de texte biblique de référence mais Mi 6:8 :

הגיד לך אדם מה־טוב
ומה ה' דורש ממך
כי אם עשות משפט
ואהבת חסד
והצנע לכת עם אלהיך
עשות משפט זה הדין
ואהבת חסד זו גמילות חסדים
והצנע לכת עם אלהיך זו הוצאת המת והכנסת כלה לחופה

"On t'a fait connaître, homme, ce qui est bien
et ce que YHWH demande à toi :
C'est que tu pratiques le jugement,
que tu aimes la miséricorde,
et que tu marches humblement avec ton Dieu." (Mi 6.8)
'Pratiquer la justice' : ce sont des activités judiciaires,
'Aimer la miséricorde', ce sont des œuvres de la charité,
et 'marcher humblement avec ton Dieu': c'est l'enterrement et l'accompagnement (le don d'un trousseau) d'une mariée. (bSuk 49b)

---

[2] Cf. N. Glueck, *Das Wort* חסד *im alttestamentlichen Sprachgebrauch als menschliche und göttliche gemeinschaftsgemässe Verhaltensweise* (Giessen : Töpelmann, 1927). Par cette définition, Glueck ne distingue pas entre חסד et צדקה.

[3] Selon G. Stemberger, *Einleitung in Talmud und Midrasch* (Munich : Beck, 8ème édit. 1992), 96, c'est en 279 que R. Eléazar ben Pedat, en remplaçant son père, assume la responsabilité de l'école de Tibériade ; il mourra la même année.

Afin de mieux comprendre ce texte emprunté au Talmud babylonien, faisons quelques remarques concernant la place qu'il occupe
dans la transmission de la pensée rabbinique. On peut d'abord retenir
que le Talmud babylonien représente une encyclopédie juive achevée,
du moins pour sa plus grande partie, aux VIe et VIIe siècles après
J.-C., et qu'il commente la Mishna paragraphe par paragraphe.[4] Pour
sa part, la Mishna est l'encyclopédie la plus ancienne, datant des IIe
et IIIe siècles. Cependant, les textes de la Mishna ne sont pas les
seuls à dater de l'époque des tannaïm. À coté de la Mishna nous
avons la Tossefta, une codification contemporaine du droit rabbinique
de la première moitié du IIIe siècle, ainsi qu'une série de citations
isolées des tannaïm. Celles-ci, appelées "Baraita", sont conservées
dans les parties du Talmud qui ne font pas partie de la Mishna, à
savoir dans la Gemara, où elles sont introduites par la formule תני ("on
enseigne"). C'est de ce mot que dérive le substantif tannaïm. En
même temps, la formule citée permet de dater plus précisément les
passages de la Gemara dont elle est absente : Ceux-ci sont rédigés
après l'achèvement de la Mishna mais *avant* la rédaction du Talmud,
c'est-à-dire à l'époque amoraïque. Pour en revenir au nom d'Eléazar,
G. Stemberger distingue 15 rabbis de ce nom, dont deux sont si
importants qu'il suffit d'omettre les noms de leur pères. Quant à
l'époque amoraïque, nous ne connaissons qu'une personne du nom
R. Eléazar, à savoir ben Pedat qui, né à Babylone, fit ses études en
Israël et prit en charge la direction de l'école de son père à Tibériade.[5]

Comme le texte cité ci-dessus le montre, R. Eléazar ben Pedat
émet l'idée suivante : En ce qui concerne les activités des hommes,
la volonté divine consiste essentiellement, d'après Mi 6:8, à leur
demander d'accomplir les actions concrètes : les activités judiciaires,
l'engagement social et deux autres activités sociales bien concrètes :
l'enterrement des morts et la prise en charge des frais d'un mariage
(le don d'une dot ?). Quant aux activités judiciaires, l'auteur les déduit
d'une interprétation littérale du texte biblique, tandis que les deux
dernières activités peuvent être comprises comme des concrétisations
de l'engagement social lorsque celui-ci concerne le début et la fin
de la vie humaine. Soulignons dans ce contexte qu'un élément essentiel de l'exégèse de R. Eléazar réside dans la mise en rapport de
deux termes : אהבת חסד "aimer la miséricorde" et גמילות חסדים "œuvres

---

[4] Le Talmud de Jérusalem est plus ancien que le Talmud babylonien. Il date du
Ve siècle après J.-C.

[5] Cf. note 3.

de charité". Or le passage du Talmud babylonien cité ci-dessus de bSuk 49b implique d'accomplir celles-ci avec modestie, et non pour attirer l'attention du public.

Soulignons encore un autre aspect important propre au texte cité : En prêtant aux mots bibliques אהבת חסד le sens de "œuvres de charité" (נמילות חסדים), R. Eléazar propose une espèce de définition : L'attitude appelée חסד (le substantif étant employé au singulier) se concrétise, d'après cette interprétation rabbinique, dans les œuvres de charité (חסד au pluriel). Nous trouvons cette interprétation également ment dans de Targum d'Osée 6:6, où le mot חסד est sans aucun doute investi de ce sens au singulier ainsi que le montre l'usage d'un verbe désignant une action :[6]

אֲרֵי בְּעָבְדֵי חִיסְדָּא רַעֲוָא קֳדָמַי מִמַּדְבַּח
וְעָבְדֵי אוֹרַיְתָא דַיְיָ מְמַסְקֵי עֲלָין

> Puisque à ceux qui pratiquent ḥæsæd je me plais plus qu'à ceux qui sacrifient, et (plus) à ceux qui servent le message/la Torah complète de YHWH qu'à ceux qui offrent des holocaustes.[7]

Ainsi le Targum d'Osée 6:6 représente-t-il un résumé tardif de l'exégèse qui est discutée et argumentée dans les Talmudim et les Midrashim.

Ce n'est pas seulement dans le contexte du mot חסד que les auteurs juifs soulignent l'importance des œuvres de charité. Dans la suite du passage cité de bSuk 49b, une autre citation de R. Eléazar, qui s'appuie sur Pr 21:3, sert d'argument en faveur d'une attitude critique par rapport au sacrifice. Cette fois-ci, on n'emploie pourtant pas le substantif חסד mais צדקה ("justice", en hébreu rabbinique surtout "aumône").[8]

א"ר אלעזר
נדול העושה צדקה יותר מכל הקרבנות
שנאמר
עשה צדקה ומשפט
נבחר לה מזבח

---

[6] La traduction suit celle de K.J. Cathcart, R.P. Gordon, *Targum of the Minor Prophets. Translated with a Critical Introduction, Apparatus, and Notes* (The Aramaic Bible 14 ; Edinburgh : Clark, 1989), 42 : "For those who do acts of kindness are more desirable before me than he that sacrifices, and those who carry out the law of the Lord more than those that offer up burnt offerings."

[7] Selon les *Miqra'ot G^edolot* (Jérusalem : Pe'er HaTorah, 1970).

[8] La différence entre l'aumône et la צדקה réside dans le fait que cette dernière est obligatoire: Le pauvre peut réclamer qu'on lui accorde la צדקה.

R. Eléazar a dit :

Qui fait la justice est plus grand que quelqu'un qui fait toutes les offrandes, comme il est dit :

"Qui pratique la justice et l'équité, vaut pour YHWH mieux que le sacrifice" (citation de Pr 21:3) (bSuk 49b).

On ne s'étonne pas de trouver une tradition analogue dans une commentaire rabbinique des Proverbes (MidrProv 21:3) :[9]

עושה צדקה ומשפט
נבחר לה' מזבח
אמ' ר' אלעזר ברבי שמעון
כל עושה צדקה ומשפט
מעלה לפני הב"ה כאלו מקריב עולות וזבחים לפניו

Qui pratique la justice et l'équité,

vaut pour YHWH mieux que le sacrifice.

R. Eléazar a dit par R. Shimon :

"Quiconque pratique la justice et l'équité,

à celui seront comptées [ces œuvres] devant YHWH—qu'il soit béni—comme s'il apporte holocaustes et sacrifices devant lui."

Cependant, חסד et צדקה ne sont pas du tout synonymes dans l'hébreu rabbinique. Une *baraita* intégrée dans la collection des paroles de R. Eléazar en bSuk 49b, conçoit le rapport entre, d'une part, les גמילות חסדים et, d'autre part, la צדקה en ces termes :

ת"ר
בשלשה דברים גדולה גמילות חסדים יותר מן הצדקה
צדקה בממונו
גמילות חסדים בין בגופו בין בממונו
צדקה לעניים
גמילות חסדים לעניים בין לעשירים
צדקה לחיים
גמילות חסדים בין לחיים בין למתים

Les Rabbins enseignent :

Pour trois raisons les œuvres de charité sont plus importantes que l'aumône :

---

[9] Le texte est cité d'après l'édition *Midrash Mishle. A Critical Edition based on Vatican MS. Ebr. 44* (ed. B.L. Visotzky, New York : Jewish Theological Seminary of America, 1990). Traductions : *Bibliotheca Rabbinica vol. IV* (traduit par A. Wünsche, Hildesheim : Olms, 1967) et : *The Midrash on Proverbs* (traduit par B.L. Visotzky ; Yale Judaica Series 27 ; New Haven : Brown, 1991). Cf. pour une introduction G. Stemberger, *Einleitung* (cf. note 3), 317. Cet auteur plaide pour l'hypothèse que ce midrash a été rédigé en Palestine. Il est sûrement postérieur au Talmud parce qu'il n'est pas cité avant le XIe siècle.

– L'aumône se fait avec de l'argent,
les œuvres de charité non seulement par (l'intervention d'une) personne mais aussi avec de l'argent.
– L'aumône (est destinée) aux pauvres,
les œuvres de charité non seulement aux pauvres mais aussi aux riches.
– L'aumône (est destinée) aux vivants,
les œuvres de charité non seulement aux vivants mais aussi aux morts.

Ces arguments invitent à conclure que la צדקה est considérée à plus d'un égard comme étant plus particulière que les גמילות חסדים. À cela il convient d'ajouter que צדקה a, au fond, un sens juridique, idée qui sera argumentée ci-dessous dans le contexte de l'interprétation de DtnR Shoftim 5,3. Par contre, חסד est un substantif—et ceci vaut aussi pour l'hébreu rabbinique—qui désigne un lien fondamental entre l'homme et Dieu. Cela ressort, par exemple, du Midrash Tehillim Shochar Tov 9,2 qui est une interprétation du titre du Ps 9:1. Tout d'abord, le texte cite Qoh 12:10. Son auteur—Salomon selon la tradition rabbinique—s'applique à trouver des choses agréables. De quoi s'agit-il ? Le texte discute plusieurs possibilités : la préparation de l'eau lustrale à travers le sacrifice de la vache rousse (Nb 19:2ss) ainsi que le livre du Juste (Jos 10:13). Puis Salomon se met à explorer en quoi consiste le salaire pour l'observance des commandements. Citions maintenant ce texte du Midrash Tehillim Shochar Tov 9,2 (Midrash du Ps 9:1, 40b) :

דבר אחר
בקש שלמה לעמוד על מתן שכרן של מצות
הדא הוא דכתיב
כי חסד חפצתי ולא זבח
וכל העניין
וידעת כי ה' אלהיך הוא האלהים האל הנאמן
[שומר הברית והחסד לאוהביו ולשומרי מצותיו] (Dtn 7:9)

Une autre interprétation.
Salomon a cherché à explorer sur quoi s'appuie le futur salaire (pour l'observance) des commandements.
Voici ce qui est écrit à ce propos :
"Car j'aime ḥæsæd et non les sacrifices" (Osée 6:6)
Et voici l'ensemble de l'argument :

"Tu reconnaîtras que YHWH est ton Dieu. C'est lui qui est Dieu, le Dieu fidèle (qui garde son alliance et ḥæsæd envers ceux qui l'aiment et qui observent ses commandements)" (Dt 7:9).

D'après ce texte, חסד est l'attitude que l'homme prend pour répondre à l'amour et à la fidélité de Dieu. En ce qui concerne la question

de Salomon relative au salaire pour l'observance des commandements, aucune réponse directe ne sera donnée, excepté celle qui
porte sur l'obligation imposée aux hommes : L'amour de Dieu et
l'exécution de ses commandements représentent la façon dont les
hommes réagissent à l'amour et à la fidélité de Dieu. Si חסד se manifeste aussi dans les œuvres de charité, c'est-à-dire au niveau humain,
c'est qu'elle fait partie de la relation plus vaste qui existe entre
l'homme et Dieu. Quoi qu'il en soit, l'interprétation nouvelle de חסד
comme œuvre de charité ne date pas du IIIe siècle après J.-C. mais
elle est plus ancienne.[10]

B. *L'arrière-fond de cette interprétation : Comment gérer le problème fondamental de la destruction du deuxième temple ?*

La destruction du deuxième temple en 70 après J.-C. marque un
tournant important dans l'histoire du judaïsme, tant dans l'opinion
des contemporains que dans celle de leur postérité. Cela se reflète
à plusieurs niveaux. En ce qui concerne, par exemple, la fonction
expiatoire attribuée aux sacrifices ainsi qu'aux aumônes, le Talmud
babylonien, bBer 55a, constate :

ר׳ יוחנן ור׳ אלעזר דאמרי תרוייהו

כל זמן שבהמ״ק קיים מזבח מכפר על ישראל

ועכשיו שלחנו של אדם מכפר עליו

> R. Jochanan et R. Eléazar ont dit tous les deux :
> "Tant que le lieu saint existait, l'autel expiait pour Israël,
> aujourd'hui la table de l'homme expie pour lui" (bBer 55a).

Comme d'habitude, R. Jochanan est identifié avec R. Jochanan bar
Nappacha[11] qui, né à Séphoris, a enseigné à Tibériade. Il fait partie de la deuxième génération amoraïque qui est datée de la deuxième moitié du IIIe siècle après J.-C.[12] Parmi ses élèves, nous pouvons
compter le déjà mentionné R. Eléazar ben Padat qui, tout comme
son maître, enseigne pendant un an à Tibériade, endroit où tous les
deux meurent en 279 après J.-C.[13] La tradition rabbinique leur prête
une interprétation de la destruction du deuxième temple d'après

---

[10] Cf les articles de G. Lusini et de P. Keith dans le présent ouvrage.
[11] Cf. G. Stemberger, *Einleitung* (cf. note 3), 93.
[12] R. Jochanan est mort aux alentours de 279 après J.-C. (cf. G. Stemberger,
ibid., 93).
[13] Cf. G. Stemberger, *ibid.*, 93.96.

laquelle cet événement signifie un tournant capital dans l'histoire de la religion juive. D'un point de vue historique, ce tournant n'est guère une rupture totale. Certes, l'expiation sacrificielle prend fin. Cela n'empêche pas que l'expiation non-cultuelle, déjà connue auparavant, prenne la place de la première et s'intensifie.

En ce qui concerne l'époque plus proche de la crise de 70 après J.-C., un des personnages les plus importants est R. Jochanan ben Zakkai, mort vers l'année 80, car c'est à lui que revient le mérite de réorganiser l'enseignement et la jurisprudence juives—activité qui se reflète dans une abondance de traditions souvent légendaires. Ainsi les *Avot de Rabbi Nathan* transmettent-ils un entretien susceptible d'illustrer l'attitude que prend ce rabbi devant le temple détruit (ARNA 4, p. 11a) :[14]

פעם אחת היה רבן יוחנן בן זכאי יוצא מירושלים
והיה ר׳ יהושע הולך אחריו
וראה בית המקדש חרב
אמר ר׳ יהושע
אוי לנו על זה שהוא חרב מקום
שמכפרים בו עונותיהם של ישראל
א״ל
בני אל ירע לך
יש לנו כפרה אחת שהיא כמותה
ואיזה זה
גמילות חסדים
שנאמר
כי חסד חפצתי ולא זבח

Rabban Jochanan ben Zakkai sortit de Jérusalem
et R. Jehoshua le suivit.
Et il vit le temple détruit.
R. Jehoshua dit :
"Malheur à nous, car détruit est le lieu,
où l'on expie les péchés d'Israël."
Il lui dit :
"Mon fils, que cela ne te déplaise pas !
Nous avons une expiation qui ressemble à celle-ci."
"Et laquelle ?"
"Ces sont les œuvres de la charité,
comme il est dit :
'Car j'aime *hæsæd* et non les sacrifices' (Osée 6:6)."

---

[14] Le texte est cité d'après l'édition *Aboth de Rabbi Nathan* (ed. S. Schechter ; Hildesheim/New York : Olms, 1993). ARNA est une édition plus longue des *Avot d'Rabbi Nathan* (VIIe–IXe s.).

Le problème sous-jacent à cet entretien est de savoir s'il existe une institution susceptible de se substituer au temple en tant qu'endroit d'expiation. R. Jochanan non seulement répond par l'affirmative à cette question, mais il apprend aussi à son élève comment transformer son deuil en engagement social.[15] Ainsi, en assimilant l'événement de la destruction du temple, on se rend compte du fait qu'il est possible de pratiquer חסד même après la cessation du culte sacrificiel. Cette "indépendance" de חסד par rapport au culte conduit à réfléchir sur la question de savoir s'il en va de même pour le passé. Le culte peut-il alors passer aussi comme une institution plus récente que חסד ? Voici la question à aborder dans le paragraphe suivant.

C. *L'argument décisif : חסד est plus ancien que les sacrifices*

Si R. Jochanan émet l'hypothèse qui veut que les œuvres de charité peuvent se substituer aux sacrifices, c'est qu'il s'appuie probablement sur une théorie plus ancienne. Cela peut être corroboré par le texte *Avot* 1:2 qui fait l'objet d'un commentaire en *ARNA* 4 :

> שמעון הצדיק היה משירי כנסת הגדולה
> הוא היה אומר
> על-שלשה דברים העולם עומד
> על התורה ועל העבודה ועל נמילות חסדים

> Simon le juste a été l'un des derniers de la grande synode.
> Il avait coutume de dire :
> "Sur trois choses le monde est fondé :
> Sur la Torah, sur le sacrifice et sur les œuvres de la charité" (Avot 1:2).

Que signifie cela ? Si les trois entités mentionnées "fondent" la création, c'est qu'elles sont à son origine ; par ailleurs, elles permettent que la création soit conservée dans son existence. Ces pensées ne sont pas dépourvues d'un arrière-plan scripturaire consistant avant tout dans les textes qui associent la création à d'autres idées : Ps 19 (création et Torah) ou Ex 39s. (la construction d'un lieu sacré en tant que but de la création). En ce qui concerne les œuvres de charité, ARNA 4[16] avance l'argument suivant afin d'en démontrer le lien avec la création :

---

[15] ARNA 4 (page 12b) précise pourtant que R. Jochanan ben Zakkai a effectivement déploré la destruction du temple.

[16] Cf. aussi une explication contemporaine de *Avot* 1:2 allant dans le même sens en PRE 15 (16) (37a) ; là aussi on cite Osée 6:6 pour argumenter l'importance des œuvres de charité.

על גמילות חסדים
כיצד
הרי הוא אומר
כי חסד חפצתי ולא זבח
העולם מתחלה לא נברא אלא בחסד
שנאמר
כי אמרתי עולם חסד יבנה
שמים תכין אמונתך בהם

> "Sur les œuvres de charité [est fondé le monde]" (Avot 1:2)
> Pourquoi ?
> Regarde, cela veut dire :
> "Car j'aime *ḥæsæd* et non les sacrifices" (Os 6:6).
> Le monde n'est crée au début que par *ḥæsæd*,
> comme il est dit :
> "Car j'ai dit : *ḥæsæd* construit le monde ;
> les cieux—tu y as établi ta fidélité." (Ps 89:3)
> (Il s'ensuit l'entretien mentionné de R. Jochanan avec R. Jehoshua)

Voici donc la source biblique qui sert à argumenter l'affirmation de Simon le Juste. Le point saillant en est, comme nous l'avons vu, que חסד est considéré comme plus ancien que la création, argument qui vaut à חסד sa grande estime.[17]

Si le texte cité accorde à la Torah, aux sacrifices et à חסד un rang privilégié par rapport à la création, un document plus tardif va jusqu'à attribuer à חסד une origine antérieure à celles des sacrifices. La citation en question se trouve dans les *Pirqe de R. Eliezer* (PRE), ouvrage influencé par des sages musulmans et datant sans doute du VIIIe siècle après J.-C. parce qu'il ne fait l'objet de citations qu'au IXe siècle.[18] Le texte qui nous intéresse est PRE 11 [12],16 (31a) :

ביום שנברא אדם הראשון
שנאמר
ביום הבראך כוננו
אמר הקב״ה למלאכי השרת
בואו ונגמול חסד לאדם הראשון ולעזרו
שעל מדת גמילות חסדים העולם עומד
אמר הקב״ה
חביבה גמילות חסדים מזבחים ועולות

---

[17] Pour les arguments portant sur l'origine et la date de ces institutions cf. M. Millard, *Die Genesis als Eröffnung der Tora. Kompositions- und auslegungsgeschichtliche Studien zum ersten Buch Mose* (WMANT 90 ; Neukirchen-Vluyn : Neukirchener Verlag, 2001), 241ss. Si l'on situe un commandement dans une époque ancienne c'est dans le but d'en accentuer l'importance. Tel est p. ex. le cas pour le droit de l'étranger.

[18] Cf. G. Stemberger, *Einleitung* (cf. note 3), 322. Toutefois il est possible que le texte comporte des ajouts plus tardifs.

שישראל עתידים להקריב לפני על נבי המזבח
שנאמר
כי חסד חפצתי ולא זבח

Le jour où le premier homme est créé,
comme il est dit :
"Le jour de ta création tu as fondé [sc. ḥæsæd]" (Ez 28:13)
Le saint—qu'il soit béni—dit à ses anges de service :
"Venez, apportons ḥæsæd au premier homme et à son aide
car le monde est fondé sur les œuvres de la charité."
Le saint—qu'il soit béni—dit : "Les œuvres de la charité sont préférables
aux sacrifices et aux holocaustes
ceux que Israël offrira dans l'avenir devant moi sur l'autel",
comme il est dit :
"Car j'aime *ḥæsæd*, non les sacrifices" (Osée 6:6).

Selon cette interprétation de l'histoire de la création, Dieu fait descendre sur la terre ses anges de service, afin d'apporter חסד à Adam
et à Ève, car c'est sur cette qualité que le monde est fondé (verbe
עמד).[19] De cette façon, חסד est une qualité dont est pourvu le premier couple humain lors de sa création. Mais on peut aller plus
loin : חסד n'est pas l'apanage du premier couple mais devient le
principe sur lequel est fondée toute communauté humaine, avant
tout celle qui relie homme et femme. Si חסד jouit d'une si grande
considération, c'est en raison de l'importance que cette qualité revêt
pour les générations futures, notamment du point de vue de la création. En fait, dans cette perspective, le temple et le culte qui y est
pratiqué, appartiennent à un avenir éloigné. Cela n'implique pas
que, une fois le temple construit, חסד cède la place aux sacrifices.
Au contraire, on renvoie à Os 6:6 pour affirmer qu'à cette époque
aussi חסד sera plus important que les sacrifices.

En ce qui concerne la mise en rapport de חסד avec la création,
cette théorie est citée à plusieurs reprises par d'autres ouvrages rabbiniques, dont le Midrash des Psaumes (Midrash Tehillim Shochar
Tov 89,1, 191a) qui a recours à Os 6:6 pour expliciter la notion de
חַסְדֵי יְהוָה עוֹלָם ("les actes de fidélité éternels [חסד au pluriel] de
YHWH"). Il en va de même pour un midrash peu connu, et dont
nous ignorons le lieu et la date de rédaction,[20] Seder Eliahu Rabba

---

[19] Ce texte fait allusion au Ps 89:3.
[20] Cf. G. Stemberger, *Einleitung* (cf. note 3), 332 : Les hypothèses relatives à la
datation du texte divergent considérablement. On avance des arguments pour situer
le texte entre le IIIe et le Xe après J.-C. L'origine babylonienne du texte fait également l'objet de controverses.

7,19 (p. 38). Citons ce texte afin de mettre en relief les implications du raisonnement cité qui consiste à ancrer חסד dans l'acte de la création alors que les sacrifices sont d'origine plus récente et, par là, de valeur relative. Le paragraphe qui nous intéresse porte sur les sacrifices évoqués en Lv 6:2ss. Dans ce contexte, la citation d'Es 53:10aγ se référant au serviteur de Dieu fait l'objet d'un commentaire. Le texte biblique porte :

יִרְאֶה זֶרַע יַאֲרִיךְ יָמִים

Il verra une postérité et prolongera ses jours.

Ce parallélisme est compris dans le sens qu'il porte sur le monde actuel et le monde futur. Par la suite, le midrash aborde Lv 7:11 qu'il rapproche de Jr 7:21. Alors que dans ce verset Dieu semble demander des sacrifices, le verset suivant les critique. Or ce n'est pas sur Jr 7:22 que s'appuie Seder Eliahu Rabba 7,19, pour argumenter son jugement critique par rapport aux sacrifices, mais sur Os 6:6. Cependant, en citant ce texte biblique, le midrash semble supposer qu'il préfère l'aumône aux sacrifices, car le texte qui précède loue les fils d'Ésaü pour leurs œuvres de charité. Retenons encore une autre particularité du texte : Dans cette interprétation, les prescriptions relatives aux sacrifices ne sont considérées comme valables que pour la période durant laquelle Israël existe en tant qu'état :

וואת תורת זבח השלמים

כשהיו ישראל במדינה

מה נאמר בהן

כה אמר ה' צבאות אלהי ישראל

עלותיכם ספו על זבחיכם (Jr 7:21)

ואומר

כי חסד חפצתי ולא זבח (Os 6:6)

"Et voici la Torah du sacrifice de communion" (Lv 7:11).
Tant que Israël était dans un état.
Qu'entend-on par là ?
Ainsi parla YHWH des armées, le Dieu d'Israël :
"Ajoutez vos holocaustes à vos sacrifices" (Jr 7:21).
Et il dit :
"Car j'aime *ḥæsæd* et non les sacrifices" (Os 6:6).

Si les textes cités insistent tellement sur la priorité de חסד par rapport aux sacrifices, une telle option est compréhensible à l'arrière-fond de la destruction du temple. D'un point de vue historique, force est de reconnaître que les sacrifices sanglants ne sont en usage que dans une époque restreinte de l'histoire d'Israël. Après la destruction du temple, on se souvient de ces faits historiques—dans le but de retrouver des institutions ou des convictions immuables et non pas atteintes par les vicissitudes de l'histoire. C'est donc la situation vécue après 70 après J.-C. qui amène les savants juifs à accentuer l'antériorité de חסד et à en situer l'origine dans le passé éloigné qu'est l'époque de la création du monde.

D. *Le raisonnement complet et systématique et : DtnR Shoftim 5,3*

En DtnR 5,3 (= Dtn Shoftim 3), les deux arguments cités—l'ancienneté et la durée plus longue de חסד par rapport aux sacrifices—font l'objet d'un approfondissement. Ce texte, que l'on peut attribuer à la tradition de Tanchuma/Jelamdenu,[21] est sans doute postérieur au Talmud, datation que peut confirmer le paragraphe cité ci-dessous. Le point de départ en est l'installation de juges selon Dt 16:18, verset qui par la suite est rapproché de Pr 21:3. Ce procédé donne lieu à une réflexion autour de la relation entre les sacrifices et la צדקה. Citons maintenant le texte de DtnR 5,3 (à Dt 16:18, p. 96) :[22]

ד"א שופחים ושוחרים
הה"ד
עושה משפט לעשוקים
ונאמר
עושה צדקה ומשפט נבחר לה' מזבח
נבחר לה'
אין כתי' כאן אלא מזבח
כיצד הקרבנות לא היו נוהגין אלא בפני הבית
אבל הצדקה והדינין נוהגין בין בפני הבית בין שלא בפני הבית [. . .]
ד"א
הקרבנות אין מכפרין אלא בשוגג
והצדקה והדינין מכפרין בין בשוגג בין במזיד
ד"א
הקרבנות אין נוהגין אלא בתחתונים
והצדקה והמשפט בין בתחתונים בין בעליונים
ד"א
הקרבנות אין נוהגין אלא בעה"ז
והצדקה והדינין בין בעה"ז ובין בעה"ב[23]

---

[21] Cf. G. Stemberger, *Einleitung* (cf. note 3), 302s.

[22] Le texte est cité d'après l'édition *Midrash Debarim Rabbah. Edited for the first time from the Oxford ms. No. 147 with an Introduction and Notes* (ed. S. Liebermann ; Jérusalem : Wahrmann, 3ème édit 1974), 96.

[23] Dans l'édition traditionnelle de Wilna (109d), le texte est plus court. Cf. la note 24. L'édition de Liebermann représente une tradition espagnole, tandis que celle de Wilna correspond aux versions française et allemande.

A   Une autre chose concernant "Des juges et des magistrats (tu [les]
    établiras . . .)" (Dt 16:18) :
B   L'écriture dit :
    "Il fait droit aux opprimés" (Ps 146:7)
C   Et il est dit :
    "Qui fait la justice/l'aumône et le droit, vaut pour YHWH
    mieux que le sacrifice" (Pr 21:3)
D   "vaut pour YHWH mieux que" :
    Seul le sacrifice est mentionné ici.
E   [L'argument portant sur les endroits :]
    Comme les offrandes n'étaient pratiquées que devant le temple,
    mais la justice et la juridiction étaient pratiqués devant le temple
    aussi bien qu'en dehors du temple. [. . .]²⁴
F   [L'argument portant sur la nature des offrandes et de la justice :]
    Autre chose : Les offrandes n'expient que les péchés non prémédités,
    mais la justice et le droit non seulement les péchés non prémédités
    mais aussi les péchés prémédités.
G   [L'argument portant sur les acteurs :]
    Autre chose :
    Les offrandes sont pratiquées par les humbles [i.e. les hommes],
    mais la justice et le droit non seulement par les humbles mais
    aussi par les plus hauts [i.e. les anges].
H   [L'argument portant sur le temps :]Autre chose:
    Les offrandes ne sont en usage que dans ce monde,
    la justice et le droit non seulement dans ce monde mais aussi
    dans le monde qui vient.
    (DtnR 5,3, à Dt 16:18, 201d ?)

Comme nous l'avons vu, DtnR 5,3 avance quatre arguments susceptibles de relativiser la valeur des sacrifices. Tout en supposant
que le sacrifice sanglant soit un résultat tardif dans l'histoire d'Israël,
le premier argument nuance cette idée en situant les sacrifices dans
le temple.²⁵ À la différence de cet argument local, le deuxième argument différencie entre les motifs des acteurs. C'est sur ces derniers
que porte le troisième argument : Il n'y a de sacrifices que dans le
domaine des hommes. Le quatrième argument fait valoir l'idée que
les sacrifices n'ont pas d'avenir. En insistant sur l'absence du sacrifice
dans le monde à venir, l'idée déjà citée selon laquelle le sacrifice ne

---

²⁴ Ici l'édition de Liebermann ajoute l'argument G.
²⁵ Dans son interprétation des textes bibliques, le Midrash suppose la réforme de
Josias qui vise à la centralisation du culte au temple de Jérusalem. En même temps,
le Midrash ne tient pas compte du fait que la Bible connaît d'autres sacrifices, p.
ex. ceux qui sont situés dans l'époque de la marche dans le désert.

remonte pas à la création subit une transformation. Quoi qu'il en soit, retenons que dans DtnR 5,3 les deux arguments portant sur le temps forment le début et la fin du paragraphe.

Dans son ensemble, le texte ne vise qu'un but : l'éloge de la justice comme principe d'expiation universel : Par rapport à la justice, les sacrifices passent au second rang. Que la justice soit concrètement pratiquée dans la juridiction (הדינין "tribunaux") ou dans le jugement (המשפט)—il est évident que la justice en tant que telle en est le dénominateur commun, et c'est à travers elle que se pratique l'expiation.

Que DtnR 5,3 cite Pr 21:3, au lieu d'Os 6:6, tient au contexte du passage : Comme DtnR 5,3 explique l'importance de l'installation des juges prescrite par Dt 16:18 un texte citant le terme juridique- צדקה se prête mieux à ce contexte. Cela n'empêche pas de faire valoir les arguments avancés par DtnR 5,3 s'il s'agit de mettre en rapport חסד et les sacrifices. En effet, tant צדקה que חסד désignent un agir concret ainsi qu'un rapport plutôt général. Si les deux sont considérés comme plus importants que le sacrifice c'est qu'il ne sont sujets à aucune limitation, qu'elle concerne le lieu, l'acteur, la nature du péché et le temps.

E. *D'autres pratiques susceptibles de se substituer aux sacrifices*

Dans l'interprétation de Mi 6:8 par R. Eléazar dans bSuk 49b, on peut constater que d'autres pratiques que les œuvres de charité prennent la place des sacrifices. Parmi celles-ci, la littérature rabbinique compte les études de la Torah, ainsi en bMen 110a, une explication de Ml 1:11. Le point de départ est un problème de compréhension. En fait, on se heurte à la contradiction entre, d'une part, la centralisation du culte au temple de Jérusalem prescrite par le Deutéronome et, d'autre part, à l'énoncé de Malachie qui part de l'idée que tous les peuples offrent des sacrifices à YHWH.[26] Dans ce contexte il convient de rappeler que les rabbins n'ont pas fait les distinctions diachroniques et sociales adoptées par l'exégèse moderne. A plus forte raison les données textuelles obligent à élaborer une explication :

---

[26] Un autre texte susceptible d'entrer en contradiction avec la centralisation du culte est Ex 20,24a. Qu'il suffise de renvoyer ici à F. Crüsemann, *Die Tora. Theologie- und Sozialgeschichte des alttestamentlichen Gesetzes* (Munich : Kaiser, 2ème édit. 1997), 203s.

בכל מקום מוקטר מונש לשמי
בכל מקום סלקא דעתך
אמר רבי שמואל בר נחמני אמר ר' יונתן
אלו תלמידי חכמים העוסקים בתורה בכל מקום
מעלה אני עליהן כאילו מקטירין ומנישין לשמי
ומנחה שהורה זה הלומד תורה בטהרה
נושא אשה ואחר כך לומד תורה

A [Car du Levant au Couchant, mon nom est grand parmi les nations], et en tout lieu on présente un sacrifice d'encens en l'honneur de mon nom. Et l'on présente une offrande (מנחה) pure ; [car grand est mon nom parmi les nations, dit l'Éternel des armées) (Ml 1:11)

B "En tout lieu" ? Est-que tu peux penser cela ?

C R. Shemuel bar Nachmani dit : R. Jonatan a dit :
Ce sont les élèves qui sont occupés de la Torah en tout lieu.
J'en tiens compte, comme s'ils avaient offert de l'encense et des sacrifices à mon nom [= au nom de Dieu].

D "Une offrande (מנחה) pure" : c'est quelqu'un qui fait ses études en pureté.

E (Quelqu'un,) qui épouse une femme et fait ensuite ses études de la Torah (bMen 110a).[27]

Sans pour autant remplacer les sacrifices, les études de la Torah les transfèrent à un autre niveau (conformément à la notion de "Aufhebung" dans la philosophie de Hegel). À raison G. Bodendorfer, qui a interprété ce passage, renvoie à bTaan 27b, texte selon lequel la lecture des textes relatifs aux sacrifices peut remplacer le sacrifice lui-même.[28] Qu'on ait attribué à ces textes une grande valeur ressort de la pratique de les lire, à l'école, au début de la lecture de la Torah. D'où le rôle central que joue l'occupation avec Lv 1ss dans la théologie rabbinique. En ce qui concerne les autres pratiques et attitudes susceptibles de se substituer aux sacrifices, on renvoie aussi au Ps 51:19 : Le "coeur brisé et broyé", c'est-à-dire que l'humilité peut remplacer les sacrifices.[29]

Tandis que les textes cités auparavant mettent en relation חסד et les sacrifices, d'autres textes abordent le sujet de la relation entre la

---

[27] Notre traduction suit G. Bodendorfer, "Der Horizont einer Exegese des Buches Leviticus in den rabbinischen Midraschim," in *Leviticus als Buch* (ed. H.-J. Fabry, H.-W. Jüngling ; BBB 119 ; Berlin/Bodenheim : Philo, 1999), 343–371, spécialement 368s.

[28] Cf. G. Bodendorfer, *ibid.*, 369.

[29] Cf. G. Bodendorfer, *ibid.*, 369. Ici aussi on note les parallèles avec l'interprétation de Mi 6:8 par R. Eléazar (bSuk 49b).

prière quotidienne et les sacrifices. À ce propos, bBer 26b cite des opinions divergentes en ce qui concerne la raison pour laquelle les prières obligatoires sont prescrites. Selon R. Jose ben Chanina, leur introduction remonte aux trois patriarches. À l'encontre de cet avis, R. Jehoshua ben Levi affirme que les prières quotidiennes correspondent aux sacrifices quotidiens. La contradiction est apparente, d'autant plus que d'après R. Jose l'introduction des prières précède les sacrifices dans le temple. Dans la tradition rabbinique, les deux traditions sont suffisamment attestées. En considération des opinions partagées, bBer 26b défend la théorie suivante : Il est vrai que les patriarches ont introduit les prières. Cela n'interdit pas de s'appuyer sur la législation cultuelle, comme le font les rabbins dans leur raisonnement. À proprement parler, les patriarches n'ont que préfiguré les sacrifices. Que les prières quotidiennes ne remplacent pas réellement les sacrifices, ressort à l'évidence d'un de ses textes : Le paragraphe 14 des Dix-huit bénédictions porte sur la reconstruction de Jérusalem. Tout en ayant comblé la lacune qu'a provoquée la cessation du culte, on se rend compte que cette lacune demeure, et l'on s'en souvient.

F. *Résumé et réflexions ultérieures*

1. *Une exégèse adaptée à la situation*

Notre étude de l'interprétation rabbinique d'Os 6:6 nous permet d'illustrer les traits de la méthode exégétique qu'adopte cette théologie à maintes reprises.[30] Une caractéristique importante de la théologie rabbinique est l'herméneutique qui la sous-tend. Celle-ci lui confère une grande flexibilité avec laquelle une telle théologie est susceptible de réagir, en recourant à des enseignements traditionnels, à des situations nouvelles. Or une situation radicalement nouvelle se présente au moment où le deuxième temple est détruit, événement qui donnera l'impulsion initiale au mouvement rabbinique et qui demandera une relecture de l'Écriture qui soit adaptée à la situation. Dès lors, l'exégèse rabbinique se présente non comme une interprétation rigide des lois mais comme une tentative vivante qui vise à promouvoir, dans des circonstances changées, une relation avec Dieu. Comme nous l'avons dit, le point de départ de cette réflexion est la

---

[30] Cf. par exemple l'œuvre de J. Neusner, en particulier J. Neusner, *Christian Faith and the Bible of Judaism. The Judaic Encounter with Scripture* (Grand Rapids : Eerdmans, 1987), x.

destruction du temple et la conséquence qui en découle : la fin des sacrifices en tant que rites d'expiation. D'où le besoin de prendre en considération d'autres moyens susceptibles de remplacer les sacrifices, en particulier les œuvres de charité, l'étude de la Torah et la prière quotidienne. Si l'on a recours, dans ce contexte, à Os 6:6 c'est pour argumenter l'estime qui revient aux œuvres de charité.

2. *Éléments d'une approche systématique*

Au début de notre article nous avons évoqué le changement de signification que subit le substantif חסד déjà à l'époque prérabbinique : Désormais, ce mot désigne, certes, une attitude, mais celle-ci se concrétise dans des actes spécifiques, par exemple dans les œuvres de charité. D'après les considérations rabbiniques citées, celles-ci sont jugées susceptibles d'équivaloir aux sacrifices—à l'instar d'autres activités, notamment la lecture et l'étude de la Torah ainsi que les prières. Or nous avons vu qu'ailleurs, en particulier dans les textes de l'Ancien Testament, חסד sert à décrire, entre autres, la relation réciproque entre l'homme et Dieu. Cette relation ne sera pourtant pas atteinte par la fin des sacrifices, c'est-à-dire par l'absence *d'un seul moyen* qui sert à établir la dite relation. Au contraire, non seulement dans la relation entre l'homme et Dieu mais aussi dans les rapports au niveau humain, il demeure beaucoup d'actes dans lesquelles se reflète l'attitude appelée חסד.

3. *Une théologie contextuelle*

Les réflexions menées auparavant invitent à tirer la conclusion suivante : Bien qu'on ne lui attribue habituellement pas cette qualité, l'interprétation rabbinique de la Bible vise à en dégager *un seul sens*. Pour cette raison, il serait légitime de parler d'un essai de théologie biblique. Cela ressort par exemple de l'agencement d'une interprétation individuelle qui consiste à confronter un verset biblique avec un autre. Ce faisant, on aboutit à une conclusion qui fait justice à chacun des deux versets, comme le montre l'exégèse proposée par DtnR 5,3 (cf. ci-dessus). À cela s'ajoute une autre idée : Il ressort de la reprise et de la relecture des arguments rabbiniques dans des ouvrages plus récents dans quelle la mesure la théologie rabbinique est imprégnée par la théologie et l'histoire bibliques. Citons un exemple pour illustrer cela : Dans le récit de Caïn et d'Abel, le Targum Jonathan insère une discussion entre les deux frères. Ceux-ci se demandent si le monde est fondé par charité (ici : רחמין).[31] Le midrash illustre ainsi que le meurtre commis par Caïn remet en question le principe de charité.

En conclusion, on peut retenir que le targum récapitule la tradition rabbinique. Dans de tels midrashim des textes bibliques, on peut observer que le travail théologique consiste, d'une part, dans des développements narratifs à partir du texte biblique et, d'autre part, dans la poursuite des interprétations existantes. Pour cela, la théologie biblique est en même temps la condition et le but de la théologie rabbinique : Tout en reprenant une théologie biblique implicite, elle la développe par un travail théologique explicite.

G. *Un exemple de théologie biblique explicite* : Bereshit Rabbati

En ce qui concerne les tentatives faites pour esquisser une théologie biblique explicite, elles ne sont pas nombreuses dans la tradition rabbinique. Cependant, il en existe une qui cite explicitement Os 6:6 : un paragraphe de *Bereshit Rabbati* qui mérite d'être présenté ici. Cet ouvrage, dont l'origine n'est pas complètement clair, est peut-être un résumé d'un commentaire de Moshe Ha-Darshan de Narbonne (première moitié du XIᵉ siècle après J.-C.). Comme le texte fait l'objet de citations vers 1280, cette date constitue le *terminus post quem non* de sa rédaction.[32] Le paragraphe de *Bereshit Rabbati* qui nous intéresse particulièrement (p. 79), offre une interprétation de la parachah Wajera (Gn 18:1–22:24) qui fait d'Os 6:6 un texte de référence pour la théologie biblique :

וירא אליו ה'
זש"ה
כי חסד הפצתי ולא זבח
מצינו שהתורה ראשה וסופה ואמצעיתה ג"ח
ראשה קשט את הכלה שנאמר
ויבן ה' [אלהים] את הצלע (Gn 2:22)
סופה קבר את המתים שנאמר
ויקבור אותו בני (Dt 34:6)
אמצעיתה בקר את החולה שנאמר

---

[31] Le texte du Targum Pseudo Jonathan Gn 4,8 est cité d'après : *Targum Pseudo-Jonathan of the Pentateuch. Text and Concordance* (ed. E.G. Clarke ; Hoboken N.J.: Ktav, 1984), 5.

[32] Ainsi G. Stemberger, *Einführung* (cf. note 3), 345.

וירא אליו ה׳ (Gn 18:1)
אמר הקב״ה
באו נרד ונבקר את החולה
שמדת בקור חולים גדולה היא לפני
וירד הקב״ה
ומה
לבקר את אברהם
ההיד
וירא אליו ה׳

"YHWH lui apparut" (Gn 18:1).
Voici ce que l'écriture dit :
"Car j'aime ḥæsæd et non les sacrifices" (Os 6:6)
Nous avons trouvés que la Torah a au début, à la fin et au milieu
des œuvres de la charité (גמילות חסד) :
Son début est la préparation d'une mariée, comme il est dit:
"YHWH (Elohim) forma la côte" (Gn 2:22).
Sa fin est un enterrement, comme il est dit :
"Et il l'enterra dans la vallée (au pays de Moab, vis-à-vis de Beth-
Péor. Personne n'a connu son sépulcre jusqu'à ce jour)" (Dt 34:6).
Son milieu est un examen de la chose mauvaise (/la visite du
malade), comme il est dit :
"YHWH lui apparut" (Gn 18:1).
Le saint—qu'il soit béni—a dit :
"Venez, descendons et examinons la chose mauvaise,
car la mesure de l'examen de la chose mauvaise—il est grand
devant moi."
Le saint—qu'il soit béni—est descendu.
Et pourquoi ?
Pour examiner Abraham.
Voici ce que l'écriture dit:
"YHWH lui apparut" (Gn 18:1).

Comme un midrash, cette interprétation fait un rapprochement entre
le début et la fin de la Torah dont le point commun serait la mention des œuvres de charité (גמילות חסד). À ce propos, il est possible
que notre texte s'inspire d'un modèle, à savoir l'interprétation de Mi
6:8 d'après bSuk 49b : Au début de la Torah, Dieu a préparé une
mariée, à sa fin, il a effectué un enterrement. Pour cette raison, il
faut s'attendre, au milieu de la Torah, à ce que Dieu agisse en juge.
Par le biais d'un jeu de mots—"examen de la chose mauvaise" et
"visite du malade" sont identiques en hébreu rabbinique—cette activité est décrite comme une des œuvres de charité. À ce titre, à l'avis
de *Bereshit Rabbati*, les trois façons dont Dieu agit peuvent toutes
passer pour des œuvres de charité. Aussi, en racontant une œuvre

de charité de Dieu à son début, à son milieu ainsi qu'à sa fin, la Torah elle même peut être considérée comme une œuvre de charité de Dieu.

L'ouvrage *Bereshit Rabbati* se situe dans une étape tardive de l'exégèse midrachique. À son époque, c'est avec Rashi et son insistance sur le sens littéral de l'écriture que s'établit un autre type d'exégèse. Pourtant, même dans ce genre de commentaires nouveaux, on a l'habitude de recourir au sens de l'écriture retenu par les traditions transmises dans le talmud et le midrash. Dans le paragraphe qui suit, nous verrons comment la pratique de deux types d'exégèse juive aboutit à une perception de l'écriture qui peut s'avérer importante pour l'exégèse moderne.

II. *Osée 6:6 dans l'exégèse de Rabbi Chlomo ben Yitshaq et les commentaires influencés par lui*

A. *Rachi*

Le premier représentant de la grande époque de l'exégèse juive médiévale est Rachi, acronyme de Rabbi Chlomo ben Yitshaq. Né en 1040 à Troyes et décédé dans la même ville le 13 juillet 1105, ce grand commentateur de la bible et du talmud fit ses études à Worms et à Mayence, puis il enseigna à Worms. La grande réputation dont ce savant a joui pendant des siècles est prouvée par le fait que son commentaire de la Torah a donné lieu à la rédaction de plus de 200 commentaires. D'une façon générale, les ouvrages de Rachi sont marqués par une concision et une précision remarquables,[33] qualités que l'interprétation d'Osée 6:6 confirmera à l'évidence. Quant à ce verset, Rachi[34] n'offre une interprétation que de la deuxième moitié, plus précisément de l'expression דעת אלהים ("connaisance de Dieu"). L'interprétation en est extrêmement concise et ne consiste que de deux mots : הפצתי מעולות ("je [l']aime plus que les holocaustes"). À première vue, cette explication demeure à la

---

[33] Cf. A.Y. Finkel, *The Great Torah Commentators* (Northvale N.J./London : Jason Aronson, 1996), 3 ; H.-M. Döpp, "Salomo ben Isaak", in *Neues Lexikon des Judentums* (Gütersloh/Munich : Bertelsmann, 1992), 404.

[34] Citation selon les Miqra'ot Gedolot: מקראות גדולות, תורה חמש מגילות נביאים וכתובים. מהדודה ישראלית ספרים "שילה", מונחה היטב מחדש. הוצאת Jérusalem : Pe'er HaTorah, 1970).

"superficie" du texte et de se son vocabulaire : Rachi ne fait que
rapprocher le verbe d'un élément de la seconde moitié du verset.
Cependant, ce procédé ne l'empêche pas d'interpréter non seulement la seconde moitié mais l'ensemble du verset—sans pour autant
évoquer la première moitié. En effet, en établissant un lien entre le
verbe הפצתי et מעולות, il suggère que la traduction "je préfère ḥæsæd
au sacrifice" est correcte.

B. *Ibn Ezra*

Bien que Rachi exerce une influence déterminante sur les générations futures de commentateurs, ceux-ci s'éloignent quelque peu de
lui en insistant davantage sur le sens littéral du texte. Parmi ces
auteurs qui vont dans ce sens, mentionnons d'abord Abraham Ibn
Ezra. Né en 1089 ou en 1090 à Tolède et mort vers 1164, ce gram-
mairien, exégète, philosophe et poète souscrit à la critique de l'interprétation de la Bible s'inspirant des traditions midrachiques.[35]
Toujours est-il que cet auteur y demeure enraciné jusqu'à un certain degré, comme on le peut constater d'un point de vue postérieur.
Cela ne l'empêche pas de critiquer sévèrement les commentateurs
plus anciens et en particulier Rachi, moins pour des raisons objec-
tives que pour des raisons rhétoriques, c'est-à-dire pour mettre en
exergue sa propre exégèse.[36] Quoi qu'il en soit, si les deux auteurs,
Rachi et Ibn Ezra, font l'objet de citations parallèles, ainsi dans les
éditions des Miqra'ot Gᵉdolot, c'est que leurs exégèses se com-
plètent et ne s'excluent point. Tel est aussi le cas pour Osée 6:6 : Ibn
Ezra interprète כי חסד חצבתי ("car j'aime ḥæsæd") en ces termes :
חסד נכון לא חסד נלעד ("un ḥæsæd stable, non un חסד de Galaad").
Ce dernier terme est emprunté à Os 6:8 où la ville de Galaad est
évoqué comme un exemple négatif : נלעד קרית פעלי און עקבה מדם
("Galaad est une ville de malfaiteurs, tachée de sang"). Cette exégèse
est intéressante à plusieurs égards : Plutôt que d'insister sur le rapport entre les sacrifices et חסד, Ibn Ezra place l'accent sur l'opposition entre חסד et les péchés sur lesquels portent les reproches de
Dieu. De plus, par le rapprochement d'Os 6:6 et la mention de
Galaad, Ibn Ezra tient compte du fait que la prédication d'Osée

---

[35] Cf. A.Y. Finkel, *Commentators* (cf. note 33), 6.
[36] Cf. l'introduction de Ibn Ezra dans son commentaire du Pentateuque: *Abraham
Ibn Ezra. Genesiskommentar.* בראשית . . . לרבינו אברהם אבן עורא (ed. A. Weiser, Jérusalem :
Musad HaRav Qooq, 1976), נ-א.

s'est adressée au royaume du Nord. Ainsi, sans pour autant s'éloigner trop des énoncés du texte biblique, l'exégèse de Ibn Ezra est marquée par un intérêt d'édification et d'éthique, idée qui se manifeste en particulier dans l'ajout de נכון (ḥæsæd "stable"). Enfin, notons que Ibn Ezra a en commun avec le Targum de souligner l'importance des œuvres concrètes.

C. Radaq

À Radaq ou—avec un autre acronyme—à Redaq (Rabbi David ben Qimḥi) revient le mérite d'avoir élaboré un commentaire du Dodécapropheton qui figure à la troisième place des Miqra'ot G^edolot. Cet ouvrage comporte aussi une exégèse très détaillée d'Osée 6:6. Né à Narbonne en 1160, Radaq y meurt en 1235 et appartient à l'école des commentateurs qui défendent le sens littéral des textes bibliques. Dans ce but, il rédige une grammaire et un dictionnaire de l'hébreu, ouvrages de grande réputation qu'utiliseront plus tard les humanistes comme Jean Reuchlin et Sébastien Münster. Quant aux commentaires de Radaq, les plus importants portent sur la Genèse, les prophètes, les Psaumes, les Proverbes et les livres des Chroniques.[37] En ce qui concerne Osée 6:6, il commente le verset en ces termes :

כי חסד
אעפ"י ששבו לעבוד את ה' בבית המקדש
בימי הושע בן אלה
שביטל פרדסיאות שהושיב ירבעם בדרכים
אף על פי כן חסד
דעת אלהים לא היה בהם
וכן ביהודה
שעבדוהו בימי יאשיהו שהרס הבמות והמזבחות
והעלו זבחיהם בבית המקדש עשות החסד הוא העיקר
הוא העיקר
ודעת אלהים שהוא לעשות משפח וצדקה
ותרנם יונתן ודעת אלהים
ועבדי אורייתא דה'

"Car ḥæsæd" (= citation d'Os 6:6).
Bien qu'ils se soient convertis afin de servir YHWH dans la maison du temple
aux jours d'Osée, fils d'Ela,
qui a détruit les dons que Jéroboam a installés là par ses œuvres—

---

[37] Cf. A.Y. Finkel, *Commentators* (cf. note 33), 9.

toutefois, [il existait] *ḥæsæd* (en ce temps-là).
La connaissance de Dieu n'en est pas résultée.
En Juda, par contre, (il a existé de la *ḥæsæd*) :
Les Judéens l'ont servi [sc. Dieu] aux jours de Josias qui détruisit
les sanctuaires aux collines et les autels,
et ils ont offert des sacrifices dans la maison du temple afin de pratiquer *ḥæsæd*.
Cela est l'essentiel.
Mais la connaissance de Dieu, cela signifie de pratiquer le droit et
la justice.
Et le Targum Jonathan (porte à propos de) "connaissance de Dieu" :
et les serviteurs de la Torah complète/du message de YHWH.

En offrant ainsi une analyse complète des deux moitiés du verset, Radaq procède à une comparaison de l'histoire des deux royaumes d'Israël. À la différence de Ibn Ezra, il place l'accent sur le culte qu'il considère comme le sujet principal du texte. Le reproche qu'il fait au royaume du Nord n'est compréhensible qu'avec l'arrière-fond de la théologie deutéronomique qui insiste sur la suppression des cultes locaux issus du "péché de Jéroboam" : Tout en reconnaissant la tentative faite pour réformer le culte, Radaq constate que cette démarche n'a abouti à aucun résultat positif, c'est-à-dire à la connaissance de Dieu. Dans le royaume du Sud, par contre, la réforme de Josias aurait permis de rendre à YHWH un culte légitime qui, en tant que tel, serait un acte de חסד à l'égard de Dieu. Une idée chère aux textes rabbiniques cités ci-dessus n'est cependant pas absente de l'exégèse de Radaq : la mise en pratique du croit et de la justice. Si celle-ci est mis en rapport avec la connaissance de Dieu, c'est sans doute le texte de Mi 6:8 à qui Radaq fait allusion. Enfin, la citation du Targum Jonathan permet d'aller plus loin : la connaissance de Dieu signifie de mettre en pratique l'ensemble de la Torah.[38]

D. *Metsoudat David*

Ce commentaire portant sur les prophètes et les écrits est de date relativement récente : Bien qu'il revienne à Jechiel Hillel Altschuler

---

[38] Cf. aussi d'autres résumés de la Torah comme bMak 23b–24a. Une interprétation du texte est fournie par G. Bodendorfer, "'Der Gerechte wird aus dem Glauben leben'. Hab 2,4b und eine kanonisch-dialogische Bibeltheologie im christlich-jüdischen Gespräch", in *Bibel und Midrasch. Zur Bedeutung der rabbinischen Exegese für die Bibelwissenschaft* (ed. G. Bodendorfer, M. Millard ; Tübingen : Mohr, 1998), 13–41. Pour l'interprétation du commandement de l'amour du prochain par bShab 31a, cf. l'esquisse dans l'ouvrage de G. Theissen, A. Merz, *Der historische Jesus. Ein Lehrbuch* (Göttingen : Vandenhoeck & Ruprecht, 1996), 340–343.

d'en terminer la rédaction, l'auteur du texte est son père David
Altschuler qui vécut au XVIIIᵉ siècle en Galicie.[39] L'édition nouvelle
(Leghorn 1780–1782) se compose des *Metsoudat David* ainsi que des
Metsoudat Sion. Le premier est une explication soigneuse du texte
biblique, le second un commentaire philologique. Alors que *Metsoudat
Sion* ne commente pas Osée 6:6, les analyses des détails rentrant
apparemment dans l'exégèse proprement dite, *Metsoudat David* explique
les deux moitiés d'Osée 6:6, en n'insistant que sur les attitudes qui
font l'objet de critique.

ולא זבח

ולא תצדקו א"כ בעבור הבאת הזבחים

מעולות

ר"ל הפצתי יותר מעולות

"Mais non pas de sacrifices" :
Vous agissez mal/vous vous trompez s'il n'est question que des sacrifices.
"Plus que les holocaustes" :
[Le texte] veut dire (רצה לומר) : "Je [les] préfère aux holocaustes."

Ici aussi, le rejet des sacrifices n'est que relatif : Dieu n'agrée les
sacrifices qui s'ils sont accompagnés d'autres choses, dont les actes
חסד. Quant à la seconde moitié du verset, *Metsoudat David* la commente de la même manière que Rachi : La connaissance de Dieu
est préférée aux holocaustes. Cependant, par rapport à Rachi *Metsoudat
David* va plus loin dans la mesure où cette exégèse plus récente sous-
tend une différence entre les deux moitiés d'Osée 6:6 : La première
ne constate que les sacrifices ne suffisent pas tandis la seconde établit
une gradation : Les holocaustes sont moins importants que la connaissance de Dieu.

E. *L'agencement des textes bibliques et de leurs commentaires dans les
Miqra'ot Gᵉdolot*

Quoique chacun des commentaires médiévaux cités dans cet article
constitue, d'emblée, un ouvrage individuel, nous les avons présentés
d'après l'ordre des *Miqra'ot Gᵉdolot*. Or leur sélection et leur agencement
sont porteurs d'un sens qu'il convient de dégager, ne serait-ce qu'en
nous limitant à l'essentiel. Dans les *Miqra'ot Gᵉdolot* sur les livres
prophétiques, on peut observer que le texte biblique figure au milieu
de la page, ce qui est tout à fait inhabituel. En fait, dans les éditions des *Miqra'ot Gᵉdolot* sur la Torah, les textes sont disposés de façon

---

[39] Cf. T. Preschel, "Altschuler", in *Encyclopaedia Judaica* vol. II, 783–784.

à ce que le texte biblique figure en haut de page du côté droit, tandis que les commentaires sont imprimés en bas de page. Toutes les éditions ont cependant en commun que les traductions araméennes, les targums, figurent à côté du texte biblique—comme pour souligner que le targum, en tant que somme de l'interprétation rabbinique et Torah orale (תורה בכתב), a sa place à côté de la Torah écrite (תורה בעל פה), toutes les deux constituant la Torah unique.

L'agencement des *Miqra'ot G^edolot* sur les textes prophétiques tient sans doute au statut qu'on leur accorde dans la Bible : Étant donné que les prophètes sont considérés comme des commentateurs de la Torah, leurs textes passent pour un élément dans la chaîne de relectures successives de la Torah. Si les commentaires de Rachi, de Ibn Ezra et de Radaq servent à encadrer le texte biblique avec le Targum, il convient de distinguer nettement entre les positions intérieure et extérieure. La position intérieure est dans notre page à gauche. La Torah écrite (= le texte prophétique) se trouve à gauche, du même côté alors que Rachi. Par conséquent, Rachi paraît plus important que Ibn Ezra. À leur tour, ces deux savants sont plus importants que Radaq, tandis que *Metsoudat David* et *Metsoudat Sion* occupent une place encore inférieure par rapports aux commentaires plus anciens. Enfin, le lecteur comprendra le rang qui lui est imparti : au dessous de *Metsoudat David* et *Metsoudat Sion*. Pourtant, étant donné les interprétations divergentes proposées par tous ces écrits, c'est à lui de pondérer les arguments, d'en avancer d'autres et d'aboutir éventuellement à une interprétation tout nouvelle du texte.

III. *Conclusion*

Au terme de cet article, retenons quatre résultats :

1. Les interprétations juives d'Osée 6:6 accentuent le lien entre l'amour de Dieu et l'amour du prochain : Pour elles, il est impossible d'aimer le dieu sans aimer le prochain.

2. Plusieurs interprétations défendent l'opinion que l'amour est plus important que les sacrifices. Ce faisant, les auteurs ont recours au contexte biblique d'Osée 6:6, en déduisant par exemple d'Am 5:25 que l'institution du sacrifice n'est attestée que durant des époques bien précises. Après la destruction du deuxième temple, on se rend ainsi compte de l'importance que revêt un argument pour la théologie actuelle : Les époques antérieure à la construction et

postérieure à la destruction du temple n'ont pas connu le sacrifice tel qu'il a été instauré d'après les textes de la Torah.

3. Les interprétations philologiques d'Osée 6:6 consistent à proposer qu'on est pas en présence, dans les deux propositions du verset, d'une antithèse mais d'une comparaison.

4. Enfin, contrairement à l'avis des exégètes modernes, Osée 6:6 est non seulement à considérer comme la conclusion d'un paragraphe, mais le verset est aussi à rapprocher du texte qui suit : Os 6:7ss.

Annexe : Osée 6,6 dans les Miqra'ot Gᵉdolot
L'agencement du texte biblique et de ses commentaires

Rachi	Osée 6,6		Ibn Ezra
ודעת אלהים "... et la connaissance		כי חסד הפצתי	"Car j'aime *ḥæsæd*".
de Dieu ...". הפצתי מעלות je [l'] aime plus que les holocaustes	כִּי חֶסֶד חָפַצְתִּי וְלֹא־זָבַח וְדַעַת אֱלֹהִים מֵעֹלוֹת	אֲרֵי בְּעָבְדֵי חִסְדָּא רָעֲנָא קֳדָמַי מִמְּדַבַּח וְעָבְדֵי אוֹרַיְתָא דַיְי מִמָסְקֵי עֲלָן	חסד נכון לא חסד נלעד un *ḥæsæd* stable, non une *ḥæsæd* de Galaad
Radaq Car *ḥæsæd*. Bien qu'ils se soient convertis afin de servir YHWH dans la maison du temple aux jours d'Osée, fils d'Ela,	Car j'aime la misericorde (piété) et non les sacrifices, et la connaissance de Dieu plus que les holocaustes (Nouvelle edition Genève)	Puisque à ceux qui pratiquent *ḥæsæd* je me plais plus qu'à ceux qui sacrifient, et (plus) à ceux qui servent le message/la Torah complète de YHWH qu'à ceux qui offrent des holocaustes.	**Radaq** כי חסד אעפי ששבו לעבוד את ה בבית המקדש בימי הושע בן

qui a détruit les dons que Jéroboam a installés là par ses œuvres—toutefois, (il existait) *ḥæsæd* (en ce temps-là). La connaissance de Dieu n'en est pas résultée.
En Juda, par contre, (il a existé de la *ḥæsæd*) :
Les Judéens l'ont servi [sc. Dieu] aux jours de Josias qui détruisit les sanctuaires aux collines et les autels, et ils ont offert des sacrifices dans la maison du temple afin de pratiquer *ḥæsæd*. Cela est l'essentiel. Mais la connaissance de Dieu, cela signifie de

אלה שביטל פרדשיאות שהושיב ירבעם בדרכים
אף על פי כן חסד דעת אלהים לא היה בהם
וכן ביהודה
שעבדוהו בימי יאשיהו שהרס הבמות והמזבחות
והעלו זבחיהם בבית המקדש
עשות החסד הוא העיקר
ודעת אלהים שהוא לעשות משפט וצדקה
ותרנם יונתן ודעת אלהים
ועבדי אורייתא דה

pratiquer le droit et la justice.
Et le Targum Jonathan (porte à propos
de) "connaissance de Dieu" : et les
serviteurs de la Torah complète/du
message de YHWH.

Metsoudat David

"Mais non pas de sacrifices" : Vous
agissez mal/vous vous trompez s'il
n'est question que des sacrifices. "Plus
que les holocaustes" : [Cela] veut dire
(רצה לומר) : Je [les] préfère aux
holocaustes.

ולא זבח ולא תצדקו
א׳כ בעבור הבאת הזבחים
מעולות ר׳ל חפצתי
יותר מעולות

Metsoudat Sion

(aucun
commentaire
n'est fourni)

L'INTERPRÉTATION PATRISTIQUE D'OSÉE 6:6

Maria Cristina Pennacchio
Università di Roma "La Sapienza"

RÉSUMÉ

L'article examine la tradition patristique sur Os 6:6 en se concentrant sur trois auteurs (Irénée de Lyon, Origène et Cyrille d'Alexandrie) considérés représentatifs du débat autour du rapport entre le sacrifice et la miséricorde. Dans les textes de ces auteurs, ce sujet est abordé dans le contexte de la réflexion sur la rupture ou la continuité entre l'Ancienne et la Nouvelle Alliance. Les passages tirés de l'œuvre d'Irénée traduisent la tension animant l'auteur face à face aux accusations des gnostiques et des marcionites, qui refusaient totalement l'économie vétérotestamentaire. Irénée répète et souligne la nécessité du sacrifice de la nouvelle alliance, offert au nom de Christ, Dieu vraiment incarné (contre le docétisme gnostique), dans lequel une dimension matérielle et charnelle est aussi nécessaire qu'une spirituelle pour le salut de l'homme dans sa totalité. Chez Origène, nous avons choisi de souligner les trois aspects principaux concernant le nouveau sacrifice identifié à la miséricorde : le sacrifice intérieur et l'interprétation spirituelle de l'Ecriture ; le sacrifice du Christ comme accomplissement et dépassement de tous les sacrifices anciens ; la miséricorde qui se manifeste dans le sacrifice céleste pour le salut de tous les êtres dotés de raison, et non pas uniquement des êtres humains. Enfin, avec Cyrille d'Alexandrie, on verra l'identification de la miséricorde avec la personne même du Fils, Christ incarné, médiateur de la connaissance du Père et image visible de Dieu. L'analyse de l'exégèse de ces auteurs nous démontre que le sacrifice est devenu symbole du rite extérieur et formel, et que la miséricorde est la foi même. Non seulement elle nous laisse accomplir spontanément et librement les œuvres, mais elle est aussi l'expression d'une nature divine récupérée.

ABSTRACT

The article examines patristic tradition relating to Hos 6:6 and concentrates on three authors, Irenaeus of Lyon, Origen and Cyril of Alexandria, considered to be representative of the debate concerning the relationship between sacrifice and mercy. In the texts of these authors, this subject is considered within the context of reflection on the relationship between the Old and the new Alliance, whether characterised by rupture or continuity. The passages taken from Irenaeus betray the tension that inhabits the author as he faces the accusations of gnostics and marcionites who totally reject the economy of the Old Testament. Irenaeus repeatedly underlines the necessity of sacrifice in the New Alliance, the sacrifice offered in the name of Christ, God truly incarnate (against the docetism of the gnostics). For Irenaeus, the material, carnal dimension of this sacrifice is as necessary as the spiritual dimension for the salvation of man as a whole. For Origen, we have chosen to underline the three principal aspects of a new conception of sacrifice, now identified with mercy; inner sacrifice and the spiritual interpretation of Scripture; the sacrifice of Christ as accomplishing and surpassing all previous sacrifices; mercy that is manifest in the heavenly sacrifice for the salvation of all beings with the gift of reason, not just human beings. Finally, with Cyril of Alexandria, we see that mercy is identified with the figure of the Son himself, Christ incarnate, mediator of knowledge of the Father and visible image of God. The analysis of the exegesis of these authors demonstrates that sacrifice has become the symbol of the external, formal rite, and that mercy is none other than faith itself. Not only does it allow us to spontaneously and freely accomplish good works, but it is also the expression of divine nature restored.

I. *Introduction*

Dans la réflexion patristique,[1] encore si proche des usages et de la culture de l'Ancien Testament et imprégnée par ceux-ci, la problématique concernant le sens et la signification du sacrifice[2] constitue un moment fondamental pour la prise de conscience, de la part de l'Église naissante, de sa propre identité. Cependant, le sacrifice était une institution bien enracinée dans l'Antiquité païenne, et le refus d'accomplir les sacrifices[3] a été le principal motif de l'hostilité de l'état romain à l'égard des chrétiens. À ce propos, il suffit de penser au rescrit de Trajan à Pline[4] et de rappeler la position centrale de cette

---

[1] Sauf indication contraire, les textes et les traductions sont cités d'après l'édition des *Sources Chrétiennes* (Paris : Cerf, 1941ss ; abréviation : SC).

[2] Pour une bibliographie sélective concernant les problèmes associés au sacrifice cf. : R.T. Beckwith, M.J. Selman, *Sacrifice in the Bible* (Carlisle : Paternoster Press, 1995) ; I. Cardellini, *I sacrifici dell'Antica Alleanza : tipologie, rituali, celebrazioni* (Cinisello Balsamo, Paoline, 2001) ; I. Clarus, *Opfer, Ritus, Wandlung. Eine Wanderung durch Kulturen und Mythen* (Düsseldorf : Patmos, 2000) ; *Das Opfer. Biblischer Anspruch und liturgische Gestalt* (ed. A. Gerhards, K. Richter ; Fribourg-en-Brisgau, Herder, 2000) ; C. Grottanelli, *Il sacrificio* (Bari, Rome : Laterza, 1999) ; *Sacrificio e società nel mondo antico* (ed. C. Grottanelli, N.F. Parise ; Bari : Laterza, 1988); *Opfer. Theologische und kulturelle Kontexte*, (ed. B. Janowski, M. Welker ; Francfort : Suhrkamp, 2000) ; M. Krupp, *Den Sohn opfern ? Die Isaak-Überlieferung bei Juden, Christen und Muslimen* (Gütersloh : Kaiser, 1995) ; S. Orth, "Renaissance des Archaischen. Das neuerliche theologische Interesse am Opfer", *Herder-Korrespondenz* 55 (2001) : 195–200 ; *Zur Theorie des Opfers. Ein interdisziplinäres Gespräch* (ed. R. Schenk ; Stuttgart : Frommann-Holzboog, 1995) ; *Sühne-Opfer-Abendmahl. Vier Zugänge zum Verständnis des Abendmahles* (ed. A. Wagner ; Neukirchen-Vluyn : Neukirchener Verlag, 1999).

[3] Cf. M. Rizzi, "Il sacrificio pagano nella polemica dell'apologetica cristiana del II secolo, in *Il sacrificio nel giudaismo e nel cristianesimo* (= *Annali di Storia dell'esegesi* 18/1, 2001), 197–209.

[4] Cf. M. Mayer-Maly, "Der rechtsgeschichtliche Gehalt der 'Christenbriefe' von Plinius und Trajan," *Studia et documenta historiae et iuris* 22 (1956) : 311–328 ; F. Fourrier, "La lettre de Pline à Trajan sur les chrétiens (X, 97)," *Recherches de théologie ancienne et médiévale* 31 (1964) : 161–174; R. Freudenberger, *Das Verhalten der römischen Behörden gegen die Christen im 2. Jahrhundert : Dargestellt am Brief des Plinius an Trajan und der Reskripten Trajans und Hadrians* (Munich : Beck, 2ème édit., 1969 ; R. Huth, "Plinius d. J. und Kaiser Trajan über die Christen. Interpretationen zu Plin., ep.

problématique dans l'*Apologeticum* de Tertullien (cf. *Apol.* 10, 1ss.).[5]

En ce qui concerne l'usage et l'application du verset d'Osée par les Pères, nous avons cependant constaté que son référent premier est le sacrifice juif, et, en un sens plus général, son rapport avec la loi et avec l'économie du salut de l'Ancien Testament. Par rapport au sacrifice juif, les chrétiens ont assumé une attitude dialectique : Sans s'opposer absolument au culte sacrificiel, ils le considèrent comme désormais dépassé et définitivement accompli par le sacrifice du Christ.[6] Par ailleurs, dès l'origine de la pensée chrétienne, on insiste sur la conception du sacrifice spirituel : Celui-ci ne se concrétise pas seulement dans l'eucharistie mais ailleurs aussi, en particulier dans toutes les formes jugées susceptibles de se substituer au sacrifice juif. Dans ce contexte, les auteurs reprennent des idées élaborées déjà dans la culture juive, notamment dans les textes prophétiques défavorables aux sacrifices.

Entrons maintenant dans le vif du sujet—c'est-à-dire dans l'analyse des interprétations patristiques du verset en question—en soulignant que le matériel est très abondant et présente de nombreux aspects

---

X, 96 u. 97", dans *Information aus der Vergangenheit* (ed. P. Neukam, E. Doblhofer ; Munich, Bayerischer Schulbuch-Verlag, 1982), 96–128 ; M. Sordi, "I rescritti di Traiano e Adriano sui Cristiani," *Rivista di Storia della Chiesa in Italia* 14 (1960) : 344–370; ead., "Il rescritto di Traiano e la svolta degli Antonini," dans ead., *I cristiani e l'impero romano* (Milano : Jaca Book, 1998), 67–73.

[5] Cf. F. Ruggiero, "La testimonianza di Tertulliano, *Apologeticum* 9,2–4 sul sacrificio dei bambini nell'ambito del culto di Saturno", in *Il sacrificio* (cf. note 3), 307–333.

[6] Pour une étude de l'ensemble de la doctrine sacrificielle proposée par les premiers auteurs chrétiens, cf. R. Daly, *Christian Sacrifice. The Judaeo-christian Background before Origen* (Studies in Christian Antiquity 18 ; Washington D.C.: The Catholic University of America Press, 1978) ; id., *The Origin of the Christian Doctrine of Sacrifice* (Londres : Darton, Longman & Todd, 1978), spécialement 84–140. En général, on peut constater que les attitudes des auteurs chrétiens par rapport au sacrifice juif varient considérablement. Les différentes nuances dans l'appréciation du culte vétérotestamentaire s'expliquent si l'on prend en compte la diversité des destinataires. À ce propos R. Daly remarque que Justin, dans son débat avec le juif Tryphon, est beaucoup plus critique et sévère en ce qui concerne le sacrifice qu'Irénée qui s'adresse aux gnostiques. Celui-ci prend une attitude beaucoup plus conciliante parce qu'il est plus soucieux de mettre en relief la continuité entre l'Ancien et le Nouveau Testament (cf. 92) : cf. Justin, *Dial.* 11:3 ; 22:1), Ps. Barnabée, *Epistula* 2:4–10, Clément de Rome, *Ep. ad Corinthios* 18 ; 35 ; 52:1–4); *Ad Diognetum* 3 ; Athénagore, *Oratio* 4:3. En outre, Justin est le premier auteur chrétien à aborder le problème du sacrifice dans une perspective théologique (cf. R. Daly, *The Origin* [note 6], 87). En fait, l'objet principal de ce traité est le verset Os 6:6, qui n'est pourtant pas cité dans les œuvres de Justin qui nous sont conservées. Pour cette raison, nous ne nous occuperons de cet auteur que de manière indirecte quoiqu'il convienne de souligner qu'on ne peut faire abstraction de Justin en abordant le problème du sacrifice dans le christianisme primitif.

qui méritent l'attention. Toutefois, nous ne présentons qu'une sélection d'auteurs et de textes, en privilégiant ceux qui, en commentant ce verset, ont développé des aspects théologiques ou exégétiques particuliers. Ce faisant, nous analysons une série de textes d'Irénée de Lyon, d'Origène et de Cyrille d'Alexandrie.

II. *Irénée de Lyon*

Le premier auteur que nous avons choisi de présenter pour son exégèse d'Os 6,6 est Irénée de Lyon. D'origine asiatique, il fut évêque de Lyon, en Gaule, aux alentours de la seconde moitié du IIe siècle. Toutefois, il avait conservé les éléments fondamentaux de sa formation d'origine, empruntés au stoïcisme et au matérialisme.[7]

L'activité littéraire et théologique d'Irénée, telle qu'elle se concrétise dans son œuvre majeure, *Adversus Haereses*, avait été inspirée avant tout par le débat autour de l'hérésie gnostique et marcionite. Ce traité constitue pour nous une source d'informations très précieuses relatives aux courants dits hérétiques. À notre avis, il n'est pas hasardeux d'affirmer que la théologie et l'exégèse d'Irénée se structurent et se définissent vraiment en réponse au défi gnostique et marcionite, comme sa conception anthropologique, qui est un présupposé fondamental de son exégèse d'Os 6:6. Pour comprendre adéquatement l'explication que donne Irénée d'Os 6:6, il faut tenir compte de son arrière-plan, c'est-à-dire de la critique du gnosticisme et du marcionisme adressé au culte sacrificiel.[8] Contentons-nous de donner,

---

[7] Cf. M. Simonetti, "Alle origini di una cultura cristiana in Gallia", dans *La Gallia Romana* (Rome : Accademia Nazionale dei Lincei, 1973), 117–129; pour l'exégèse d'Irénée, cf. J. Daniélou, *Histoire des doctrines chrétiennes avant Nicée aux IIe et IIIe siècles. Message évangélique et culture hellénistique* (Tournai : Desclée, 1961), 202–216 ; D. Farkasfalvy, "The Theology of Scripture in S. Irenaeus," *Revue Bénédictine* 78 (1968) : 318–333 ; M. Simonetti, "Per typica ad vera. Note sull'esegesi di Ireneo," *Vetera Christianorum* 18 (1981) : 357–382 ; C. Gianotto, "Gli gnostici e Marcione. La risposta di Ireneo," *La Bibbia nell'antichità cristiana* (ed. E. Norelli ; Bologne : Dehoniane, 1993), 265–273.

[8] Pour l'opinion commune selon laquelle le gnosticisme fait partie du processus hellénistique de la spiritualisation du sacrifice, cf. E. Ferguson, "Spiritual Sacrifice in Early Christianity and its Environment," in *Aufstieg und Niedergang der Römischen Welt*, II.23.2 (Berlin/New York : De Gruyter, 1980), 1151–1189. Pour la tendance anticultuelle de la gnose, cf. K. Rudolph, *Die Gnosis. Wesen und Geschichte einer spätantiken Religion* (Göttingen : Vandenhoeck & Ruprecht, 1978 ; cf. la bibliographie). En ce qui concerne les sources, cf. *Melchisédek* (NHC IX,1, spécialement 6,28–7,5 et le commentaire de C. Gianotto, *Melchisedek e la sua tipologia : tradizioni giudaiche, cristiane e gnostiche* (Brescia : Padeia, 1984) ; *Evangile de Philippe* (NHC II, spécialement 54,30) ; Ptolémée, *Ep. Ad Floram* 3,4 5,9–10 ; 7,1ss. (pour le texte et sa traduction,

dans le cadre de cet article, une description simplifiée et schéma-
tisée, eu égard à la complexité des données.

D'emblée on peut retenir que les gnostiques et le partisans de
Marcion perçoivent une contradiction entre, d'une part, l'institution
mosaïque du sacrifice et, d'autre part, la polémique postérieure qui
apparaît dans les textes prophétiques. Une telle incohérence les amène
à argumenter en faveur de l'existence de deux dieux distincts dont
le premier, inférieur, juste et vengeur est révélé dans l'Ancien Testament, tandis que le second, bon et miséricordieux, est le Père du
Christ et révélé par ce dernier. D'après cette conception, le Dieu de
l'Ancien Testament est sujet à des passions et à des sentiments humains—cela explique la nécessité de lui offrir des sacrifices—alors
que le Dieu du Nouveau Testament est considéré comme immuable,
impassible et pleinement divin. Certes, dans la recherche récente on
peut noter une tendance a découvrir une dimension sacrificielle dans
le gnosticisme.[9] Toutefois, il est sûr que dans le contexte de l'école
valentinienne prévaut une interprétation fortement spiritualisée du
sacrifice, qui s'appuie sur Jn 4:24 ("nous sommes adorateurs en esprit
et vérité").[10] Inspirés par un profond mépris pour la réalité matérielle
en tant que résultat de la déchéance de la divinité—fait décrit dans
l'événement mythique de la décadence de Sophia—les gnostiques
considèrent indigne d'offrir à Dieu, c'est-à-dire à un être purement
spirituel, des éléments provenant de la création matérielle et donc,
corrompus. Le sacrifice unique et véritable est l'illumination gnostique, où l'homme spirituel découvre en lui-même une étincelle de
la divinité. Aussi peut-il s'unir au πλήρωμα divin, c'est-à-dire à une
vie analogue à celle des anges—en esprit et vérité—en rendant ainsi
le seul culte valable et en offrant le seul sacrifice valable : le culte
et le sacrifice spirituels.[11]

Dans son interprétation du passage d'Osée, Irénée a donc pour
but principal de démontrer que le Dieu de l'AT est identique à celui
du NT, parce qu'il est miséricordieux. En ce qui concerne le sacrifice

---

cf. SC 24) ; Héracléon, Fragment du Commentaire de Jean, XII ; cf. à ce propos
l'ouvrage spécialisé de M. Simonetti, *Testi gnostici in lingua greca e latina* (Milan :
Fondazione Lorenzo Valla, 1993).

[9] En particulier, G. Filoramo, "Il sacrificio nei testi gnostici," in *Il sacrificio* (cf.
note 3), 211–223, reconnaît un déroulement de type sacrificiel dans le processus de
formation du πλήρωμα.

[10] Pour l'interprétation patristique de ce verset cf. G. Lettieri, "In spirito e/o verità
da Origene a San Tommaso d'Aquino," *Annali di storia dell'esegesi* 12/1 (1995) : 49–83.

[11] Cf. Héracléon, Fragments 22 e 24 (cf. note 8).

de l'Ancien Testament, Irénée veut en défendre le sens et la valeur contre les attaques des hérétiques, tout en démontrant—et sans pour autant glisser dans des positions judéo-chrétiennes—qu'il est dépassé dans le Christ et dans la nouvelle économie. Dans ce contexte, il fait valoir l'argument que le rite de l'eucharistie suppose la présence d'éléments provenant de la création matérielle. Nous verrons plus loin comment Irénée répondra à la double critique des hérétiques en démontrant avant tout que l'Ecriture témoigne et prouve l'unicité de Dieu, Créateur et Père du Christ, inspirateur des deux Testaments (dans ce contexte la citation d'Osée est fondamentale). Puis il affirme, contre le mépris gnostique de la réalité matérielle, que le sacrifice matériel est nécessaire pour le salut total de l'homme, qui est bien entendu un être dans lequel la matière et l'esprit forment une unité inséparable.

La citation d'Osée se trouve dans le quatrième livre de *Adversus Haereses*,[12] livre explicitement consacré à la démonstration des fondements scripturaux de l'unicité de Dieu. Le passage est placé à la fin d'une chaîne de citations bibliques, qu'Irénée avait probablement prises d'un *testimonium*[13]—c'est-à-dire un recueil de citations emprunté à la tradition[14]—qui est cité aussi dans le Pseudo-Barnabé,[15] par Justin[16] et Clément d'Alexandrie.[17] Au début du paragraphe 17, Irénée retient fermement, contre la critique des hérétiques, que Dieu n'avait pas besoin de culte ni de sacrifices, mais qu'il les avait institués pour Israël, afin que celui-ci, étant encore trop faible pour accomplir un culte exclusivement spirituel, apprenne la fidélité en observant un

---

[12] Nous citons le texte et sa traduction d'après l'édition de A. Rousseau (SC 100, Paris : Cerf, 1965), les chiffres indiquant la page et les lignes. Pour des commentaires détaillés du texte, cf. Ph. Bacq, *De l'ancienne à la nouvelle alliance selon S. Irénée* (Paris : Lethielleux 1978), 131–150 ; A. Orbe in *Introducción a la Teología de los siglos II y III* (Analecta Gregoriana 248 ; Rome : Pontificia Università Gregoriana, 1987), 446–493 ; id., *Teología de S. Ireneo IV. Traducción y Comentario del libro IV del "Adversus Haereses"* (Madrid : Biblioteca de autores christianos 1996), 223–261 ; cf. aussi les remarques très importantes sur le même passage de R. Daly, *The Origin* (cf. note 6), 91–98.

[13] Cf. Ph. Bacq, *De l'ancienne* (cf. note 12), 133, n. 1.

[14] Cf. à ce propos J. Daniélou, *Études d'exégèse judéo-chrétienne : Les Testimonia* (Théologie Historique 5 ; Paris : Beauchesne, 1966).

[15] Ep. 2:4–10. Cf. P. Prigent, *Les Testimonia dans le Christianisme primitif. L'Épître de Barnabé (I–XVI) et ses sources* (Paris : Gabalda, 1961), surtout 29–83 ; P. Prigent, R.A. Kraft, *Épître de Barnabé* (SC 172 ; Paris, Cerf, 1971) ; A. D'Anna, "Sacrificio e Scrittura nell'Epistola di Barnaba," in *Il sacrificio* (cf. note 3), 181–195.

[16] Avec quelques changements dans l'ordre des références, cf. *Apol.* 37:5–8.

[17] Cf. *Paedagogus* 3:89–91.

culte matériel (574, 1–10). Il s'ensuit une série de citations en faveur de l'affirmation que c'est l'obéissance qui est porteuse du salut, et non pas le seul sacrifice (574, 10ss).

Le deuxième point qu'Irénée veut réfuter dans son raisonnement est l'opinion des hérétiques selon laquelle Dieu est capable d'éprouver de la colère et du repentir. En effet, les gnostiques et les marcionites font remarquer que Dieu a prescrit d'abord les pratiques sacrificielles, puis, déçu par le comportement des Juifs, les a rejetées. Il n'est donc pas impassible parce qu'il a éprouvé le repentir. Comme nous l'avons déjà dit, Irénée explique que Dieu a effectivement voulu, dès le début de l'histoire du salut, un culte spirituel, dont le culte matériel n'est qu'un symbole. Si Israël, qui n'a pas compris la profondeur de l'enseignement divin, s'est arrêté au seul culte terrestre, visible et matériel, c'est qu'il a pensé que celui-ci suffirait pour obtenir le salut. Afin de montrer à Israël le chemin du vrai sacrifice et, par conséquent, du salut (578, 30–37; et un peu après, il confirme, cfr. 580, 48–59), Dieu se serait servi des prophètes. En cela, il est animé par la miséricorde—et non par la colère. Il est important de noter qu'à chaque reproche gnostique correspond une citation biblique évoquant les actions que Dieu préfère au sacrifice : ce sont des œuvres qui supposent une profonde disposition à bien agir comme en Es 1:16–18 ; 58:6–9 ; Za 8:1–17.

Comme Ph. Bacq l'a noté,[18] la citation d'Osée 6:6, se trouve à un point stratégique du raisonnement d'Irénée : à la fin des citations de l'Ancien Testament elle reproduit, dans sa forme antithétique, la structure de l'ensemble du chapitre, qui est marqué, comme on l'a vu, par l'opposition entre, d'une part les passages bibliques évoquant les attitudes que Dieu désapprouve, et d'autre part, les passages illustrant les actions appréciées par Dieu et porteuses de salut pour l'homme. Dans le mot *miséricorde*, le verset d'Osée non seulement synthétise le thème fondamental du IVe livre de *Adversus Haereses*, résumant ainsi les nombreuses citations précédentes, mais précède aussi immédiatement le passage évangélique où le Christ reprend à la lettre cette citation (cf. Mt 12:7). Ce rapprochement est fondamental pour le raisonnement d'Irénée : Pour lui, la citation prouve la continuité entre l'Ancien et le Nouveau Testament puisque le Christ se montre en parfait accord avec l'AT en assumant et confirmant l'enseignement prophétique.

---

[18] Cf. Ph. Bacq, *De l'ancienne* (cf. note 12), 132–133.

> De tout cela, il ressort que ce ne sont pas des sacrifices et des holo-
> caustes que Dieu attendait d'eux, mais la foi, l'obéissance et la justice,
> pour leur salut. Ainsi chez le prophète Osée, pour leur enseigner sa
> volonté, Dieu leur disait : "Je veux la miséricorde plus que le sacrifice,
> et la connaissance de Dieu plus que les holocaustes" [Os 6:6]. Et notre
> Seigneur aussi le leur rappelait, en disant: Si vous aviez su ce que
> signifie : Je veux la miséricorde et non le sacrifice, jamais vous n'au-
> riez condamné des innocents [. . .] Par là, il rendait témoignage aux
> prophètes qu'ils prêchaient la vérité, et il faisait honte aux autres de
> leur coupable folie (*Adv. Haer.* IV, 17, 4 ; SC 590,125–135).

Au paragraphe 5, on peut noter le souci de réfuter la critique déjà
adressée au sacrifice de l'Ancien Testament : Le nouveau sacrifice n'est
pas non plus nécessaire à Dieu, mais il est l'expression de gratitude
et, en tant que tel, le sacrifice est favorable à celui qui l'offre. Le
Seigneur, en effet, n'a jamais abrogé le sacrifice, mais en a prescrit
un nouveau. Dès le début du discours, l'allusion à l'eucharistie est
évidente :

> A ses disciples aussi, il conseilla d'offrir à Dieu les prémices de ses
> propres créatures, non que celui-ci en eût besoin, mais pour qu'eux-
> mêmes ne fussent ni stériles ni ingrats. Le pain, qui provient de la
> création, il le prit, et il rendit grâces, disant : "Ceci est mon corps".
> Et la coupe pareillement, qui provient de la création dont nous sommes,
> il la déclara son sang et il enseigna qu'elle était l'oblation nouvelle de
> la nouvelle alliance. C'est cette oblation même que l'Église a reçue
> des apôtres et que, dans le monde entier, elle offre au Dieu qui nous
> donne la nourriture, comme prémices des propres dons de Dieu, sous
> la nouvelle alliance (*Adv. Haer.* IV, 17, 5 ; SC 100, 590,136–592,145).

Ensuite on trouve une citation biblique qui sert de pivot au raisonnement d'Irénée. Il s'agit de Malachie 1:10.[19] Le nouveau sacrifice,
en effet, avait été prophétisé par Malachie. Irénée commente la citation comme suit :

> De celle-ci, parmi le douze prophètes, Malachie a parlé d'avance en
> ces termes : "Je ne prends pas plaisir en vous, dit le Seigneur le tout-
> puissant, et je n'agréerai pas de sacrifice de vos mains ; car, du

---

[19] Le rapprochement de la citation de Malachie et de l'eucharistie se trouve déjà
dans la tradition chrétienne, cf. Didaché (*Dial.* 14:1–3) et Justin (*Dial.* 41:2 ; 116:3). Cf.
P. Prigent, *Justin et l'Ancien Testament. L'argumentation scripturaire du traité de Justin con-*
tre toutes les hérésies comme source principale du dialogue avec Tryphon et de la première apolo-
gie (Paris : Gabalda, 1964) ; K.S. Frank, "Maleachi 1,10 ff. in der frühen Väterdeutung.
Ein Beitrag zu Opferterminologie und Opferverständnis in der alten Kirche," *Theologie*
und Philosophie 53 (1978) : 70–78.

levant au couchant, mon nom est glorifié parmi les nations, et en tout lieu de l'encens est offert à mon nom, ainsi qu'un sacrifice pur : car mon nom est grand parmi les nations, dit le Seigneur le tout-puissant." Il signifiait très clairement par là que le premier peuple cesserait d'offrir à Dieu, tandis qu'en tout lieu un sacrifice lui serait offert, pur celui-ci, et que son nom serait glorifié parmi les nations (*Adv. Haer.* IV, 17, 5 ; SC 100, 592,146–594,156).

Les caractéristiques du nouveau sacrifice semblent donc être essentiellement au nombre de deux : il doit être *pur* et offert *à son nom*. Mais à quel nom doit-on offrir le sacrifice, nom qui soit glorifié entre toutes les nations ? Il s'agit du Fils de Dieu par lequel le Père est glorifié. Que le Christ soit qualifié de "nom de Dieu" est une idée courante dans la tradition chrétienne à partir du Nouveau Testament.[20] Or la nouveauté importante introduite par Irénée consiste à identifier le *nomen meum* avec le Fils de Dieu incarné, manifestation du Dieu invisible, nom dans lequel Dieu s'est rendu visible et accessible aux hommes. Le nom, c'est-à-dire, le Fils, appartient au Père, parce qu'il est par lui devenu homme et par lui envoyé comme révélation plus pleine et parfaite :

> Or, quel est le nom qui est glorifié parmi les nations, sinon celui de notre Seigneur, par qui est glorifié le Père et est glorifié l'homme ? Mais, parce que c'est le nom de son propre Fils et que ce nom est son œuvre, il l'a déclaré sien (*Adv. Haer.* IV, 17, 6 ; SC 100, 594, 156–161).[21]

---

[20] La théologie du *Nom de Dieu* constitue un élément fondamental de la théologie judéo-chrétienne ; sur l'origine et le déroulement de la christologie du Nom cf. J. Daniélou, *Histoire des doctrines chrétiennes avant Nicée, vol. I : Théologie du Judéo-Christianisme* (Tournai : Desclée & Co., 1958), 199–216 ; A. Orbe souligne que non seulement la pensée juive mais aussi la philosophie hellénistique contribuent à l'élaboration gnostique de la conception du Nom de Dieu (cf. *Hacia la primera teología de la procesión del Verbo. Estudios Valentinianos I/1* (Analecta Gregoriana, Cura Pontificiae Universitatis Gregorianae edita vol. XCIX, Series Facultatis Theologicae, Sectio A [n. 17], Romae 1958, 24–99). Dans sa *Teología de San Ireneo* IV (cf. note 12), 238ss, Orbe concentre son regard sur la façon dont Irénée interprète la théologie du Nom de Dieu. Cf. à ce propos aussi les articles suivants : E. Lanne, "Le nom de Jésus-Christ et son invocation chez saint Irénée de Lyon," *Irénikon* 48 (1975), 447–467 ; 49 (1976), 34–53 ; importants sont aussi deux ouvrages : F.M.M. Sagnard, *La gnose valentinienne* (Paris : Vrin, 1947), 552–561 ; J.E. Fossum, *The Image of the Invisible God. Essays on the Influence of Jewish Mysticism on Early Christology* (Novum Testamentum et Orbis Antiquus 30, Göttingen : Vandenhoeck & Ruprecht, 1995), 109–133. Cf. aussi P. Widdicombe, *The Fatherhood of God from Origen to Athanasius* (Oxford Theological Monographs ; Oxford : Clarendon Press, 1994), particulièrement 44–62 : Revelation of the Son and Name of God.

[21] Sur les problèmes concernant la traduction de ce passage, cf. A. Rousseau (SC 100, 240–241).

Irénée explique ces idées par l'image suggestive du roi qui sculpte l'effigie de son fils : l'image est propriété du roi parce qu'il en est l'auteur et parce qu'elle représente son fils (cf. *Adv. Haer.* IV, 17, 6).[22]

Le paragraphe 18 est également d'une grande importance pour l'interprétation du mot *miséricorde* en tant qu'opposé au sacrifice : après avoir déclaré le dépassement du culte sacrificiel de l'Ancien Testament, Irénée va illustrer en quoi consiste le sacrifice de la nouvelle alliance : le sacrifice pur, offert au nom du Christ, est le sacrifice de l'Église (597, 1–8). Le sacrifice est pur, parce que l'intention est pure : Il ne s'agit plus du sacrifice simplement extérieur des juifs, auquel ne correspondaient ni la simplicité ni la foi du cœur, mais une intention pervertie. Il s'ensuivent les exemples de Caïn et des pharisiens dont les sacrifices n'étaient pas agréables à Dieu parce qu'ils n'étaient pas inspirés par une intention sincère. En conclusion Irénée déclare :

> Ce ne sont donc pas les sacrifices qui sanctifient l'homme, car Dieu n'a pas besoin de sacrifices ; mais ce sont les dispositions de celui qui offre, qui sanctifient le sacrifice, si elles sont pures : elles contraignent Dieu à l'accepter comme d'un ami (*Adv. Haer.* IV, 18, 3 ; SC 100, 604,76–606,80).

Puis Irénée aborde plus directement le thème de la polémique contre les hérétiques. L'auteur affirme que l'Église seule est en mesure d'offrir un sacrifice pur, en offrant avec l'action de grâce ce qui provient de la création. Il conteste aux Juifs la possibilité d'offrir des sacrifices parce qu'ils auraient refusé et tué l'unique médiateur à travers lequel le sacrifice peut être agréé par Dieu. Parmi les hérétiques, par contre, les marcionites, qui distinguent entre le créateur et le Père du Christ, ne peuvent présenter leur offrande en signe de reconnaissance pour les biens reçus dans la création, car selon leur doctrine ils l'offriraient à un dieu qui, sans être l'auteur de la création, demanderait des biens appartenant à un autre dieu. Quant aux gnostiques, qui considèrent la création comme issu de la déchéance du divin, ils commettraient même un sacrilège en offrant des fruits à Dieu (*Adv. Haer.* IV, 18, 4 ; SC 100, 606,82–608,103).[23]

---

[22] Cf. Ph. Bacq, *De l'ancienne* (cf. note 12), 138–139.
[23] Cf. A. Orbe, *Teología* (cf. note 12), 255–256.

Pour Irénée, la continuité entre les deux économies apparaît claire-ment dans la citation de Matthieu où le Christ, en rappelant Os 6:6, se montre en parfait accord avec le Dieu créateur et son père. Puis, cette continuité se concrétise dans l'eucharistie : les éléments matériels, offerts dans l'eucharistie au même Dieu de l'Ancien Testament, sont sanctifiés par l'élément céleste que sont l'invocation et le remerciement.[24] Ces deux prières les transforment en corps et sang du Christ. L'homme a besoin de ce sacrifice, composé d'une double substance: matérielle (le pain) et céleste (l'invocation) pour le salut de sa propre nature, qui est composée de façon inséparable de matière et d'esprit :

> [. . .] car de même que le pain qui vient de la terre, après avoir reçu l'invocation de Dieu, n'est plus du pain ordinaire, mais eucharistie con-stituée de deux choses, l'une terrestre et l'autre céleste, ainsi nos corps qui participent à l'eucharistie ne sont-ils plus corruptibles, puisqu'ils ont l'espérance de la résurrection (*Adv. Haer.* IV, 18, 5 ; SC 100, 610,119–612,122).

Cependant, rien ne permet de dire que pour Irénée le sacrifice de la Nouvelle Alliance se réduise à l'eucharistie. En effet, Irénée cite d'autres exemples (p. 606) : Ainsi une "offrande pure" peut-elle être celle qu'Epaphrodite offre à Paul (Ph 4:18).[25] À la suite de ces con-sidérations, l'auteur ajoute que les prières des saints sont elles aussi des offrandes, de même que les biens matériels que les hommes offrent en offrande.[26]

En résumé, le raisonnement d'Irénée vise à défendre le sens et la valeur du sacrifice de l'Ancien Testament, en réfutant les accusa-tions gnostiques et marcionites. En même temps ses arguments lui permettent d'affirmer avec fermeté la supériorité du nouveau sacrifice. L'importance qu'Irénée accorde au rôle de l'élément matériel dans le sacrifice reflète sa conception anthropologique qui, à la différence de celle de l'Ecole d'Alexandrie, qui privilégiera le monde intelligi-ble et spirituel, reconnaît une dignité absolue au monde terrestre. Dans cette attitude, il révèle aussi sa solide formation reçue en Asie.

---

[24] Cf. D. Van den Eynde, "Eucharistia ex duabus rebus constans," *Antonianum* 15 (1940) : 13–28.
[25] Cf. A. Orbe, *Teología* (cf. note 12), 252.
[26] Cf. E. Ferguson, "Spiritual Sacrifice" (cf. note 8), 1178.

III. *Origène*[27]

Origène (185–250) mérite une attention particulière, en tant que théologien d'Alexandrie, de formation platonicienne, qui a élaboré une réflexion riche et articulée sur le thème du sacrifice.[28]

L'interprétation du sacrifice juif rentre dans la conception plus générale de la théologie d'Origène, selon laquelle l'économie de l'Ancien Testament est une anticipation imparfaite de la nouvelle économie, qui à son tour est également une image de la réalité céleste et eschatologique. Dans cette perspective, il n'existe plus de rupture entre l'Ancien et le Nouveau Testament mais un développement progressif vers la perfection, un rapport du genre ombre/vérité. Le sacrifice juif est, en ce sens, l'anticipation figurative du sacrifice du Christ et du sacrifice spirituel du chrétien. Mais ce dernier est, à son tour, l'anticipation encore imparfaite du sacrifice eschatologique.

Origène souligne que même après l'avènement du Christ, la nécessité du sacrifice demeure, bien entendu d'un sacrifice spirituel et non sanglant. Le sacrifice du Christ a, en effet, accompli et porté à la perfection tous les sacrifices. Cependant, "tant qu'il y a des pécheurs, il y a besoin de sacrifices" (*Num. Hom.*[29] XXIV, 1), qui ne sont plus charnels mais désormais spirituels. Le sacrifice du Christ atteindra, en effet, la perfection de sa fonction salvatrice uniquement à la fin des temps, dans l'apocatastase, quand toutes les créatures dotées de raison seront purifiées et auront retrouvé la perfection de leur état originel, à travers un processus d'ascension morale progressive.[30] C'est

---

[27] La bibliographie relative à Origène est immense. Qu'il nous soit permis de signaler ici quelques ouvrages classiques qui servent d'introduction générale : J. Daniélou, *Origène* (Paris : La Table Ronde, 1948) ; H. Crouzel, *Origène* (Paris : Lethellieux, 1985). Pour les outils de recherche, cf. H. Crouzel, *La Bibliographie critique d'Origène* (La Haye : Nijhoff, 1971) ; *Origene. Dizionario, la cultura, il pensiero le opere* (ed. A. Monaci Castagno ; Rome, Città Nuova, 2000).

[28] Cf. R. Daly, "Sacrifice in Origen," in *Studia Patristica XI* (Texte und Untersuchungen zur Geschichte der Altchristlichen Literatur 108 ; Berlin, Akademie-Verlag, 1972), 125–129 ; Id., "Early Christian Influences on Origen's Concept of Sacrifice," in *Origeniana* (ed. H. Crouzel, G. Lomiento, J. Rius Camps ; Quaderni di Vetera Christianorum 12 ; Bari, 1975) 313–326 ; A. Monaci, "Sacrificio e perdono dei peccati in Origene," in *I cristiani e il sacrificio pagano e biblico* (= *Annali di Storia dell'Esegesi* 19/1, 2002), 43–58; C. Mazzucco, "Il culto liturgico nel pensiero di Origene", *Dizionario di spiritualità biblico-patristica : grandi temi della Sacra Scrittura per la "lectio divina"*. Vol. 12 : *Culto divino, liturgia* (Rome : Borla, 1992), 203–220.

[29] Les abréviations des œuvres origéniennes correspondent à celles de la *Biblia Patristica. Index des citations et allusions bibliques dans la littérature patristique 3* (Paris : CNRS Editions, 1980).

[30] La doctrine de l'apocatastase est un aspect primordial de la pensée d'Origène

à ce moment-là que pourra être considérée comme accomplie l'œuvre rédemptrice du Christ, quand tout son corps mystique, c'est-à-dire l'Eglise, sera ressuscitée.

Dans de nombreux passages de son œuvre, Origène revient sur le problème du sacrifice, interprété à la lumière de l'*Epître aux Hébreux*, en particulier dans les homélies sur le Lévitique et sur le livre des Nombres, dans lesquelles Origène réinterprète les prescriptions mosaïques selon une interprétation allégorique et christologique.[31]

Afin d'étudier l'usage et l'exégèse d'Origène du verset d'Osée, nous avons choisi d'analyser dans un premier temps les passages dans lesquels il est explicitement cité : *Lev. Hom.* II, 5 et IV, 5 ; *Ps. Hom.* 36, III, 11, et enfin *Gen. Hom.* XIII, 2. Dans un second temps, nous avons élargi la perspective en dégageant de la réflexion d'Origène les conceptions de sacrifice et de miséricorde. Étant donné l'abondance des passages relatifs à ces sujet, il s'impose de n'étudier qu'une série limitée de textes. De l'examen de ces passages ressort clairement l'identification du concept de miséricorde avec celui du nouveau sacrifice, supérieur à l'ancien. Nous avons repéré en substance trois applications :

---

et de sa polémique contre le gnosticisme. Son but est de réfuter la doctrine gnostique rigide de la prédétermination qui consiste à réserver le salut aux seuls élus. Ainsi s'oppose-t-elle à une pensée plutôt ouverte et dynamique selon laquelle le Logos, animé par son amour, cherche à regagner toutes les créatures dotées de la raison et du libre arbitre ; cf. à ce propos E. Prinzivalli, art. "Apocatastasi," in *Origene. Dizionario* (cf. note 27), 23–29.

[31] Origène se préoccupait, contre ses détracteurs, de montrer le fondement apostolique de sa propre technique exégétique : "Avant tout, montrons que ces descriptions de sacrifices sont, au dire de l'Apôtre *des figures et des types* (1 Co 10:6), dont la vérité est montrée en d'autres réalités, pour que des auditeurs n'aillent pas se figurer que nous avons des idées préconçues, et infléchissons violemment la Loi de Dieu dans un autre sens que celui selon lequel elle a été écrite, comme si dans ce que nous affirmons, ne nous précédait aucune autorité apostolique. Paul donc, écrivant aux Hébreux, gens qui certes lisaient la Loi, avaient bien médité et bien connu ces passages, mais auxquels manquait le sens selon lequel on devait interpréter les sacrifices, s'exprime de la sorte : "Car ce n'est pas dans un sanctuaire fait à la main, copie du véritable, que Jésus est entré, mais dans le ciel même, pour paraître désormais devant la face de Dieu en notre faveur" [He 9:24]. Et encore il dit à propos des victimes : "Car il l'a fait une fois pour toutes, s'offrant lui-même en victime" [He 7:27]. Mais pourquoi en chercher un à un les témoignages ? C'est tout l'*Epître aux Hébreux* qu'il faudrait passer en revue, notamment ce passage où elle compare le pontife de la Loi au pontife de la promesse, dont il est écrit : "Tu es prêtre pour l'éternité selon l'ordre de Melchisédeck" [He 5:6]. On ferait alors cette découverte : tout ce passage de l'Apôtre montre que le choses décrites dans la Loi sont des copies (*exemplaria*) et des types des réalités vivantes et véritables (*Lev. Hom.* 9, 2 ; SC 287, 74,1–76,21).

- Premier point : la miséricorde comme sacrifice intérieur et comme interprétation spirituelle de l'Ecriture.
- Deuxième point : la miséricorde qui s'exprime dans le sacrifice du Christ comme accomplissement et dépassement de tous les sacrifices anciens.
- Troisième point: la miséricorde qui se manifeste dans le sacrifice céleste pour le salut de tous les êtres dotés de raison, et non pas uniquement des êtres humains.

A. *La miséricorde comme sacrifice intérieur. L'interprétation spirituelle de l'Ecriture*

Notre parcours débute avec l'analyse de la citation d'Os 6:6 dans *Lev. Hom.* II, 5. En expliquant Lv 4:3.27, qui prescrit les normes du rituel des sacrifices, Origène se penche sur le passage relatif à l'âme qui a péché involontairement : *quand on l'avertit du péché commis, il apportera son offrande devant le Seigneur* (Lv 4:28–29).

La conception vétérotestamentaire du péché involontaire[32] est réinterprétée par Origène à la lumière de sa conception spirituelle et allégorique de la loi mosaïque : commettre un péché involontaire signifie accomplir un commandement que ne doit pas être accompli (Lv 4:27). Ceci se traduit, dans le système d'Origène, par *faire une offrande selon l'apparence du précepte charnel* :

> Tu as entendu qu'il refuse le sacrifice des béliers et la graisse des agneaux ? Il a pourtant prescrit la manière dont on devait offrir des sacrifices de taureaux ou d'agneaux. Mais celui qui comprend spirituellement la Loi cherche à les offrir spirituellement. Si au contraire quelqu'un fait une offrande conforme à l'apparence du précepte charnel, voilà "une âme du peuple de la terre qui pèche sans le vouloir, accomplissant, de tous les commandements du Seigneur, un qui ne doit pas l'être, et se rend ainsi coupable" ; aussi est-il ajouté par la suite : "et lorsqu'on l'avertit du péché qu'elle a commis, elle amènera son offrande devant le Seigneur". Car l'âme doit présenter son offrande quand "on l'avertit" que Dieu ne demande pas un sacrifice charnel, que "le sacrifice à Dieu est un esprit brisé". Et elle est avertie de son péché quand elle apprend de la bouche du Seigneur : "Je préfère la miséricorde au

---

[32] Le Lévitique définit comme involontaire le péché commis sans intentionnalité, c'est-à-dire quand quelqu'un, tout en connaissant la loi, la transgresse sans s'en apercevoir. Le sacrifice expiatoire n'était prévu que pour cette catégorie de péchés, puisque le péché volontaire était soumis à la justice divine et aux sanctions de la loi civile, cf. J. Milgrom, *Leviticus 1–16. A New Translation with Introduction and Commentary* (The Anchor Bible, 3 ; New York : Doubleday, 1991) ; M. Pesce, "Gesù e il sacrificio ebraico", in *Il sacrificio* (cf. note 3), 129–168.

sacrifice" et qu'elle accepte d'offrir dans l'Eglise "le sacrifice de louange"
et d'accomplir "ses vœux pour le Très Haut" (Lev. Hom. II, 5 ;[33] SC
286, 117–118).

Par conséquent la miséricorde se présente comme le contraire du
sacrifice charnel, et devient explicite dans le sacrifice de louange. Dans
cette analyse nous retrouvons les arguments élaborés déjà par Irénée
et adressés aux gnostiques et aux marcionites : Malgré les apparences,
entre les prescriptions rituelles et le refus du sacrifice, il n'existe pas
de contradiction, puisque dès le début Dieu avait souhaité un culte
spirituel, mais Israël n'avait pas été à même de l'accomplir. Pratiquer la
miséricorde équivaut, selon Origène, à accomplir le sacrifice de louange.
Mais que signifie ce terme ? On peut dégager une série d'informations
de l'examen des occurrences du verset et de l'étude des contextes
dans lesquels l'expression "sacrifice de louange" est employée.

Dans *Num. Hom.* VI, 4,[34] le sacrifice de louange devient symbole
de la nouvelle économie en opposition à l'ancienne. Concrètement,
il s'exprime dans le sacrifice spirituel :

> L'ancien peuple manque donc encore aujourd'hui de respect envers
> Moïse, qui est avec nous, et il lui semble honteux qu'il n'enseigne pas
> chez nous la circoncision de la chair, ni l'observation du Sabbat, les
> Néoménies et le sacrifices sanglants, mais nous prescrit la circoncision
> du cœur, le chômage du péché, les fêtes célébrées avec les azymes de
> la sincérité et de la vérité, les sacrifices de louange, et l'immolation
> non du bétail, mais de vices (SC 29, 131).

Le sacrifice de louange a, donc, un sens moral : à chaque sacrifice
correspond l'immolation d'un vice, et de telles offrandes sont précisément définies comme *victimes de miséricorde*, dans *Ex. Hom.* IX, 4 :[35]

> Qu'elle ait encore en soi, cette âme qui ne donnera point "de sommeil
> à ses yeux ni d'assoupissement à ses paupières, jusqu'à ce qu'elle ait
> trouvé un lieu pour le Seigneur, un tabernacle pour le Dieu de Jacob"—
> qu'elle ait en soi, dis-je, un autel, fixé au milieu de son cœur, où elle
> puisse offrir à Dieu les sacrifices de prière et le victimes de miséri-
> corde, où elle immole le taureau de l'orgueil avec le couteau de la
> continence, où elle étrangle le bélier de la colère, où elle sacrifie comme
> des boucs et des chevreaux la luxure et toute convoitise (SC 16, 215).

---

[33] Origène, *Homélies sur le Lévitique, Tome I (Homélies I–VII). Texte latin, introduction et notes par M. Borret* (SC 286 ; Paris : Cerf, 1981).
[34] Origène, *Homélies sur les Nombres. Introduction et traduction par A. Mehat* (SC 29 ; Paris : Cerf, 1951).
[35] Origène, *Homélies sur l'Exode. Traduction par P. Fortier, introduction et notes de H. De Lubac* (SC 16 ; Paris : Cerf, 1947).

Enfin, dans *Lev. Hom.* V, 7,[36] on dit que le sacrifice de louange est exécuté par celui qui accomplit des œuvres de telle façon que d'autres qui en prennent connaissance soient amenés à louer Dieu :

> Mais comme notre affaire présente n'est pas d'offrir des sacrifices selon la lettre, cherchons parmi nous qui donc est si hautement qualifié qu'il offre à Dieu "le sacrifice salutaire" et "le sacrifice de louange". Pour moi, je pense que c'est celui qui en tous ses actes fait louer Dieu, et par qui se réalise la parole de notre Seigneur et Sauveur: "Afin que les hommes voient vos bonnes œuvres et glorifient votre Père qui est aux cieux". Celui-là donc offre le sacrifice de louange, dont les actes, dont la doctrine, dont la parole, les mœurs et la conduite font louer et bénir Dieu, au contraire de ceux dont il est dit : "A cause de vous, mon nom est blasphémé parmi les nations" (SC 286, 234,11–25).

La même citation d'Os 6:6 dans *Ps. Hom.*[37] 36, III, 11 laisse transparaître une préoccupation pastorale, puisque Origène s'adresse aux maîtres et aux pasteurs afin qu'ils se consacrent non seulement à l'enseignement théorique mais mettent aussi en pratique les œuvres de miséricorde :

> "Le pécheur emprunte et ne paie pas, tandis que le juste a pitié et prête" [Ps 36,21]. Non seulement, dit-il, le juste prête, c'est-à-dire non seulement il annonce la parole, c'est-à-dire non seulement il enseigne les ignorants, mais il a aussi pitié des faibles. Il suit en effet, l'exemple du Seigneur qui dit : Je préfère la miséricorde au sacrifice [Os 6:6 ; Mt 9:13] (SC 411, 172,74–174,78).

Sur la base de cet extrait, on serait porté à penser que ces maîtres "empruntent" la Parole de Dieu, mais se révèlent indifférents envers les exigences de ceux qui sont plus faibles. Ils manifesteraient donc une adhésion seulement extérieure à la parole de Dieu. Chez Origène, donc, le terme sacrifice représente, au niveau littéral, la pratique juive mais aussi chaque action positive, non inspirée ou motivée par une intention sincère. Au contraire, la miséricorde est l'intention sincère et profonde qui inspire les œuvres bonnes.

Pour conclure l'examen des passages comportant la citation d'Osée 6:6, arrêtons-nous sur l'*Homélie sur la Genèse* XIII, 2. L'homélie commente Gn 26:14ss où on raconte qu'Isaac nettoie les puits creusés par Abraham, et comblés de terre par les Philistins, afin que l'eau

---

[36] *Origène, Homélies sur le Lévitique* (cf. note 33).
[37] *Origène, Homélies sur les Psaumes 36 à 38. Texte critique établi par E. Prinzivalli. Introduction, traduction et notes par H. Crouzel et L. Brésard* (SC 411 ; Paris : Cerf, 1995).

ressurgisse.[38] Selon Origène les puits des pères représentent allégoriquement les Ecritures de l'Ancien Testament. Les Philistins qui troublent l'eau sont ceux qui enseignent la loi de façon charnelle et interdisent que l'eau vive jaillisse. Isaac est la figure du Christ qui révèle le vrai sens de l'Ancien Testament. Pour illustrer comment les serviteurs d'Isaac, à savoir les apôtres, nettoient les puits, Origène cite l'épisode de Mt 12:1–7 (les épis arrachés) où le Christ affirme que si les Pharisiens auraient compris la vrai signification des mots du prophète "*C'est la miséricorde que je veux, non le sacrifice*", ils n'auraient pas condamné les apôtres qui avaient arraché les épis le jour du sabbat. Le sacrifice, donc, par rapport à ce passage de la Genèse, représente les Écritures de l'Ancien Testament interprétées selon le sens littéral, alors que la miséricorde signifie la loi spirituelle révélée par le Christ et l'interprétation allégorique de l'Ancien Testament qui y découvre le Christ caché. Des formulations d'Origène transparaît la subtile polémique de l'exégète contre les éléments de la communauté chrétienne qui, fussent-ils cultivés ou populaires, critiquaient âprement son exégèse spirituelle de l'Ecriture (SC 7 bis,[39] 312–316).

Le chrétien est donc appelé à pratiquer la miséricorde. Cette vertu acquiert une signification qui, en dépassant la dimension morale, atteint une dimension ontologique de l'homme, quand Origène la met en relation avec la doctrine de la création à l'image de Dieu. L'image de Dieu[40] sur le modèle de laquelle l'homme a été façonné, est le Christ lui-même, "figure claire de la substance de Dieu" (He 1:3), substance qui a été révélée dans l'incarnation du Christ et dans la rédemption de l'homme. Ce concept apparaît très clairement dans *Homélie sur la Genèse* I, 13 :

---

[38] La symbolique du puits est chère à Origène et lui sert d'argument en faveur de sa méthode herméneutique : comme le puits, le sens de l'Écriture est pour lui intarissable. L'auteur approfondit ce thème surtout dans les *Homélies sur la Genèse* (cf. les homélies VII, X, XI e XIII). Cf. M. Simonetti, *Opere di Origene. Omelie sulla Genesi* (Rome : Città Nuova, 2002), 317–319, et passim.

[39] Origène, *Homélies sur la Genèse. Introduction de H. de Lubac et L. Doutreleau, texte latin, traduction et notes de L. Doutreleau* (SC 7 bis ; Paris : Cerf, réimpression 1985).

[40] Sur la conception origénienne de l'image de Dieu dans l'homme, cf. H. Crouzel, *Théologie de l'image de Dieu chez Origène* (Paris : Aubier, 1956). En ce qui concerne la première homélie de la Genèse, cf. E. Prinzivalli, "Omelia I : la creazione", in *Mosè ci viene letto nella Chiesa. Lettura delle Omelie di Origene sulla Genesi* (ed. E. Dal Covolo, L. Perrone ; Biblioteca di Scienze Religiose 153 ; Rome : Libreria Ateneo Salesiano, 1999), 33–52, en particulier 48–50.

C'est donc à la ressemblance de cette image [du Christ] que l'homme a été fait. Aussi notre Sauveur, qui est l'image de Dieu, ému de pitié pour l'homme qui avait été fait à sa ressemblance et qu'il voyait se défaire de son image pour revêtir celle du malin, prit lui-même, poussé par la pitié, l'image de l'homme et vint à lui, comme l'atteste aussi l'Apôtre quand il dit : "Bien qu'il fût dans la condition de Dieu, il n'a pas retenu avidement son égalité avec Dieu, mais il s'est anéanti lui-même en prenant la condition d'esclave, en se rendant semblable aux hommes, et, reconnu pour homme en tout ce qui a paru de lui, il s'est abaissé lui-même jusqu'à la mort" [Phil 2:6–8] (SC 7 bis, 60 63–62,73).

À travers le Fils, le Père invisible s'est donc rendu visible à l'homme et s'est révélé dans un acte de miséricorde, c'est-à-dire, dans le fait qu'il ait rendu humain son propre Fils, qui pour sa part a obéi en renonçant à sa propre divinité et en se soumettant à une entière humiliation. Et le Sauveur lui-même a accepté l'incarnation, mû par sa pitié pour le genre humain comme nous le lisons dans *L'homélie sur Ezéchiel* VI, 6 :[41]

Il descendit sur terre par pitié du genre humain, il a patiemment éprouvé nos passions avant de souffrir la croix et de daigner prendre notre chair ; car s'il n'avait pas souffert, il ne serait venu partager la vie humaine. D'abord il a souffert, puis il est descendu et s'est manifesté. Quelle est donc cette passion qu'il a soufferte pour nous ? La passion de la charité. Et le Père lui-même, Dieu de l'univers, "plein d'indulgence, de miséricorde" et de pitié, n'est il-pas vrai qu'il souffre en quelque manière ? Ou bien ignores-tu que, lorsqu'il s'occupe des affaires humaines, il éprouve une passion humaine ? Car "il a pris sur lui tes manières d'être, le Seigneur ton Dieu, comme un homme prend sur lui son fils". Dieu prend donc sur lui nos manières d'être, comme le Fils de Dieu prend nos passions. Le Père lui-même n'est pas impassible. Si on le prie, il a pitié, il compatit, il éprouve une passion de charité, et il se met dans une condition incompatible avec la grandeur de sa nature et pour nous prend sur lui les passions humaines (SC 352, 228,35–230,52).

Pratiquer la miséricorde signifie donc s'assimiler à Dieu lui-même, retrouver cette image de Dieu gravée dans l'âme au moment de la création puis ensuite cachée et offusquée par le péché, comme le confirme également *De Principiis* IV, 4,10 :[42]

---

[41] Origène, *Homélies sur Ézéchiel. Texte latin, introduction, traduction et notes par M. Borret* (SC 352 ; Paris : Cerf, 1989).

[42] *Origène, Traité des Principes. Tome IV (Livres III et IV). Commentaire et fragments par H. Crouzel et M. Simonetti* (SC 268–269 ; Paris : Cerf, 1980). Cf. aussi *Commentaire sur Saint Jean* XX,17,(15) ; *Selecta in Genesim* 1, 26–27 (PG XII, 96 B).

Il est clair que les signes de cette image divine en l'homme peuvent être reconnus, non dans la forme du corps qui se corrompt, mais dans la prudence de l'intelligence, dans la justice, la modération, le courage, la sagesse, l'instruction, bref dans tout le chœur des vertus, présentes en Dieu de façon substantielle, en l'homme par son activité et l'imitation de Dieu, selon ce que dit le Seigneur dans l'Evangile : Soyez miséricordieux comme votre Père est miséricordieux et Soyez parfaits comme votre Père est parfait [Mt 5:48]. Cela montre avec évidence qu'en Dieu toutes ces vertus existent (SC 268, 426,391–428,404).

En revenant à *Gen. Hom.* I, 13, nous voyons clairement que la pratique de la miséricorde manifeste un retour à l'image divine, et donc une élévation spirituelle de la substance même de l'homme. De cette façon, on comprend également mieux les textes examinés dans les paragraphes précédents, textes dans lesquels Origène insistait à plusieurs reprises sur la nécessité d'une correspondance entre les actions et une attitude intérieure, dans la mesure où l'acte de miséricorde doit jaillir d'un renouveau profond de l'être, et non pas se limiter à une simple exécution extérieure.

Tous ceux qui viennent à lui et s'efforcent d'être participants de l'image raisonnable, par leurs progrès "se renouvellent de jour en jour selon l'homme intérieur" à l'image de celui qui les a faits ; ainsi peuvent-ils devenir "semblables à son corps de gloire", chacun selon ses forces toutefois. Les Apôtres se sont tellement formés à nouveau à sa ressemblance que lui-même disait d'eux : "Je vais a mon Père et à votre Père, à mon Dieu et à votre Dieu [Jn 2:17]". Lui-même, en effet, avait déjà demandé au Père pour ses disciples que leur fût rendue l'ancienne ressemblance, en disant : "Père, fais qu'ils soient un en nous, comme toi et moi nous sommes un" [Jn 17:21–22] (SC 7 bis, 62, 74–84).

Par la pratique de la miséricorde, c'est-à-dire par les bonnes actions, la vie entière du chrétien acquiert sa valeur sacrificielle. Cela vaut d'autant plus pour le martyr[43] qui, en offrant sa propre vie pour le Christ, représente l'accomplissement le plus plein et le plus parfait du nouveau sacrifice. Suivant ainsi l'exemple du Christ qui est mort pour l'humanité, l'homme qui donne sa vie en holocauste pour l'amour du prochain ou pour le martyre, retrouve l'image même de Dieu et s'assimile au Christ.

---

[43] L'interprétation du martyre comme sacrifice a sa racine biblique en Ap 7:15, où les martyrs se tiennent devant le trône. Par la suite, la théologie du martyre est élaborée dans les écrits sur le martyre (p. ex. Ignace, *Rom.* 2:2 ; 4:1–2). Cf. R. Daly, *The Origin* (cf. note 6), 86.

> De plus, chacun de nous a en lui son holocauste, et il embrase l'autel
> de son holocauste pour qu'il brûle toujours. Pour moi, si je renonce à
> tout ce que je possède, prends ma croix et suis le Christ, j'offre un holo-
> causte à l'autel de Dieu ; ou "si je livre mon corps aux flammes, en
> ayant la charité" et obtiens la gloire du martyre, je m'offre en holocauste
> à l'autel de Dieu. Si j'aime mes frères jusqu'à "donner ma vie pour
> mes frères", "si pour la justice et la vérité je lutte jusqu'à la mort",
> j'offre un holocauste à l'autel de Dieu [. . .] et je deviens moi-même
> le prêtre de ma victime (Lev. Hom. IX, 9 ;[44] SC 287, 116, 38–50).

L'assimilation la plus parfaite au Christ est en effet représentée par
le sacrifice des martyrs, qui poursuivent la mission du Christ en suivant son exemple et en se rendant semblables à lui. Leur sacrifice
lave les fautes des autres et détruit la puissance du mal, comme il
ressort du texte suivant, extrait de l'*Exhortation au martyre*, chap. 30 :[45]

> Réfléchis si le baptême du martyr, aussi comme celui du Sauveur fut
> expiatoire pour le monde, aussi celui n'est pas un remède pour beau-
> coup qui sont purifiés. En effet, si ceux qui, selon la loi de Moïse, ser-
> vaient à l'autel, semblaient procurer la rémission des péchés <aux
> Hébreux> par le sang "des taureaux et des boucs", de la même façon
> les âmes de ceux qui ont été décapités pour le témoignage de Jésus
> ne servent pas vainement à l'autel du ciel, mais procurent, à ceux pour
> qui elles prient, la rémission des péchés. Nous savons ainsi que comme
> le Grand Prêtre Jésus le Christ s'est offert lui-même en sacrifice, les
> prêtres desquels il est le grand prêtre s'offrent eux-mêmes en sacrifice,
> c'est pourquoi on les voit près de l'autel comme dans leur propre lieu
> [. . .] Maintenant, qui est le prêtre sans tache qui offre une victime
> immaculée si non celui qui est enraciné dans la confession de foi et
> répond à toutes les conditions que la nature du martyre exige ?

Rien n'autorise donc à défendre une interprétation extrêmement
« réductrice » qui consiste à interpréter la pratique de la miséricorde
dans un sens exclusivement moral. Dans l'optique d'Origène, le fait
de pratiquer le droit et les vertus est, en effet, la manifestation d'un
retour à l'image de Dieu, c'est-à-dire un renouveau de l'être lui-
même qui rend l'homme conforme à la splendeur du Christ.

---

[44] Origène, *Homélies sur le Lévitique. Tome II (Homélies VIII–XVI). Texte latin, traduction, notes et index par M. Borret* (SC 287 ; Paris : Cerf, 1981).
[45] Pour l'édition critique, voir GCS 2 (éd. P. Koetschau ; Leipzig : Hinrichs, 1899) ;
traduction Maria Cristina Pennacchio.

B. *Le Christ comme nouveau sacrifice*

Dans la perspective du dépassement du sacrifice de l'Ancien Testament, plusieurs textes présentent la mort du Christ comme le sacrifice parfait qui dépasse et accomplit tous les sacrifices précédents. Après cela, la nécessité d'offrir des sacrifices ultérieures n'existe plus, comme nous le lisons dans *Lev. Hom.* III, 5 : "Car en lui chaque victime est récapitulée à tel point que, après qu'il se fut offert lui même, cessèrent toutes les victimes qui l'avaient précédé en type et en ombre" (SC 286, 143, 8–11) ou dans *Lev. Hom.* IV, 8 : "Ainsi donc, l'unique sacrifice parfait en vue duquel tous ces sacrifices avaient précédé en type et en figure, c'est *le Christ immolé*" (*ibid.*, 188, 1–3).[46]

Dans le *Commentaire sur Saint Jean*[47] (XXVIII, 18, 160) nous trouvons une importante réflexion sur la mort du Christ comme sacrifice expiatoire et porteur du salut.

> Or il est mort pour le peuple, cet homme, le plus pur de tous les vivants, qui a ôté nos péchés et nos infirmités ; il était capable, en effet, de prendre sur lui tout le péché du monde entier pour le détruire, l'anéantir, le faire disparaître, car il n'a pas commis de péché, il ne s'est pas trouvé de fraude en sa bouche, car il n'a pas connu de péché (SC 385, 140, 44–49).

Toutefois, l'affirmation de *Num. Hom.* XXIV, 1 ("tant qu'il y a des pécheurs, il y a besoin de sacrifices"), que nous avons déjà vue auparavant, semble être en contraste avec les déclarations répétées concernant l'universalité salvatrice et expiatoire de la mort du Christ, qui rend inutile tout autre sacrifice. À ce propos le passage de *Lev. Hom.* II, 4 est éclairant, passage où Origène affirme clairement que l'époque du sacrifice juif est finie, mais que demeurent encore la valeur et la nécessité d'accomplir des sacrifices selon l'évangile, c'est-à-dire des sacrifices spirituels :

> Quand tu fais l'aumône et prodigues aux malheureux avec une affectueuse sollicitude un sentiment de miséricorde, tu charges l'autel sacré de chevreaux gras (SC 286, 110, 70–73).

Par la suite, Origène cherche à montrer de façon détaillée que les sacrifices spirituels de la nouvelle alliance ont concrètement remplacé

---

[46] Cf. A. Monaci, "Sacrificio e perdono" (cf. note 28).

[47] Origène, *Commentaire sur Saint Jean. Tome V (Livres XXVIII et XXXII). Texte grec, introduction, traduction et notes par C. Blanc* (SC 385 ; Paris : Cerf, 1992).

les différents types du sacrifice juif. Il conclut ses considérations en ces termes :

> et il se trouve ainsi que tu offres avec plus de vérité et de perfection selon l'Evangile les sacrifices que, selon la Loi, Israël ne peut plus offrir (SC 286, 112, 94–96).

En outre, il existe un type de sacrifice qui continue à s'accomplir, dont le sacrifice juif n'était qu'une figure : l'expérience mystique du fidèle. Dans celle-ci, le Verbe continue à s'abaisser et à se rendre, en quelque manière, perceptible dans sa divinité.

> Quel sacrifice perpétuel peut être intelligible à un être rendu spirituel par le Verbe, s'il est autre qu'un verbe dans tout sa force, verbe appelé symboliquement agneau, envoyé en bas au moment de l'illumination de l'âme—ce serait cela le sacrifice perpétuel du matin—et de nouveau remonté à la fin du séjour de l'intelligence parmi les réalités divines ? Car, pour autant que l'âme s'est vu attribuer par les sort l'union au corps terrestre qui l'alourdit, sa présence parmi les réalités supérieures ne peut se maintenir toujours. (Commentaire sur Saint Jean VI, 33, 270 ;[48] SC 157, 335, 17–24).

Ensuite, Origène poursuit la transposition des rituels sacrificiels dans l'expérience mystique, où à chaque sacrifice offert entre celui du matin et celui du soir, correspond l'approfondissement mystique des vérités divines, "utiles pour le salut". Le *sacrifice perpétuel* représente donc l'expérience mystique, dans laquelle l'âme entre en contact ineffable avec le Verbe et en perçoit les mystères profonds. Cette expérience est inévitablement sporadique et temporaire tant que l'âme est encore liée au corps, et elle n'est pas pleine et parfaite comme dans l'apocatastase, ainsi que nous allons le voir.

C. *Le sacrifice céleste. Le sacrifice perpétuel du Logos*

La conception d'Origène est influencée par l'idée d'un profond dynamisme qui anime non seulement l'être humain, mais également chaque intelligence dotée de raison, y compris les anges, les démons, mêmes les étoiles. Ainsi l'être est-il sujet à une transformation continuelle et incessante, déterminée par l'exercice du propre libre-arbitre.[49] Par conséquent, chaque aspect de la spéculation d'Origène

---

[48] Origène, *Commentaire sur Saint Jean. Tome II (Livres VI et X). Texte grec, avant-propos, traduction et notes par C. Blanc* (SC 157 ; Paris : Cerf, 1970).
[49] Cf. G. Lettieri, art. "Progresso", in *Origene. Dizionario* (cf. note 27), 379–392.

est marqué par un incessant progrès, par un mouvement continuel d'une degré inférieur vers une autre qui est supérieur. C'est ainsi que le sacrifice juif est dépassé par sa réalisation spirituelle et par le sacrifice du Christ. Sa réalisation se réactualise constamment dans l'eucharistie, mais, en même temps, Origène a également conscience que le rite, réalisé dans sa dimension terrestre et matérielle, est, à son tour, symbole d'une réalité supérieure. Il est donc prévu dans ce cas aussi un dépassement du signe, du sacrement, par un accomplissement ultérieur qui se produira dans l'apocatastase.

Le lien entre Jésus vu comme agneau du sacrifice expiatoire et l'eucharistie est assez naturel (cf. *Lev. Hom.* VII, 1 ; *Num. Hom.* XVI, 9). À ce propos il faut rappeler la tendance d'Origène à interpréter les expressions du Nouveau Testament concernant l'eucharistie au sens spirituel. Se nourrir du Christ signifie, avant tout, assimiler ses enseignements (*Commentaire sur Saint Jean* X, 17, 99) ou connaître les mystères divins (*Num. Hom.* XVI, 9 ; XXIII, 6).

En revenant en effet sur l'homélie XXIV sur les Nombres, il nous est possible de faire apparaître plus clairement le parcours conceptuel et théologique qu'Origène a suivi afin d'élaborer sa conception du sacrifice. En premier lieu, Origène insiste sur le fait que la description du rituel du sacrifice n'a pas d'utilité en elle même, si ce n'est qu'elle permet d'en dépasser la signification littérale. S'appuyant sur Jn 1:29 ("l'Agneau de Dieu qui ôte le péché du monde"), Origène établit une correspondance entre le sacrifice de l'agneau, pendant la Pâque, et le sacrifice du Christ. De la même façon, les autres animaux offerts dans les sacrifices correspondent aux sacrifices des saints et des justes. Ils contribuent à la purification de l'humanité.

> Considère donc la purification du monde entier, c'est-à-dire des être célestes, terrestres et infernaux ; imagine le nombre de victimes qu'il faut pour tous ces êtres, combien de taureaux, combien de béliers, combien de boucs ! Mais parmi tous, il n'y en a qu'un, l'Agneau, qui "a pu enlever le péché du monde". C'est pourquoi les autres victimes ont disparu, car cette victime-là était de telle qualité qu'elle suffisait à elle seule pour le salut du monde entier. Les autres ont effacé les péchés par leurs supplications ; lui seul l'a fait par son autorité. Il disait en effet : "Mon fils, tes péchés son remis". Ainsi donc le monde s'est d'abord accoutumé à chercher la rémission des péchés au moyen de diverses victimes jusqu'à ce qu'il en vienne à la Victime parfaite, à la victime achevée, cet "Agneau d'un an, parfait, qui enlève le péché du monde entier" ; c'est grâce à lui que se célèbrent les fêtes spirituelles, non pour la satisfaction de la chair, mais pour le progrès de l'esprit, faites de sacrifices spirituels par purification de l'esprit. Il faut

en effet immoler à Dieu la victime du cœur, "la victime d'un esprit mortifié" et non un sacrifice de chair et de sang, car "même si nous avons connu le Christ selon la chair, maintenant nous ne le connaissons plus". Célébrons donc les fêtes en esprit et immolons des sacrifices spirituels (Num. Hom. XXIV, 1, 8–9 ;[50] SC 461, 164,128–166,146).

Le rite du sacrifice conserve donc sa validité mais, dans le cours de l'histoire du salut, il subit une évolution continuelle vers une spiritualisation toujours plus raffinée : le sacrifice juif a revêtu son utilité dans l'ancienne économie, mais il a été dépassé grâce au sacrifice du Christ. La dimension charnelle et historique de ce dernier sera aussi dépassée, comme Origène l'affirme, parce que la connaissance du Christ selon la chair n'est que limitée. Par conséquent, le chrétien qui a réussi à connaître la divinité du Christ ne peut pas s'arrêter au sacrifice charnel mais doit accomplir un sacrifice spirituel. Dans cette conception, la *forma mentis* platonicienne d'Origène, se manifeste ouvertement : la réalité véritable est la réalité intelligible. Par conséquent, le culte et la liturgie chrétiens sont dépassés par leur correspondance spirituelle.

Dans ce contexte il convient de rappeler l'interprétation du sacrifice du sabbat, qui se trouve dans *Num. Hom.* XXIII, 4. Après l'exégèse morale du sabbat juif, selon laquelle en ce jour le chrétien doit regarder "les réalités invisibles et futures", c'est-à-dire réfléchir au sujet du jugement dernier et se consacrer aux œuvres spirituelles, Origène se demande en quoi consistent les sabbats véritables. Il faut tenir compte du fait que pour Origène l'adjectif *véritable* et le concept de *vérité* sont toujours en opposition à l'*ombre*, donc à une réalité imparfaite qui en voile une autre :

> Nous avons dit ce mot de "vrai Sabbat". Si nous creusons la question de savoir quels sont les vrais Sabbats, (nous dirons que) c'est dans l'au-delà qu'a lieu l'observance du vrai Sabbat. [. . .] Le vrai Sabbat, celui où Dieu "se reposera des toutes ses œuvres" sera donc le siècle futur, quand douleur, tristesse et gémissement s'enfuiront et que Dieu "sera tout en tous". Que Dieu nous accorde aussi en ce Sabbat de faire fête avec lui et de célébrer avec ses saints anges, "en offrant le sacrifice de louange et en rendant au Très Haut les vœux" "que nos lèvres ont formulés ici-bas !". C'est alors sans doute que se réalisera mieux l'offrande du sacrifice perpétuel dont nous avons parlé plus haut. Car alors l'âme pourra sans effort se tenir continuellement devant Dieu et offrir le

---

[50] Origène, *Homélies sur les Nombres III (Homélies XX–XXVIII). Texte latin de W.A. Baehrens (GCS). Nouvelle édition par L. Doutreleau* (SC 461 ; Paris : Cerf, 2001).

sacrifice du louange par le Grand Prêtre qui est "prêtre pour l'éternité selon l'ordre de Melchisédech" (Num. Hom. XXIII, 4, 3–4 ; SC 461, 124,212–126,244).

Dans le *Commentaire sur Saint Jean* X, 14, 83 (Origène est en train de commenter 1 Co 5:7 : "Le Christ, notre pâque, a été immolé"), notre auteur revient sur la question :

> On peut répondre à cela ou bien qu'il a simplement appelé notre Pâque immolée celle qui est immolée pour nous, ou bien que toutes les véritables fêtes du Seigneur, et parmi elles la Pâque, ne seront pas célébrées dans ce siècle-ci ni sur cette terre, mais dans le siècle à venir et dans les cieux, lorsque le royaume des cieux aura été établi (SC 157, 432,31–434,35).

Le sacrifice véritable et parfait, l'accomplissement suprême de l'œuvre salvatrice du Christ se réalisera dans l'apocatastase, comme Origène l'affirme dans son *Commentaire sur Saint Jean* VI, 72, 296 :

> Et cela dure jusqu'à ce qu'il ait détruit le dernier ennemi, la mort. Si donc nous comprenons ce que c'est que d'être soumis au Christ en partant principalement du texte "Et quand tout lui aura été soumis, alors le Fils lui-même se soumettra à celui qui lui a soumis toutes choses" [1 Co 15:28], nous comprendrons l'expression "l'Agneau de Dieu qui ôte le péché du monde" [Jn 1:29] d'une manière digne de la bonté du Dieu de l'univers (SC 157, 354, 28–35).

Donc, ce n'est que dans la perspective de l'apocatastase que peut se comprendre l'effet universel de la mort du Christ, quand tout le monde des êtres dotés de raison sera racheté et soumis au Fils, c'est-à-dire, quand tout son corps mystique sera sauvé.[51]

La miséricorde qui dépasse les sacrifices charnels est donc le sacrifice du Christ. Ce sacrifice dépasse les limites des sacrifices antérieurs à plusieurs égards : du point de vue de l'efficacité, il concentre en lui même la fonction des sacrifices antérieurs. En ce qui concerne l'espace et le temps, le Christ a effectivement justifié tous les péchés passés, présents et futurs, et a étendu son action salvatrice aux cieux, aux créatures supérieures aux hommes, ayant besoin elles aussi de la rédemption.

En effet, suivant en cela l'*Epître aux Colossiens* 1:20 ("et par lui à réconcilier tous les êtres pour lui, aussi bien sur la terre que dans

---

[51] Cf. M. Simonetti, "Origene, il Giordano, l'agnello," *Rivista di cultura classica e medievale* 1–2 (1998) : 297–304, particulièrement 303.

les cieux, en faisant la paix par le sang de sa croix"), Origène affirme souvent la nécessité de la rédemption aussi pour les êtres célestes. En cette perspective le sacrifice du Christ dépasse le sacrifice de l'Ancien Testament non seulement dans la dimension chronologique mais aussi dans la dimension topographique.[52]

Lisons un extrait de *Lev. Hom.* II, 3 :

> Est-ce que peut-être Jésus qui, au dire de Paul, par son sang a pacifié non seulement ce qui est sur terre mais encore ce qui est au ciel (Col 1:20), ne serait justement pas ce jeune taureau qui a été présenté au ciel, non pour le péché mais en offrande [. . .] (SC 286, 104,39–42).

Enfin, citons un dernier aspect très suggestif de l'exégèse spirituelle du sacrifice perpétuel. Nous avons vu, dans le *Commentaire sur Saint Jean* VI, 33, 270, comment l'agneau immolé pendant le sacrifice perpétuel devient la figure (le symbole) du Verbe. Si nous mettons ce passage en relation avec le *Commentaire sur Saint Jean* II, 61 (où Origène commente Jn 1:1 : "en principe était le Verbe"), nous sommes en présence d'un approfondissement intéressant du thème du Verbe immolé. En interprétant Jn 1:2, Origène consacré un long excursus à l'explication d'Ap 19:11s ("je vis un ciel ouvert").[53] Il déclare avant tout que la vision de l'évangéliste où le Verbe *chevauche dans le ciel ouvert* a pour objet le Verbe dans sa pleine divinité :

> Celui qui monte le cheval blanc, est appelé fidèle, non parce qu'il croit, mais parce qu'il est croyable, c'est-à-dire, digne d'être cru : en effet, selon Moïse, le Seigneur est fidèle et véritable [Dt 32:4] ; véritable, par opposition avec l'ombre, la figure et l'image ; car tel est le Verbe dans le ciel ouvert : sur terre il n'est pas tel que dans le ciel, parce que, s'étant fait chair (Jn 1:14), il s'exprime par intermédiaire d'ombres, de figure et d'images. Cependant, ceux qu'on regarde comme croyants sont en grande majorité disciples de l'ombre du Verbe et non du véritable Verbe de Dieu qui demeure dans le ciel ouvert (Commentaire sur Saint Jean[54] II, 6, 49–50 ; SC 120, 236–238).

Il est très important de souligner cet aspect : l'objet de la vision est le Verbe qui, après l'incarnation, la mort et la résurrection, a été

---

[52] Cf. M. Simonetti, "La morte di Gesù in Origene," *Storia e Letteratura Religiosa* 8 (1972) : 3–41.

[53] Sur ce passage d'Origène cf. D. Pazzini, *In principio era il Logos* (Brescia : Paideia, 1983), 79–105.

[54] Origène, *Commentaire sur saint Jean. Tome I (Livres I–V). Texte grec, avant-propos, traduction et notes par C. Blanc* (SC 120 ; Paris : Cerf, 1966).

pleinement réintégré dans sa divinité. De cette dimension divine le Verbe incarné constituait seulement une ombre, un *typos*.

> Mais il n'est pas nu, le Verbe de Dieu que Jean voit à cheval : il est recouvert d'un manteau aspergé du sang [Ap 19:13], puisque le Verbe fait chair, mort parce qu'il s'est fait chair, de sort que son sang se répandit sur la terre lorsque le soldat perça son côté [Jn 19:34], reste enveloppé des marques de sa passion. Car, si nous arrivons un jour à la plus élevée et à la plus sublime contemplation du Verbe et de la Vérité, nous n'oublierons sans doute pas entièrement que nous y avons été introduits par sa venue dans notre corps (Commentaire sur Saint Jean, II, 8, 61, SC 120, 242–244).

Mais c'est bien dans ce Verbe glorifié que les signes de la passion demeurent, les signes du sacrifice représentés par le manteau taché de sang, afin qu'à la fin des temps, quand toutes les créatures dotées de raison seront rachetées et admises à voir directement Dieu, celles-ci se rappellent toujours une vérité : que le salut est venu à travers un corps humain qui s'est offert en sacrifice.

On peut donc dire que le sacrifice du Christ est perpétuel parce que sa dimension d'agneau égorgé sera toujours présente à l'esprit des êtres dotés de raison, et que même dans l'apocatastase et dans le retour à sa pleine condition divine, il portera toujours les signes de son immolation.

De ce dernier approfondissement apparaît clairement la façon dont Origène attribue un rôle fondamental au sacrifice historique du Christ, étape essentielle de la rédemption. Sa vraie valeur dépasse les limites du temps et de l'espace pour faire irruption dans l'éternité.

IV. *Cyrille d'Alexandrie*[55]

Patriarche d'Alexandrie pendant la première moitié du Ve siècle, Cyrille consacra son activité littéraire à la problématique de la controverse arienne, puis il entra dans le débat concernant les deux natures du Christ, combattant les idées de Nestorius. Mais, malgré

---

[55] Sur l'exégèse de Cyrille cf. A. Kerrigan, *St. Cyril of Alexandria Interpreter of The Old Testament* (Rome: Pontificio Istituto Biblico, 1952) ; R.L. Wilken, *Judaism and the Early Christian Mind. A Study of Cyril of Alexandria's Exegesis and Theology* (London, New Haven : Yale University Press, 1971) ; M.O. Boulnois, *Le paradoxe trinitaire chez Cyrille d'Alexandrie. Herméneutique, analyses philosophiques et argumentation théologique* (Collection des études augustiniennes, Série Antiquité 143 ; Paris : Institut d'Études Augustiniennes Antiquité 143, 1994).

tout, il se consacra également à l'activité exégétique. Dans son interprétation du texte biblique, il applique encore les principes méthodologiques d'Origène, tout en approfondissant, avec plus d'attention, l'analyse historique. Il réduit notamment l'emploi de l'exégèse allégorique, en particulier en ce qui concerne les détails du texte, contrairement à Origène, dont la conception exégétique de modèle platonicien demande comme élément fondamental et nécessaire qu'à chaque particularité du sens littéral doive correspondre une réalité spirituelle. Les nouveautés apportées par sa méthode, par rapport à son prédécesseur, furent le résultat de la polémique qui se produisit entre temps entre l'école d'Alexandrie et les exégètes d'Antioche, ceux-ci défendant l'approche littérale.[56]

Quant aux œuvres de Cyrille, nous disposons d'un commentaire complet des Petits Prophètes, daté des alentours de 420.[57] Dès lors, nous n'avons pas besoin de reconstituer son exégèse relative au passage d'Os 6:6 à partir de citations sporadiques. Nous pouvons situer l'exégèse du verset dans le contexte du commentaire.

Le chapitre 6 d'Osée débute avec l'image d'Israël qui, à l'aube, se tourne vers Dieu, image qui, selon Cyrille, représente le réveil de l'idolâtrie mais également, dans un sens plus général, le salut apportée par la mort du Christ. Au verset 4 ("votre miséricorde est comme un nuage du matin et comme la rosée matinale elle s'évapore"), Cyrille identifie la miséricorde comparée à la pluie et à la rosée, au Christ, dont la doctrine s'est étendue sur toute la terre, au contraire de la loi juive dont la révélation est restée limitée à la Judée. Ce passage précède le commentaire du verset 6. Lisons d'abord le passage en question :[58]

> "Mon jugement apparaîtra comme la lumière car je veux la miséricorde et non le sacrifice, la connaissance de Dieu plus que les holocaustes." Dieu décrit un autre mode de l'amour et de la miséricorde envers Israël. Si celui-ci avait accompli sa volonté, Israël et Juda auraient

---

[56] Sur la polémique entre l'école d'Alexandrie et les exégètes d'Antioche, cf. M. Simonetti, *Lettera e/o Allegoria. Un contributo alla storia dell'esegesi patristica* (Studia Ephemeridis "Augustinianum" 23 ; Rome : Institutum Patristicum Augustinianum, 1985), en particulier 216–226 sur la position de Cyrille.

[57] Cf. M.C. Pennacchio, *Propheta insaniens. L'esegesi patristica di Osea tra profezia e storia* (Studia Ephemeridis "Augustinianum" 81 ; Rome : Institutum Patristicum Augustinianum, 2002), sur Cyrille 133–162.

[58] Pour une édition grecque des trois extraits du commentaire de Cyrille cités ici, cf. PG 71, 165–168. Traduction française : Maria Cristina Pennacchio.

tous été sauvés. En effet, [Dieu] ne réprima pas seulement la multitude des prophètes faux et impies en leur proposant une mort méritée
mais, au moment opportun, celui-ci envoya également son propre Fils
pour montrer, en premier lieu à ceux de la lignée d'Israël, sa bonne
volonté et pour faire apparaître clairement son jugement

Dans le commentaire du verset précédent, Cyrille avait compris l'as-
sassinat des faux prophètes comme un acte d'indulgence de la part
de Dieu. L'émission du jugement, qui coïncide avec l'avènement du
Christ, est donc interprétée comme un autre mode par lequel Dieu
montre sa bonne volonté, tout d'abord à Israël, puis, après son refus,
à toute l'humanité.

> En outre, il disait par la bouche de David : "J'ai été fait roi de Sion
> sur le mont sacré, en annonçant les préceptes de Dieu" [Ps 2:6s]. Et
> lui, devenu semblable à nous, c'est-à-dire homme, dit : "Je ne parle
> pas par moi-même mais celui qui m'a envoyé m'a ordonné les choses
> que je devais vous dire" [Jn 12:49]. Donc il dit : "mon jugement appa-
> raîtra comme la lumière" [Os 6:5], c'est-à-dire que ma volonté ne sera
> pas cachée par les énigmes mais se montrera nue et découverte à tous
> les esprits. Qu'ensuite l'Emmanuel, arrivé dans la plénitude des temps,
> n'appellera pas au culte légal ceux qui se sont trompés, ni ne con-
> vaincra d'honorer les choses qui sont encore en figures et ombres, mais
> les conduira plutôt à l'équité, à la bienveillance, à la compassion, à
> l'amour des autres et à une connaissance vraie et non trompeuse de
> Dieu : cela accomplit clairement le but du jugement. Et il dit : "Je
> veux la miséricorde et non le sacrifice, la connaissance de Dieu plus
> que les holocaustes." Que disait en effet le Sauveur ? "Toutes les choses
> que vous souhaitez que les hommes fassent pour vous, faites les pour
> eux" [Mt 7:12]. Il n'est donc chose plus agréable à Dieu que celui
> qui montre l'amour. "En cela, les hommes reconnaîtront que vous êtes
> mes disciples, si vous vous aimez les uns les autres" [Jn 13:35].

Dans le commentaire du passage apparaissent beaucoup de thèmes
importants de la théologie de Cyrille, qui à cette période était engagé
avant tout dans la controverse arienne. En premier lieu, Cyrille
affirme que le jugement de Dieu sur l'homme s'est manifesté dans
le Christ—Dieu qui s'est fait homme—, Dieu prononçant ainsi un
jugement d'amour et de bienveillance à l'égard de l'humanité. Par
la suite, Cyrille fournit une première interprétation morale du verset qui s'appuie sur des modèles venant de la tradition antérieure.[59]

---

[59] C'est-à-dire que Dieu préfère au sacrifice l'équité, la bienveillance, la compassion et l'amour pour les autres.

Dieu favorise donc les actions par rapport au rituel stérile et dépourvu d'une participation complète et véritable de l'âme. Par ailleurs, Cyrille avait peu avant rédigé le traité *Adoration en esprit et vérité* dans lequel le commentaire du verset de Jn 4:24, dont vient le titre de l'œuvre, joue un rôle central. Dans cet ouvrage, le verset de Jean est interprété dans l'optique d'un nouveau culte chrétien par rapport à l'ancien culte juif, où le culte par l'esprit prend la place de la loi ancienne.

> En effet il se montrait à nous comme l'image de celui qui l'à engendré, en disant au fidèle disciple, qu'était Philippe : "Ne crois-tu pas que je suis dans le Père et que le Père est en moi ? En effet moi et le Père nous sommes un" [Jn 14:10]. Et si quelqu'un veut affirmer que le Fils même est la miséricorde du Père qui dépasse le sacrifice et les holocaustes, il comprendra justement ; ainsi en effet il est appelé par l'Ecriture divine qui dit [. . .] : "S'approche rapidement ma justice et ma miséricorde pour se révéler" [cf. Is 51:5]. Et le prophète : "Montre à nous, Seigneur, ta miséricorde et donne-nous ton salut" [Ps 84,8]. En effet le Christ est vraiment la miséricorde du Père, parce qu'il éloigne les péchés et pardonne les fautes, justifie par la foi, sauve ceux qui étaient perdus en les rendant plus forts que la mort. En effet, que ne donnet-il pas qui ne soit quelque chose de précieux et de louable ? Donc, la connaissance de Dieu est meilleure que le sacrifice et les holocaustes, parce que elle s'accomplit dans le Christ. En effet nous avons connu en lui et par lui le Père et avons obtenu la justification dans la foi.

On peut noter que le verset Os 6:6 comporte deux antithèses : dans la première, à la miséricorde s'oppose le sacrifice et dans la seconde, la connaissance de Dieu s'oppose aux holocaustes. Ainsi, en parallèle, à la miséricorde correspond la connaissance de Dieu et, les deux sont opposées au sacrifice. Donc, si la miséricorde que Dieu préfère au sacrifice est le Fils, la connaissance signifie elle aussi le Fils. C'est seulement à travers le fils que la connaissance du Père nous est accessible.

Cyrille prend appui sur le mot *connaissance* pour développer un thème qui lui est très cher, qui a été très débattu pendant la polémique arienne, à savoir la doctrine, basée sur He 1:3, du Christ comme image visible du Dieu invisible. Il faut souligner ici la portée antiarienne du concept d'image, puisque la puissance révélatrice du Christ incarné, en tant que médiateur de la vision du Père, s'appuie sur le concept d'image parfaite et absolument consubstantielle de Dieu Père.[60]

Dans le contexte de l'interprétation d'Os 6:6, la fonction du Christ consiste à révéler la miséricorde qui est une qualité essentielle du Père.

---

[60] Le concept d'image a subi une évolution dans laquelle il s'est éloigné de l'héritage platonique qui l'avait considérée comme inférieure au modèle.

Celui-ci entre en rapport avec l'homme à travers l'amour et non pas à travers les sacrifices. En plus, Cyrille développe la conception théologique de l'image jusqu'à l'identification du Fils avec la miséricorde. Cette interprétation est argumentée par des citations bibliques où la miséricorde est associée à la manifestation de Dieu. Le jugement de Dieu qui sort comme la lumière, c'est-à-dire non plus par des énigmes et des figures mais ouvertement, a été révélé par le Fils. Et la volonté du Père s'est manifestée dans l'incarnation du Fils, dans son devenir homme, par son pardon de tous les péchés et par le salut qui est accordé à tous ceux qui étaient destinés à la mort.

Dans le commentaire de Cyrille on trouve donc explicitée l'interprétation du Fils comme manifestation suprême de la miséricorde du Père, idée qui chez Origène était exprimée de manière encore indirecte.

Enfin, nous donnerons seulement quelques indications sur les autres passages du commentaire où l'on trouve des rappels des thèmes cités plus haut. Dans d'autres passages du commentaire, Cyrille revient particulièrement sur la fonction du Christ comme médiateur de la connaissance du Père (84 c ; 113 b ; 169 c), comme visage du Père (cf. le comm. à Os 5:15 : "ils cherchent ma face") que les Juifs n'ont pas reconnu (100 d ; 161 a) en se privant de la connaissance de Dieu lui même. La loi, en effet, était insuffisante pour unir l'homme à Dieu d'une façon parfaite, mais, à travers le Fils et les préceptes des Évangiles, l'union spirituelle prophétisée dans le livre d'Osée s'est accomplie. Le prophète, en effet, annonce la réalisation d'un mariage parfait : celui-ci s'est produit par l'incarnation du Fils de Dieu. À travers l'Esprit Saint, ce mariage a conféré à l'homme la nature divine (92 d–93 a).

V. *Conclusion*

Pour conclure, récapitulons les étapes principales de l'histoire de l'exégèse patristique du verset.

Une orientation fondamentale provient de l'usage qui en est fait dans le contexte du Nouveau Testament : l'application de ce verset à la polémique contre le sacrifice juif, jugé comme simple observance d'un culte extérieur, restera donc toujours caractéristique,

La signification profonde des mots du prophète est perçue comme témoignage de l'amour de Dieu. En premier lieu, le verset est utilisé contre les hérétiques, mais, en même temps, il est adressé au milieu orthodoxe pour souligner que le salut et la justification se réalisent avant tout à travers la foi. À elles seules, les œuvres ne sont pas suffisantes, d'autant plus si elles ne sont pas inspirées d'une profonde conversion du cœur. En ce qui concerne les thèmes et la profondeur de la réflexion, nous avons relevé le développement plus ample dans les œuvres d'Origène.

En définitive, le sacrifice devient le symbole des actions à travers lesquelles on prétend obtenir le salut. La miséricorde est au contraire la foi, qui, profondément enracinée dans l'âme, produit les œuvres de charité. Comme nous l'avons vu dans les écrits d'Origène et de Cyrille, ces œuvres sont l'expression d'une nature divine regagnée.

CONCEPTIONS GRECQUES DE LA PITIÉ

Laurent Pernot
Université Marc Bloch, Strasbourg

Résumé

Dans la tradition grecque païenne, il n'existe pas une attitude grecque à l'égard de la pitié, mais des attitudes multiples, des conduites changeantes selon les contextes et les circonstances, des problématiques. Le texte d'Osée 6:6, qui constitue le point de départ du présent volume, invite à poser un problème en particulier : celui des jugements de valeur portés sur ἔλεος. La pitié a pu être considérée avec méfiance, comme une passion dont il faut se garder, qu'il faut dominer, purifier, ou au contraire avec faveur, comme un sentiment qui mérite d'être cultivé et d'être recommandé. La seconde de ces attitudes, la valorisation, est représentée par une riche tradition, sur laquelle il convenait d'attirer l'attention. La pitié a été jugée comme bonne et a été prônée par l'opinion courante à Athènes, par les traditions mythologiques, par les auteurs tragiques, ainsi que par les orateurs, qui s'en étaient fait une sorte de spécialité.

Abstract

In the pagan Greek tradition one does not encounter one Greek attitude towards mercy but a multitude of attitudes and practices varying according to the contexts and the circumstances. The passage in Hosea 6:6 which forms the starting point for the present volume, invites one to address one question in particular, namely the one concerning value judgments expressed with regard to ἔλεος. Mercy has at times been regarded with suspicion, as a passion to which one should not give in, a passion to be dominated and purified. In other instances, however, mercy has been regarded as a feeling to be cultivated and recommended. The second attitude, the appreciation of mercy, is represented by a rich tradition to which we wish to draw the attention. Mercy has been qualified as something good and has been endorsed by public opinion in Athens, in the mythological tradition, by the tragic authors as well as the orators who turned it into something of a speciality.

Dans le cadre de la réflexion collective sur ἔλεος animée par E. Bons, il s'agit d'envisager ici quelques aspects de la pitié dans la tradition grecque païenne. Depuis Homère jusqu'à la fin de l'Antiquité, les thèmes de la pitié, de la compassion, de la miséricorde, sont omniprésents dans les textes et dans les mentalités. Ils sont exprimés notamment par les mots ἔλεος et οἶκτος ainsi que leurs dérivés, qui recouvrent à la fois des sentiments éprouvés et des conduites découlant de ce sentiment. Selon les cas, la pitié désigne la peine ressentie au vu de la souffrance d'autrui, ou bien une manifestation formelle ou rituelle de sympathie, ou encore l'action de celui qui détient le pouvoir et qui accède à la demande d'un suppliant, parce qu'il l'a "pris en pitié", comme on dit. Nombreuses sont les nuances de la notion. Il n'existe pas *une* attitude grecque à l'égard de la pitié, mais des attitudes multiples, des conduites changeantes selon les contextes et les circonstances, des problématiques.[1]

Le texte d'Osée 6:6, qui constitue le point de départ du présent volume,[2] invite à poser un problème en particulier : celui des jugements de valeur portés sur ἔλεος. Faut-il se méfier de la pitié, ou celle-ci constitue-t-elle, au contraire, un sentiment bon et recommandable ? La réponse, naturellement, est complexe. Dans la pensée grecque, la pitié est tantôt mise en question, tantôt louée comme une attitude belle et généreuse. La première voie, celle de la critique, a été empruntée en particulier par les philosophes, qui ont vu dans la pitié une passion et l'ont considérée à ce titre comme déraisonnable, dangereuse ou mauvaise : cela est connu.[3] Les textes qui suivent visent à illustrer la deuxième voie, celle qui consiste à prôner la pitié et à tâcher de la susciter, pour des motifs divers, sur lesquels nous aurons à revenir.

I. *L'autel de la Pitié*

Au premier livre de sa *Description de la Grèce* (IIe siècle après J.-C.), Pausanias signale l'existence d'un autel de la Pitié (Ἐλέου βωμός) qui se trouvait sur l'Agora d'Athènes :

> Ἀθηναίοις δὲ ἐν τῇ ἀγορᾷ καὶ ἄλλα ἐστὶν οὐκ ἐς ἅπαντας ἐπίσημα καὶ Ἐλέου βωμός, ᾧ μάλιστα θεῶν ἐς ἀνθρώπινον βίον καὶ μεταβολὰς πραγμάτων ὄντι ὠφελίμῳ μόνοι τιμὰς Ἑλλήνων νέμουσιν Ἀθηναῖοι.

---

[1] Sur les conceptions grecques de la pitié en général, on peut consulter K.J. Dover, *Greek Popular Morality in the Time of Plato and Aristotle* (Oxford : Blackwell, 1974), 195–201 ; D. Konstan, *Pity Transformed* (Londres : Duckworth, 2001). Voir des références bibliographiques supplémentaires dans P.W. van der Horst, *The Sentences of Pseudo-Phocylides* (Leyde : Brill, 1978), 129–130.

[2] Διότι ἔλεος θέλω καὶ οὐ θυσίαν : "Car je veux la pitié et non le sacrifice". Voir E. Bons, J. Joosten, S. Kessler, *La Bible d'Alexandrie*, 23, 1 : *Osée* (Paris : Cerf, 2002), 105–107.

[3] Voir par exemple les analyses de Chrysippe, dans *Stoicorum veterum fragmenta*, III, 412–416.

Sur l'Agora d'Athènes il y a des monuments qui n'attirent pas l'attention de tout le monde, en particulier un autel de la Pitié, à laquelle les seuls Athéniens rendent un culte en Grèce, comme à la divinité qui est la plus utile pour la vie des hommes et dans les vicissitudes de l'existence.[4]

Les fouilles archéologiques n'ont pas permis de localiser avec certitude cet autel sur le terrain, et la question de son rapport avec l'autel des Douze Dieux, qui semble s'être trouvé dans la même zone, n'est pas résolue. Compte tenu de ces difficultés, on peut admettre qu'il existait sur l'Agora un autel qui, à l'époque romaine, était dénommé autel de la Pitié. Telle est la portée du passage de Pausanias, que corroborent plusieurs autres sources, notamment un texte de Libanios.[5]

Ἔλεος n'était pas un dieu à proprement parler, mais plutôt une abstraction déifiée.[6] Il prit une importance particulière pour les Athéniens parce qu'il se reliait à la représentation traditionnelle faisant de ceux-ci un peuple particulièrement enclin à l'humanité et à la pitié. Pareille représentation s'exprimait dans la mythologie, par exemple dans les légendes selon lesquelles Athènes aurait accueilli les Héraclides, en butte à la haine d'Eurysthée, Œdipe, banni de Thèbes, ou Adraste, seul survivant de l'expédition des Sept contre Thèbes. Ces thèmes, souvent repris par les artistes et par les auteurs, particulièrement les tragiques et les orateurs, ont fixé l'image durable que les Athéniens et les amis d'Athènes voulaient donner de la cité : une cité portée, plus que toute autre, à la pitié. Démosthène fait appel à cette conception largement partagée lorsqu'il s'interroge, au tribunal, sur le caractère de la cité (τὸ τῆς πόλεως ἦθος). "Quel est ce caractère ? Avoir pitié des faibles, ne pas permettre aux forts et aux puissants d'exercer la violence" (Τοῦτο δ' ἐστὶ τὶ ; Τοὺς ἀσθενεῖς ἐλεεῖν, τοῖς ἰσχυροῖς καὶ δυναμένοις μὴ ἐπιτρέπειν ὑβρίζειν).[7]

Dans le passage de Pausanias relatif à l'autel de la Pitié, l'important, pour l'auteur, n'est pas seulement de décrire, mais aussi, à travers

---

[4] Pausanias, *Description de la Grèce*, I, 17, 1, éd. M. Casevitz, trad. J. Pouilloux (Paris : Les Belles Lettres, 1992), 57. Nous suivons le commentaire de F. Chamoux, dans le même volume, 182.

[5] Libanios, *Discours d'ambassade à Julien* (or. XV), 39 : "... la piété, dont tu as vu l'autel à Athènes, ô Empereur (τὸν ἔλεον [...], οὗ τὸν βωμὸν ἑώρακας Ἀθήνησιν, ὦ βασιλεῦ). Voir aussi les mentions, situées dans des contextes respectivement historique et mythologique, de Diodore de Sicile, XIII, 22, 7, et Stace, *Thébaïde*, XII, 481-518.

[6] Voir E. Safford, *Worshipping Virtues. Personification and the Divine in Ancient Greece* (Londres : Duckworth, 2000), 199-225.

[7] Démosthène, *Contre Timocrate* (or. XXIV), 171.

la description, de rappeler une qualité athénienne. Comme le souligne
la recherche actuelle, Pausanias, tout en gardant les yeux parfaitement ouverts sur le présent, met la réalité contemporaine en perspective, de manière à y retrouver les traces du passé grec.[8] Le
Périégète guide son lecteur à travers des lieux de mémoire. Et en
particulier il s'intéresse à la mémoire portée par les mythes, avec
toute la complexité et les tensions que recèle son attitude à l'égard
de la mythologie, comme l'a démontré P. Veyne.[9] C'est ainsi que
l'autel de la Pitié se relie aux traditions sur la φιλανθρωπία athénienne, et que ἔλεος s'en trouve valorisé.

II. *Crainte et pitié dans la tragédie*

Examinant, dans la *Poétique*, les qualités à rechercher et les défauts
à éviter pour que la tragédie produise l'effet qui lui est propre,
Aristote affirme qu'il faut susciter la crainte et la pitié :

> Ἔστιν μὲν οὖν τὸ φοβερὸν καὶ ἐλεεινὸν ἐκ τῆς ὄψεως γίγνεσθαι, ἔστιν δὲ
> καὶ ἐξ αὐτῆς τῆς συστάσεως τῶν πραγμάτων, ὅπερ ἐστὶ πρότερον καὶ ποι-
> ητοῦ ἀμείνονος. Δεῖ γὰρ καὶ ἄνευ τοῦ ὁρᾶν οὕτω συνεστάναι τὸν μῦθον
> ὥστε τὸν ἀκούοντα τὰ πράγματα γινόμενα καὶ φρίττειν καὶ ἐλεεῖν ἐκ τῶν
> συμβαινόντων · ἅπερ ἂν πάθοι τις ἀκούων τὸν τοῦ Οἰδίπου μῦθον. [. . .]
> Ἐπεὶ δὲ τὴν ἀπὸ ἐλέου καὶ φόβου διὰ μιμήσεως δεῖ ἡδονὴν παρασκευάζειν
> τὸν ποιητήν, φανερὸν ὡς τοῦτο ἐν τοῖς πράγμασιν ἐμποιητέον.

> La crainte et la pitié peuvent assurément naître du spectacle, mais elles
> peuvent naître aussi du système des faits lui-même : c'est là le procédé
> qui tient le premier rang et révèle le meilleur poète. Il faut en effet
> qu'indépendamment du spectacle l'histoire soit ainsi constituée qu'en
> apprenant les faits qui se produisent on frissonne et on soit pris de pitié
> devant ce qui se passe : c'est ce qu'on ressentirait en écoutant l'his-
> toire d'Œdipe. [. . .] Comme le plaisir que doit produire le poète vient
> de la pitié et de la crainte éveillées par l'action représentative, il est
> évident que c'est dans les faits qu'il doit inscrire cela en composant.[10]

---

[8] Voir notamment J. Bingen (ed.), *Pausanias historien* (Vandœuvres-Genève :
Fondation Hardt [Entretiens, 41], 1996) ; K. Arafat, *Pausanias' Greece. Ancient Artists
and Roman Rulers* (Cambridge : Cambridge University Press, 1996) ; S.E. Alcock, J.F.
Cherry, J. Elsner (ed.), *Pausanias. Travel and Memory in Ancient Greece* (Oxford : Oxford
University Press, 2001) ; D. Knoepfler, M. Piérart (ed.), *Editer, traduire, commenter
Pausanias en l'an 2000* (Genève : Droz [Université de Neuchâtel, Recueil de travaux
publiés par la Faculté des lettres et sciences humaines, 49], 2001).
[9] *Les Grecs ont-ils cru à leurs mythes ?* (Paris : Seuil, 1983).
[10] Aristote, *Poétique*, 14, 1453 b 1–14, éd.-trad. R. Dupont-Roc, J. Lallot (Paris :

Le but d'Aristote est ici d'opposer les effet faciles produits par la mise en scène (le "spectacle") à ce qui est amené par l'intrigue elle-même. L'art du poète consiste à être créateur d'intrigue : c'est là ce qui lui est propre, et c'est donc, de préférence, par ce moyen qu'il doit chercher à susciter le plaisir. Or le plaisir consiste, pour le spectateur, à éprouver la crainte et la pitié.

Aristote a dit plus haut que la crainte et la pitié sont au cœur de la définition de la tragédie. Celle-ci, en effet, "par la pitié et la crainte, réalise l'épuration de ce genre d'émotions" (δι' ἐλέου καὶ φόβου περαίνουσα τὴν τῶν τοιούτων παθημάτων κάθαρσιν).[11] Selon la *Poétique*, la finalité de la tragédie consiste à représenter des histoires pitoyables ou effroyables, afin de susciter les émotions correspondantes chez les spectateurs et d'en opérer la "purgation". Sans entrer dans le détail des multiples interprétations qui ont été proposées pour expliquer cette expression fameuse, on peut retenir que la crainte et la pitié apparaissent ici comme des passions mauvaises, excessives, impures, et que, d'une manière ou d'une autre, la tragédie en effectue la purgation ou la purification. Se séparant implicitement de Platon, qui critiquait les émotions pernicieuses éveillées par la poésie, Aristote ne se borne pas à condamner et souligne au contraire que, dans la tragédie, les émotions sont éveillées sous une forme purifiée. C'est pourquoi elles procurent aux spectateurs non de la souffrance, comme on pourrait l'attendre s'agissant d'émotions pénibles, mais du plaisir.

Aristote, en philosophe, porte sur la pitié un regard dépourvu de complaisance. Dans l'*Ethique à Nicomaque*, la pitié est rangée parmi les états affectifs, qui sont sujets à l'excès et au défaut, et qui doivent être distingués des vertus.[12] Mais, en tant que théoricien de l'art poétique, le Stagirite constate que la pitié présente un caractère de nécessité et même —sous la forme précise sous laquelle elle apparaît à travers l'intrigue tragique—une valeur esthétique et morale. C'est pourquoi la pitié a droit de cité dans la tragédie. Le chapitre 14 de la *Poétique*, à la suite de l'extrait cité ci-dessus, développera donc la liste des situations propres à susciter la pitié.

Seuil, 1980), 80–81. Pour rendre φοβερόν, φόβος, nous remplaçons "frayeur" par l'équivalent plus couramment utilisé "crainte".

[11] *Ibid.*, 6, 1449 b 27–28.
[12] *Ethique à Nicomaque*, II, 4, 1105 b 23, 1106 b 19.

III. *Moyens rhétoriques de susciter la pitié*

La *Rhétorique* d'Aristote offre un parcours similaire. Constatant que les émotions (πάθη) que l'orateur suscite chez ses auditeurs concourent efficacement à la persuasion, Aristote se met en devoir d'examiner en quoi consistent ces émotions et comment il est possible de les faire naître. Parmi elles figure la pitié, définie de la manière suivante :

> Ἔστω δὴ ἔλεος λύπη τις ἐπὶ φαινομένῳ κακῷ φθαρτικῷ ἢ λυπηρῷ τοῦ ἀναξίου τυγχάνειν, ὃ κἂν αὐτὸς προσδοκήσειεν ἂν παθεῖν ἢ τῶν αὑτοῦ τινα.

> "Admettons donc que la pitié est une peine consécutive au spectacle d'un mal destructif ou pénible, frappant qui ne le méritait pas, et que l'on peut s'attendre à souffrir soi-même dans sa personne ou la personne d'un des siens".[13]

La pitié est une peine (λύπη) suscitée par la perception d'un malheur survenu à autrui et soumise à deux conditions : il faut que ce malheur soit immérité et qu'on puisse s'attendre à en pâtir soi-même. La seconde condition instaure un lien entre la pitié et la crainte,[14] ce qui renforce le parallèle avec la *Poétique*. La première condition pose le problème de la justice.

La pitié n'est pas exempte de considérations de justice, puisqu'elle s'applique à un malheur immérité. Par exemple, selon l'*Ethique à Nicomaque*, nous pouvons éprouver de la pitié envers un homme qui est aveugle de naissance, mais non envers celui qui est devenu aveugle pour cause d'alcoolisme ou par suite de quelque autre dérèglement.[15]

Cependant, dans la *Rhétorique*, Aristote n'entend pas s'appesantir sur la valeur morale de la pitié. Il lui suffit que cette émotion soit persuasive pour qu'il soit légitime de la faire entrer dans l'étude technique consacrée à l'art de persuader. Or ce caractère persuasif était une réalité de tous les jours devant les tribunaux athéniens, où les plaideurs ne reculaient devant aucun moyen pour attirer à leur profit la commisération des juges.[16] Le lien entre la pitié et la justice pre-

---

[13] Aristote, *Rhétorique*, II, 8, 1385 b 13–16, éd.-trad. M. Dufour (Paris : Les Belles Lettres, 1931), 81. Pour une analyse détaillée de cette définition, voir D. Konstan, "La pitié comme émotion chez Aristote," *Revue des études grecques* 113 (2000) : 616–630.

[14] Même si ces deux notions ne sont pas confondues, comme le souligne G.A. Kennedy, *Aristotle, On Rhetoric* (New York – Oxford : Oxford University Press, 1991), 151.

[15] *Ethique à Nicomaque*, III, 7, 1114 a 25–28.

[16] Voir des exemples dans K.J. Dover, *Greek Popular Morality* (cf. note 1).

nait dès lors un caractère différent, technique plutôt qu'éthique : il ne s'agissait plus d'établir un rapport entre la pitié et la justice entendue comme vertu, mais d'introduire l'appel à la pitié dans le fonctionnement de l'institution judiciaire.

A cette fin, Aristote, dans la suite du chapitre 8 du livre II de la *Rhétorique*, dresse la longue liste des moyens propres à éveiller la pitié. Les attitudes, la voix, la mise sont d'un puissant secours, mais ils ne servent, pour l'orateur, qu'à "compléter l'effet" de ses paroles (συναπεργάζεσθαι),[17] celles-ci restant l'essentiel par rapport à la mimique (dans cette opposition entre l' "action" oratoire et l'argumentation, on note un nouveau parallèle avec la *Poétique*, qui opposait de même le spectacle et l'intrigue). Aussi le chapitre consiste-t-il dans l'énumération des τόποι, "lieux" qui permettent de trouver des arguments afin de prouver le caractère pitoyable de la cause défendue. Aristote édicte ici les procédés de fabrication de la pitié, en se fondant à la fois sur l'observation de la pratique oratoire et sur les travaux des théoriciens qui l'avaient précédé, comme Thrasymaque de Chalcédoine. L'analyse aristotélicienne sera suivie par beaucoup d'autres, tant dans la rhétorique grecque que dans la rhétorique latine.[18]

Avançant donc dans le temps, nous citerons un exemple tiré d'un traité grec de l'époque impériale, l'*Art rhétorique* d'Apsinès de Gadara (IIIᵉ siècle après J.-C.), qui constitue, avec Aristote, la source la plus développée sur le sujet. Exposant les préceptes relatifs à la péroraison, Apsinès indique, conformément à une doctrine rhétorique bien attestée, que l'appel à la pitié a particulièrement sa place dans cette partie du discours. Aussi le théoricien dresse-t-il une liste des τόποι de la pitié, parallèle à celle d'Aristote. Mais avant d'en venir à la liste, Apsinès évoque ce qu'il appelle la "préparation" à la pitié :

Ἐπειδὰν δὲ μέλλωμεν ἔλεον κινεῖν, προπαρασκευάσομεν τὸν δικαστὴν πρὸς τοῦτο ἡμῖν ἐπιτηδείως ἔχειν. Οὐ γὰρ ἐξαίφνης ἐπιχειρεῖν δεῖ τούτῳ τῷ τόπῳ, ἀλλὰ μετὰ προπαρασκευῆς τινος · ἀνύσομεν γάρ τι καὶ οὕτω μᾶλλον τῶν δικαστῶν ἀναπεπεισμένων καὶ παρωξυσμένων πρὸς τὸ ἐλεεῖν

---

[17] *Rhétorique*, II, 8, 1386 a 32.

[18] Sur Thrasymaque (cité par Platon, *Phèdre*, 267 c), voir L. Radermacher, *Artium scriptores (Reste der voraristotelischen Rhetorik)* (Vienne : Österreichische Akademie der Wissenschaften [Phil.-hist. Kl., Sitzungsber., 227, 3], 1951), 71. Pour les autres textes rhétoriques grecs et latins, voir les références réunies par K. Aulitzky, "Apsines περὶ ἐλέου," *Wiener Studien* 39 (1917) : 26–49 ; H. Lausberg, *Handbuch der literarischen Rhetorik*, 2ᵉ éd. (Munich : Max Hueber, 1973), I, 239–240 ; M.R. Dilts, G.A. Kennedy, *Two Greek Rhetorical Treatises from the Roman Empire* (Leiden : Brill, 1997), 207, n. 277.

τὸν κρινόμενον. Πῶς οὖν προπαρασκευάσομεν; Τοῦτον τὸν τρόπον · κοινῷ
τόπῳ χρησόμεθα τῷ περὶ ἐλέου καὶ φιλανθρωπίας, καὶ περὶ τοῦ δεῖν
φρονεῖν ἀνθρώπινα καὶ ἡμέροις χαίρειν μᾶλλον ἤπερ ἀποτόμοις, τὸ τοιοῦ-
τον εἶναι λέγοντες πολὺ καὶ χρηστὸν καὶ φιλάνθρωπον καὶ τρόπου
πεπαιδευμένου, καὶ τοὺς οὕτως ἔχοντας ἐπαινεῖσθαι μᾶλλον τῶν οὕτως
οὐκ ἐχόντων, καὶ ὅσον διαφέρουσιν οἱ ἄνθρωποι τῶν θηρίων, τοσοῦτον
διαφέρειν τοὺς ἐλεήμονας τῶν ἀνελεῶν. Καὶ ἔτι φήσομεν τοὺς οὕτως
ἔχοντας εἴ ποτε ἄρα δεηθεῖεν τῆς παρ᾽ ἄλλων φιλανθρωπίας, ῥᾷον αὐτῆς
τυγχάνειν. Δεῖν δ᾽ ὄντας ἀνθρώπους προορᾶσθαι τὸ μέλλον. Ἀθήνησι μὲν
οὖν λέγοντες καὶ ἀπὸ κρίσεων καὶ ἀπὸ ἔργων γεγενημένων τὸν κοινὸν
τόπον τοῦτον κατασκευάσομεν· Ἐλέου βωμός ἐστι παρ᾽ ὑμῖν᾽, Θεὸς εἶναι
δοκεῖ παρ᾽ ὑμῖν ἡ κοινὴ πάντων φιλανθρωπία᾽. Ἐπὶ τούτῳ παρὰ τοῖς
ἄλλοις εὐδοκιμεῖτε πᾶσι, μὴ οὖν ἀλλοιωθῆτε νῦν᾽.

"Lorsque nous serons au moment d'émouvoir la pitié, nous veillerons
au préalable à mettre le juge dans de bonnes dispositions pour entendre notre discours. En effet, il ne faut pas aborder ce lieu d'emblée,
mais après quelque préparation. Car nous arriverons mieux à quelque
chose si les juges ont été d'abord poussés et incités à prendre pitié de
l'accusé. Comment donc se fera cette préparation ? De la manière suivante. Nous emploierons le lieu commun sur la pitié et l'humanité, sur
le devoir de nourrir des sentiments humains et de préférer la douceur
à la dureté, disant que cela est tout à fait vertueux, humain et propre à un caractère cultivé, que la compassion recueille plus d'éloges
que l'insensibilité, et que aussi grande que la différence qui sépare les
hommes des bêtes est celle qui sépare les hommes pleins de pitié des
hommes sans pitié. Et nous dirons que l'homme miséricordieux
bénéficiera plus facilement de la bonté d'autrui le jour où il en aura
besoin, et qu'il faut ménager l'avenir, puisque nous ne sommes que
des hommes. Si le discours est prononcé à Athènes, nous confirmerons
ce lieu commun en faisant appel aux jugements et aux actes du passé :
'Il y a chez vous un autel de la Pitié', 'L'humanité égale envers tous
est considérée chez vous comme une divinité', 'Vous êtes réputés partout
pour ce trait, ne changez pas maintenant'".[19]

La préparation à la pitié prend la forme d'un "lieu commun" (κοινὸς
τόπος), c'est-à-dire d'un développement général et applicable dans
toutes les situations (par différence avec les τόποι qui sont généra-
teurs d'arguments spécifiques). Avant d'expliquer pourquoi, dans le
cas précis, la cause mérite la pitié des juges, l'orateur doit créer chez
ceux-ci une disposition favorable, en faisant en quelque sorte l'éloge
de la pitié. A cette fin, il s'appuie sur trois arguments principaux :

---

[19] Apsinès, *Art rhétorique*, 10, 15–16, éd.-trad. M. Patillon (Paris : Les Belles Lettres,
2001), 88–89 (traduction légèrement modifiée).

la pitié est bonne, car elle est conforme aux valeurs de la morale, de la culture, de la civilisation ; la pitié est utile, car elle permet, quand on a su manifester de la pitié pour autrui, d'être pris en pitié à son tour en cas de besoin ; la pitié s'autorise de l'exemple des Athéniens (et l'on retrouve ici l'autel de la Pitié, objet d'exploitation oratoire). Cet éloge de la pitié, qui se veut délibérément stéréotypé, est intéressant en raison de ce caractère même, car c'est la garantie qu'il résume une conception largement diffusée.

Il resterait à étudier les τόποι spécifiques, constitutifs du pitoyable, et il faudrait évoquer aussi le problème de la pitié que peuvent ressentir les dieux à l'égard des hommes. Qu'il suffise d'avoir donné un aperçu de la très grande variété des conceptions grecques de la pitié, qui sont soumises à une tension en particulier. La pitié a pu être considérée avec méfiance, comme une passion dont il faut se garder, qu'il faut dominer, purifier, ou au contraire avec faveur, comme un sentiment qui mérite d'être cultivé et d'être recommandé. Il y a donc tension entre dépréciation et valorisation. La seconde de ces attitudes, la valorisation, est représentée par une riche tradition, sur laquelle il convenait d'attirer l'attention. La pitié a été jugée comme bonne et a été prônée par l'opinion courante à Athènes, par les traditions mythologiques, par les auteurs tragiques, ainsi que par les orateurs, qui s'en étaient fait une sorte de spécialité.

INDEX DES REFERENCES

ÉCRITS BIBLIQUES

LITTÉRATURE INTERTESTAMENTAIRE

FLAVIUS JOSÈPHE ET PHILON

LITTÉRATURE RABBINIQUE

LITTÉRATURE PATRISTIQUE

LITTÉRATURE GRECQUE ET LATINE

INDEX DES TERMES HÉBREUX, ARAMÉENS ET GRECS

INDEX DES SUJETS

INDEX DES AUTEURS

SUPPLEMENTS

TO THE

JOURNAL FOR THE STUDY OF JUDAISM

76. BERTHELOT, K. *Philanthrôpia judaica*. Le débat autour de la "misanthropie" des lois juives dans l'Antiquité. 2003. ISBN 90 04 12886 7

77. NAJMAN, H. *Seconding Sinai*. The Development of Mosaic Discourse in Second Temple Judaism. 2003. ISBN 90 04 11542 0

78. MULDER, O. *Simon the High Priest in Sirach 50*. An Exegetical Study of the Significance of Simon the High Priest as Climax to the Praise of the Fathers in Ben Sira's Concept of the History of Israel. 2003. ISBN 90 04 12316 4

79. BURKES, S.L. *God, Self, and Death*. The Shape of Religious Transformation in the Second Temple Period. 2003. ISBN 90 04 12954 5

80. NEUSNER, J. & A.J. AVERY-PECK (eds.). *George W.E. Nickelsburg in Perspective*. An Ongoing Dialogue of Learning (2 vols.). 2003. ISBN 90 04 12987 1 (set)

81. COBLENTZ BAUTCH, K. *A Study of the Geography of 1 Enoch 17-19*. "No One Has Seen What I Have Seen". 2003. ISBN 90 04 13103 5

82. GARCÍA MARTÍNEZ, F., & G.P. LUTTIKHUIZEN. *Jerusalem, Alexandria, Rome*. Studies in Ancient Cultural Interaction in Honour of A. Hilhorst. 2003 ISBN 90 04 13584 7

83. NAJMAN, H. & J.H. NEWMAN (eds.). *The Idea of Biblical Interpretation*. Essays in Honor of James L. Kugel. 2004. ISBN 90 04 13630 4

84. ATKINSON, K. *I Cried to the Lord*. A Study of the Psalms of Solomon's Historical Background and Social Setting. 2004. ISBN 90 04 13614 2

85. AVERY-PECK, A.J., D. HARRINGTON & J. NEUSNER. *When Judaism and Christianity Began*. Essays in Memory of Anthony J. Saldarini. 2004. ISBN 90 04 13659 2 (Set), ISBN 90 04 13660 6 (Volume I), ISBN 90 04 13661 4 (Volume II)

86. DRAWNEL, H. *The Aramaic Levi Document*. Text, Translation, and Commentary. 2004. ISBN 90 04 13753 X. *In Preparation*

87. BERTHELOT, K. *L'«humanité de l'autre homme» dans la pensée juive ancienne*. 2004. ISBN 90 04 13797 1

88. BONS, E. (ed.) «*Car c'est l'amour qui me plaît, non le sacrifice …*». Recherches sur Osée 6:6 et son interprétation juive et chrétienne. 2004. ISBN 90 04 13677 0

89. CHAZON, E.G., D. SATRAN & R. CLEMENTS. (eds.) *Things Revealed*. Studies in Honor of Michael E. Stone. 2004. ISBN 90 04 13885 4. *In Preparation*

ISSN 1384-2161